河北省财政学重点学科建设项目资助

WOGUO GONGGONG JINGJI ZEREN
TIXI YU JIZHI YANJIU

我国公共经济责任
体系与机制研究

习亚哲 著

人民出版社

目　　录

序

　　公共经济体制是公共经济生产关系在现实生活中的具体化,其主要内容之一就是界定作为公共经济代理方的广义政府暨国家机构内部横向各系统和纵向各层级之间围绕提供公共物品而发生的责权利关系的一整套规则体系,目标是保证整个国家机器按照绝大多数人民的利益和意志协调高效地运转,从而高效地向社会提供公共物品。构建公共经济体制的关键环节,是实现公共经济责权在不同种类的国家机构之间科学配置,从而建立起保障公共经济责权顺利运转和相互制衡的机制,而实现公共经济责权合理配置的根本基础则是公共经济责任的科学划分。只有在科学配置公共经济责任的基础上,依据公共经济事务的横向和纵向代理主体履行公共经济责任的客观需要相应配置公共经济权力,并正确设置和实施科学的激励机制,才能保障公共经济暨国家治理有效实现人民群众利益最大化的目的。

　　随着改革开放以来国民经济的快速发展,我国关系居民基本生存与发展的公共物品提供水平稳步提高,但公共物品的整体供给效率依然较低,公共经济资源配置和使用方面的损失浪费屡见不鲜。究其原因,主要是在理论上缺乏对公共经济责任体系、机制与公共物品有效提供之间内在联系的深刻认识和透彻阐释,从而在公共经济体制机制改革方案的研究设计上存在盲区与偏颇。因此,从理论上深入研讨、在实践中认真探索公共经济责任科学划分和机制设计的原理与规律,对于有效提供公共物品、实现国家良治的目标不仅十分必要,甚至相当紧迫。

　　习亚哲的专著《我国公共经济责任体系与机制研究》,从公共经济责任基本理论问题入手,着眼于促进公共物品提供效率的帕累托改善,就如何优化公

1

共经济责任体系与机制进行了比较系统而深入的探索。在本书中,作者对广义政府公共经济责任的相关概念及其相互关系进行了阐述,将公共经济责任运行归纳为制定公共经济活动方案、划分公共物品提供责任、分配财政资金、执行公共物品提供任务、考核和问责等一脉相承的五个环节,并根据责任安排和责任运行的区分,分别从公共经济责任体系和公共经济责任机制两大层面展开研究,进而将公共经济责任机制归纳为决策机制、执行机制、监督问责机制、激励机制和协调机制等五个方面加以分析探索。在此基础上,作者对我国公共经济责任体系与机制的基本状况、现存弊端及其主要成因进行了深入的剖析和论证,并通过计量评估对多项公共物品的资金分配和提供效应进行了对比分析,据此就公共经济责任体系与机制的调整、规范与优化提出基本思路和政策建议,以期为我国公共经济体制的深化改革和推进国家治理现代化的伟大实践贡献自己的一得之见。

当然,公共经济体制改革是一个极为复杂的系统工程,还有很多难点需要突破,有待理论与实际部门的工作者继续不懈努力地协同攻关加以解决。习亚哲同志的这本书是她在博士学位论文基础上修改而成的,作为她的导师,一方面为她的专著出版深感欣慰,同时也冀望她继续努力深耕公共经济理论,不断取得更为丰硕的学术成果。

齐守印

2017 年 10 月

第一章 绪 论

一、研究的缘起与意旨

随着经济的发展和社会的转型,以及民主和法治化进程的加快,公共物品的有效提供越来越成为实现国家治理目标的核心手段和关键环节,责任政府建设也被提上议事日程,并对传统权力本位的管制型政府予以勘定。责任政府也即服务型政府,其显著特征是强化政府的公共服务职能,致力于公共物品的有效提供。各国政府一般都是多层级的,同一层级政府则划分为若干不同的部门,它们分别承担不同的公共物品提供责任。各级政府及各政府部门在提供公共物品方面的责任划分,直接关系其权力、财力的划分,因而成为处理政府间关系的中心问题。国内外的许多研究和实践表明,多级政府和多部门分散提供公共物品的效率,取决于公共物品提供责任划分以及保障责任实施的机制安排,也即公共物品能否有效提供在很大程度上取决于政府公共经济责任体系的科学性及责任有效实施的保障机制的完备性。

通常认为,纵向上政府公共经济责任下移,能够提高地方政府在公共物品提供中的责任意识,不仅可以使各地方政府更加切合实际地考虑当地居民偏好,而且便于居民更好地参与政府决策并提高监督的自觉性,进而有利于提高公共物品的提供效率。从现实来看,近几十年来越来越多的国家在将公共经济责任从中央政府向下级政府转移,许多学者认为其对公共物品的有效提供产生了积极影响。然而公共经济责任的下移,在公共物品提供中也产生了一些潜在的问题,如地方政府对有一定效益外溢性的公共物品可能会提供不足;地方精英很容易控制和利用公共支出;由于支出责任的逐层下移并不总是伴随税收收入的逐层下移,从而加剧了纵向财政不平衡,致使下级政府不得不更多地依赖转移支付,并且有时不得不通过借贷来为支出筹资,这又引发了讨价还价、财政风险等一系列问题;在分权化背景下,责任和权力划分模糊,各级政府责任和权力出现交叉、缺失和不连贯等。横向上,同级政府所属部门之间公共物品提供责任的分散化,则使得公共物品提供过程中存在扯皮推诿、相互牵制等情况,导致公共物品供给效率低下。现实中这些问题在各国普遍存在,需要通过合理而明晰地划分政府公共经济责任并促进其有效履行来解决。

在我国,随着经济的快速发展和政府财力的不断增加,关系居民基本生存与发展的公共物品提供水平稳步提高,但整体上仍存在提供总量不足、结构失衡、效率低下等问题。经济迅速发展与公共物品低效提供并存,究其原因,一方面,是因为中央集权下的政治激励,使地方政府过度追求基础设施乃至楼堂馆所建设投资,而对基本公共服务重视及投入不足;另一方面,尽管投入基本公共服务的财政资金不断增加,但由于管理落后以及提供不均等,致使公共经济效率较低;根源则在于体制机制不健全,未形成规范的公共物品提供责任分工和保障机制。近些年来,我国各级政府虽然越来越重视公共物品提供责任的有效履行,但由于历史和现实原因,政府的职能边界仍比较模糊,政府纵向和横向公共经济责任划分仍不合理、不明确,存在职责同构、职能错位、责任下移等诸多问题;公共经济责任履行中的决策、执行、问责机制也还不完善,不利于公共物品有效提供的实现。

从演进路径来看,改革开放后我国的公共经济责任开始逐步向下级政府转移。1994 年之前的改革主要是通过扩大企业和地方政府自主权来促进地方经济的发展,从结果看确实促进了地区经济的增长,但也产生了中央财政困难、宏观管理弱化、地区差距加大等问题。为此,1994 年进行了以提高"两个比重"①为重要目标的分税制体制改革,但其侧重点在于明确各级政府财政收入的划分,而将划分比较模糊的各级政府之间公共经济责任的制度安排暂时搁置起来。随着政府职能的逐步扩展,分税制改革在实践中产生了不少问题,

---

① 两个比重,即财政收入占 GDP 的比重和中央财政收入占全国财政收入的比重。

如财政收入层层上移,公共物品提供责任层层下移,导致基层政府隐性赤字扩大、非规范负债严重;中央和省级政府过多地直接提供经济建设型公共物品,而基础教育、公共卫生、社会保障等服务型公共物品更多地由地方政府提供。由于地方财政困难,建设能力有限,特别是政府公共经济决策、执行、问责等环节缺乏完善的评价、听证、协调和仲裁机制,不利于各种问题的及时解决,导致公共经济责任履行效率较低。

当前,我国正处于经济社会转型期,公共经济运行的外部环境发生了巨大的变化,政府面临的社会矛盾和问题越来越复杂、越来越尖锐;与此同时社会公众的民主意识不断增强,对与自身利益密切相关的公共事务越来越关注,而信息化、网络化等新技术的出现则为公民参政议政提供了便捷的条件。在此条件下,政府如何有效履行公共经济责任成为需要迫切解决的问题。中共十八届三中全会提出我国全面深化改革的总目标,要求完善和发展中国特色的社会主义,推进国家治理体系和治理能力现代化。而通过深化改革使各级政府之间以及同级政府所属部门之间的公共经济责任合理化、明晰化,并通过完善决策、管理、监督、问责机制等实现责任的有效运行,既是解决公共物品有效提供、实现现代国家治理目标的关键,也是在各级政府之间合理划分公共经济权力和完善财政转移支付制度暨构建科学的分权型公共经济体制的前提与基础。

古今中外所有国家,为了实现治理目标都需要设官分职。所谓设官分职,就是依据有效提供公共物品的需要,科学设置不同层级的政府和不同的公共部门,然后在不同层级政府之间和同一层级政府的不同部门之间进行提供公共物品、公共服务的分工,而这种分工的实质就是分配公共经济责任,并按照依责赋权的原理划分履行责任所需要的权力。这种公共经济责权划分是否合理、是否清晰,决定着公共经济活动激励与约束机制是否有效,进而决定公共物品的提供效率即公共经济效率和国家治理成败。所以,公共经济责任划分作为整个公共经济体制的基础环节,对国家提供公共物品的效率和整个国家治理目标的实现起着决定性作用。为此,就需要从理论上探讨、从实践中摸索公共经济责任科学划分的原则与规律,完善保障公共经济责任有效履行的相关机制,以实现有效提供公共物品和达到国家良治的目标。美国学者莫舍(Mosher)也曾说过:"在公共行政和私人部门行政的所有词汇中,责任一词是最为重要的。"①由此可见,本书从现实国情出发,着眼于深化公共经济体制改革、提高公共经济效率而深入探讨政府公共经济责任关系的重构及其有效履行,有着重要的意义。具体体现在以下几个方面:

一是解决公共物品提供不足及提供效率低的现实问题。由于各地财力不均衡且管理效率低,我国公共物品供给相对不足,不能有效满足居民多样化的需要。本书的研究有助于推动公共物品的有效提供。政府既是改革的推动者,也是被改革者,在改革过程中遇到诸多的障碍,不能简单地要求政府承担起更多公共物品的提供责任,而应从国情出发,通过合理而明确地界定政府公共经济责任,改变政府的行为模式和制约机制,为公共物品的有效提供创造条件。

二是从基础环节入手完善我国的公共经济体制。我国公共经济体制缺陷的要害,首先,在于撇开分责而分权,导致公共物品提供责任无法落实、难以考核与追究,并使分权成为无本之木,无法评判权力划分是否合理;其次,在于公共经济责权划分一定程度上不符合客观规律,政府公共经济责任交叉、错位,事责与事权不合理地下移,导致一些重要公共物品不能充分提供,以及各地公共物品提供不均衡等问题。科学的公共经济体制应该是各级政府之间公共经济责任划分合理而且清晰,公共经济权力划分与公共经济责任划分相匹配,其中的责任和权力都包括公共物品提供责权和财政收支责权两个方面。本书将对公共经济责任、公共经济责任体系、公共经济责任机制的内涵进行归纳、整理和界定,力求使基本范畴更清晰、准确,并进一步阐明分责是分权的前提和基础;公共经济责任的划分,首先是按照效率原则、能力原则和有效监督原则来考量哪级政府应该负责提供哪些公共物品,其次是相应的财政资金应由哪级政府负责筹集与供给,即财政支出责任的合理划分。

三是规范和约束政府的行为。由于公共经济责任不清晰,监管规则和运行

---

① [美]特里·L.库伯:《行政伦理学:实现行政责任的途径》,中国人民大学出版社 2001 年版,第 62 页。

机制不健全,各级政府的行为都存在较大的随意性,在提供公共物品过程中极易出现腐败、寻租等不良现象,欠缺合理的激励机制则直接导致政府官员行为的扭曲,最终公共物品供给效率较低,产生大量的社会福利损失。通过明确各级政府和同级政府各部门的公共经济责任,并完善相关运行机制,可以明确界定公共经济活动范围、有效约束政府官员的行为,减少公共经济活动的效率损失。

四是助推现代化国家治理体系和治理能力建设。国家治理的理想目标是实现公共利益的最大化,以更少的成本提供最佳结构与质量的公共物品。改革开放以来我国的治理模式发生了巨大的积极变化,但仍有许多问题亟待解决,如公共物品提供相对不足、重权力轻责任、政出多门、职责不清、公共利益部门化、行政成本过高、民主治理不健全等。要解决这些问题,就需要实现政府治理的现代化,进而实现国家治理体系和治理能力现代化。为此,需要推动国家立法、行政、司法、预算、监督等一系列制度改革,建设满足社会进步和人民需要的体制、机制和法律、法规,理顺相关关系,促进公共经济责任得到有效履行,保障现代国家治理目标得以实现。

二、相关概念界定与范畴解析

(一)公共经济及公共财政

人类的生存和发展以自身各方面需要得以满足为前提。在人类的各种需要中,有些需要是相对独立的、可分割的,一般称为私人需要;有些需要是共同的、不可分割的,一般称为公共需要;介于纯公共需要和纯私人需要之间,还存在准公共需要。与需要的这些类别相对应,用于满足私人需要的物品称为私人物品;用于满足公共需要的物品称为公共物品①,其中用于满足纯公共需要的物品称为纯公共物品,用于满足准公共需要的物品称为准公共物品。

---

① 本书所指的公共物品,包括各种有形的具体物品和各种无形的抽象服务,与同样经常使用的术语公共产品和公共服务的意思表达一致。

人类为满足自身需要而进行的物质生产、交换、分配、消费等活动,称为经济活动。从社会分工来看,私人物品相对独立,具有竞争性和排他性,可以以等价交换为基础由家庭或其他民间单位提供,家庭或其他民间单位等生产私人物品的部门称作民间经济部门,民间经济部门生产、提供私人物品的活动形成民间经济;公共物品不可分割,具有各种不同程度的非竞争性、非排他性,需要由以政府为代表的公共机构筹集资金采取免费或收取部分费用的方式提供,以政府为代表的公共机构称作公共经济部门,分门别类的公共经济部门生产、提供各种公共物品的活动形成公共经济。另外,独立于公共和民间经济部门之外还存在准公共部门即第三部门,其性质介于公共经济部门和民间经济部门之间,主要依靠政府拨款、民间捐赠或收取费用等不以营利为目的的收入形式从事社会公益事业,包括社会团体、基金会、非营利事业单位和民办非企业单位等。

从效率角度出发,公共物品的提供还可以采取公共经济部门和民间经济部门合作的方式,包括政府与民间共同出资提供以及政府购买外包给市场和社会生产的物品和服务等;另外,现实中还存在公共物品完全由私人提供的问题,政府在其中更多地承担规制和协调责任。广泛地来讲,准公共部门的活动以及公共经济部门与民间经济部门的合作、公共物品交由私人生产、公共物品的私人提供同属公共经济活动中非常重要的范畴,这些问题均可单独讨论,不作为本书的重点。民间经济部门提供私人物品的主要目的是实现自身收益的最大化,公共经济部门提供公共物品的主要目的是实现社会效益的最大化,注重促进整个社会经济的平稳、有序运行。本书对公共经济研究的重点即是公共经济部门的主体——政府(广义的政府)如何利用有限的公共经济资源实现公共物品的有效提供,注重公共资源投入产出的效应及效益,这也是公共经济学产生的原因和研究的重点,如图1-1所示。

公共经济部门以政府为代表,政府广义上是指整个公共权力机构,包括立法、行政、司法三大机构[①],按照联合国和国际货币基金组织的定义,广义政府还包括事业单位、学会、协会等社团组织以及政府控制的企业,本书将侧重点

---

① 郭小聪:《政府经济学》,中国人民大学出版社2015年版,第5页。

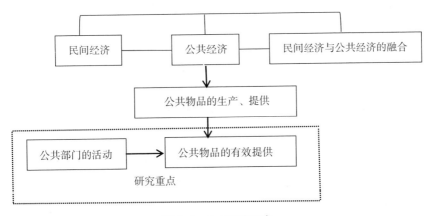

图 1-1　本书研究重点

放在立法、行政、司法三大机构上面。本质上立法、行政、司法三大机构都是围绕向社会提供公共物品这一中心任务开展活动的,只是具体分工有所不同。其中,立法机构负责公共经济重大决策的审查批准、各种法律的制定和对其他两大权力机构的监督;行政机构负责执行公共经济事务暨具体提供公共物品;司法机构负责贯彻执行法律并就争议事项进行裁决。在现代,三大权力机构中的每一个一般也不是单一的,而是由两个以上具体机构构成的。首先,就立法机构而言,很多国家是由两院(如英国的上院与下院、美国的众议院和参议院)构成的。其次,就司法机构而论,很多国家则是由两个以上司法机关系统构成的,如单一制国家中有宪法法院与普通法法院、联邦制国家中有联邦法院与地方法院之别,一些国家审批机关与检察机关分立等,它们之间各有分工。再次,就行政机构而言,各国狭义政府之下的公共行政部门少至十几个、多至数十个,它们分别承担着各类公共物品的提供活动或在整个公共物品提供中承担着某一方面的公共事务。在多级政府体制下立法、行政、司法机构的组成部门还存在不同形式的上下级关系。

在当前社会条件下,政府从事的公共经济活动,既包括制度法律政策、经济社会行为规制类服务活动,也包括公立教育、公共卫生、社会保障等民生类服务活动,还包括公共设施类、生态类、国防外交等主权类服务活动等,具体在第二章中进行分析。公共经济部门通过提供法律秩序、政策、公共安全、公共服务、基础设施等一系列的公共物品,形成民间经济活动的重要外部环境,并通过调整公共物品的种类、数量,对社会经济运行进行调节。各类公共物品的有效提供,客观上需要从计划、决策到执行、监控、考评、问责等一整套的管理活动,并且需要一系列相应的制度和机制加以保障。

政府受社会成员之托从事公共经济活动、提供公共物品需要有经费支持,而政府本身通常不直接创造财富,因此,为从事公共经济活动通常就需要由其向社会成员及其组织征集必要的物质资源。这种征自社会成员及其组织、用于提供公共物品的经济资源就是公共收入,其分配使用就是公共支出,对公共收入与公共支出的预先计划就是公共预算,而由公共收入、公共支出、公共预算构成的整个公共资源筹集、分配、监管活动,就是公共财政。作为公共经济中负责筹集资源、配置资源和监管资源的公共财政,对于公共物品的提供规模与结构起着极为重要的全局性作用,但毕竟是为提供公共物品服务的,因而属于公共经济责任的一个侧面。从学科发展上看,公共经济学由公共财政学转变而来,说明随着经济、社会环境的变化,公共收支本身已无法解释政府对国民经济的影响及政府自身活动的合理性,必须从更广泛的范围去研究政府的活动。

(二)公共经济责、权与事权

1. 公共经济责任

公共经济部门作为公共经济运行的主体,应当承担起公共经济有效运行的责任,同时也应具有保障公共经济有效运行的权力。著名的管理学家法约尔指出:"责任是权力的孪生物,是权力的当然结果和必要补充。有权力的地方,就有责任。"[1]恩格斯也指出,"政治统治到处都是以执行某种社会职能为基础,而且政治统治只有在它进行了它的这种社会职能时才能维持下去。"[2]或许正因为如此,自国家产生以来,几乎任何政治形态的国家都将履行公共责

---

[1] [法]亨利·法约尔:《工业管理和一般管理》,中国社会科学出版社 1982 年版,第 24 页。

[2] [德]马克思、恩格斯:《马克思恩格斯选集》第 3 卷,人民出版社 1995 年版,第 523 页。

任标榜为自身存在合法性的依据,并成为评判公共权力的重要准则,但大多数政府承担的是消极责任。进入服务型社会,阶级矛盾不再是社会基本矛盾后,政府的终极目标是转变为公共服务组织,首要责任就是要适应环境变化向公众高效地提供公共物品,实现公共经济、私人经济的良好运转。

我国也提出了服务型政府的建设目标,并成为实现我国国家治理体系和治理能力现代化的核心内容之一,其核心即建立责任政府,强调政府是责任主体,责任是政府存在的前提和基础,权力只是政府履行责任的必要保障。责任型政府要更多地关注公众的利益和诉求,解决传统体制下政府责、权关系不对称问题,从现实出发尽力满足公众不断变化的对公共物品的需要。因此,公共经济责任就是以政府为代表的公共经济部门为满足公共需要在从事公共经济活动暨公共事务过程中应承担的责任,也即广义的政府在提供广义的公共物品的过程中应承担的责任。本书所要研究的,即是如何通过公共经济责任的高效履行来促进公共物品的有效提供。

提高公共经济责任履行的效率就是要提高公共经济责任履行过程中各环节的效率,因此需要对公共经济运行各环节的责任进行分析。对于什么是"责任",《现代汉语词典》中给出两层含义:一是指分内应做的事;二是指没有做好分内应做的事,而必须承担相应后果的一种特性。据此并根据公共经济运行需要,可把公共经济责任运行过程归纳为一脉相承的五个环节(其中每个环节又可分为不同的层次),如图1-2所示:一是制定符合民意的公共经济活动方案,即依据政府和市场的边界,确定公共物品的提供范围、标准、规模、结构及其实施方案;二是明确各级政府及其所属各部门应承担的公共物品提供责任,包括公共物品提供中决策、执行、监督、问责责任的划分,这是公共经济责任有效履行的前提;三是根据公共物品提供责任的划分,分配财政资金,包括财政资金的筹集和财政资金的使用,即包括组织财政收入、安排财政支出及必要的转移支付,以满足公共物品提供的资金需要,这是公共经济责任实现的必要条件。各级政府及其所属部门承担的具体支出责任与其承担的公共物品提供责任相适应,既包括为提供公共物品筹集并支付资金的责任,也包括对相应财政支出进行监管的责任,就下级政府而言,后者还包括受上级政府委托提供公共物品时对上级政府给予的专项转移支付资金实施监管的责任;四是各级政府及其所属部门按预定目标和责任划分完成具体公共物品的提供任务,属于公共经济责任的执行环节;五是对决策和执行行为进行考核和问责,就公共经济运行绩效和公共财务的可持续性向作为公共事务委托方的人民大众及其代议机构如实报告,接受人民大众的监督,这是公共经济责任得到有效履行的保障。这五个环节不是简单的并列关系,而是前后依次衔接、环环相扣的责任链条,是一个相互影响、相互制约、有机联结的整体。其中,在各级政府及同级政府不同部门之间科学配置并有效落实公共物品提供责任及与其相对应的公共支出责任,是公共经济责任得到有效履行的基础与核心,是实现公共物品有效提供的前提和保证,此即作为本书研究对象的公共经济责任配置体系。公共经济决策、执行与考评、问责以及结果报告是公共经济责任运行过程的组成环节,在责任划分的基础上,公共物品的提供通过决策、执行、监督或问责等活动来实现(在对责任进行划分时也存在这些活动),其中最重要的是需要通过一定的机制设计来保证这些环节的有效运转,因此本书将其作为公共经济责任有效履行的保障机制进行重点阐述。

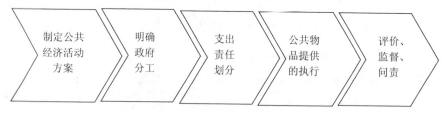

图 1-2 公共经济责任环节

对于以政府为主体的公共经济部门从事公共事务、提供公共物品的责任,常用的术语还有政府责任(政府职责、公共责任)、政府职能。政府责任具有丰富的内涵,许多学者对其进行了讨论,罗姆瑞克(1998)把政府责任分为官僚责任、法律责任、政治责任和职业责任;张成福(2000)把政府责任分为道德责任、政治责任、行政责任、诉讼责任和赔偿责任;张强(2004)把政府责任分为政治责任、官僚责任、公平责任和绩效责任;蔡放波(2004)认为政府责任制度包括宪法责任、政治责任、行政法律责任和行政道德责任。综合各种观点,政府责任包括政治责任、经济责任和社会责任三个方面被普遍认可,即政府责任是政府在管理政治、经济和社会公共事务中应该依法承担的责任。政府职能是政府责任的具体化,指政府在特定的社会历史发展阶段所必须履行的职责和发挥的作用,一般认为当前阶段我国政府职能主要包括经济调节、市场监管、社会管理和公共服务四个方面。公共经济责任在范围上涵盖特定发展阶段的公共事务和公共物品,因此公共经济责任应包括政府责任、政府职能所涉及的内容,公共经济责任体系和机制则是指如何通过责任配置和机制设计有效地实现相应公共物品的提供。

2. 公共经济责任与公共经济权力

民主政治下,国家的一切权力属于公民。对此,荷兰资产阶级法学家格劳秀斯最早提出"主权在民"理论;卢梭得出的论断认为不论国家政体如何,主权永远属于人民;洛克也提出任何政府的权力都是公民授予的。《中华人民共和国宪法》明确指出:"国家的一切权力来自人民。"问题在于,公民为什么要把本属于自己的权力让渡给国家或者政府? 近代以来形成的民主理论对此给出的合理答案是:国民对于国防安全、经济社会秩序、基础设施、文化教育等的公共需求难以在个人乃至企业形态上通过市场机制获得满足,因而需要让渡一部分私人权利委托公共部门负责解决,由此形成公共权力,以作为公共部门受托履行职责满足公共需求的凭借。公共经济学将满足人民公共需求的所有事物称之为公共物品,将公共部门受托提供公共物品的责任称之为公共经济责任,而将借以提供公共物品的公共权力称之为公共经济权力。可见,国家或政府拥有公共经济权力的根本理由就在于它受人民之托承担公共经济责任,公共经济权力是用来履行公共经济责任的。因此,对于公共部门而言,承担公共经济责任是获得或拥有公共经济权力的前提和基础,正因为如此,公共部门所拥有的公共经济权力必须与其承担的公共经济责任相适应,既不能多,也不能少。总之,公共经济权力是为完成公共经济责任、由公众让渡给以政府为代表的公共部门的权力,公共部门承担公共经济责任是拥有公共经济权力的前提和唯一依据。

然而,长期以来,我国受计划经济体制的影响,人们习惯性地将公共部门拥有的办理公共事务的权力称之为"事权",即强调公共部门拥有办理公共事务的权力的一面,而将办理公共事务即提供公共物品的责任一面隐而不论,甚至相关理论研究也多脱离公共部门办理公共事务的责任(简称事责)而片面地围绕事权展开,同时忽略对公共权力约束机制的研究,从而导致公共经济责任机制不完善或难以发挥作用,以及权力滥用、权钱交易等。依据现代民主理论和公共经济理论,我们亟需淡化对公共部门事权概念的追捧,转而强调公共经济责任,并通过科学合理的公共经济责任体系和机制设计,形成对公共经济权力的有效约束。

3. 公共经济责任与事权

国内学界在政府关系研究中常用的说法"事权",似乎与公共经济责任表达之间存在一定关联。但事实上事权一词最初是与计划经济体制相联系的①,为突出行政隶属关系,用来表示各级政府对所辖国营企业和事业单位的行政管理权,因此事权作为一种管理权限的概念,并不能准确表达公共经济责任的含义。随着市场经济的推进和政府职能的转变,也有许多学者对事权概念进行了重新界定,有的认为事权是政府处理事情的权力,有的认为事权是政府的责任,有的认为事权是政府责任和权力的统一,当然也有学者在十几年前就对公共经济中事责与事权之间的关系做出过合理而明晰的解说②。

从对事权的不同界定也可以看出,在普遍认识上,仍未彻底弄清事权暗含的权力和责任的关系,过分强调权力,忽视责任,导致权力滥用,责任未能有效履行。事实上如前所述,责任应是权力的基础,应根据履行责任的需要来配置权力,只有在明确责任的基础上,才能赋予为履行责任应有的权力;没有责任,权力的运行就缺乏制约,公共物品的有效提供就无法得到保障,法律责任也无从追究。因此公共经济责任应作为政府属性的本质,在公共经济责任的基础

---

① 许毅和陈宝森主编的《财政学》(1983)写道,"我国的社会制度决定国民经济的主体是国营企业与事业。国营企业和事业归哪一级管理,即事权放在哪一级,财权也相应放在哪一级。"

② 参见齐守印:《中国公共经济体制改革与公共经济学论纲》,人民出版社2002年版,第113页。

上赋予公共经济权力,在术语使用中应区分公共经济责任和公共经济权力,不能笼统地以事权代替。

当然公共经济责任与当前所讲事权所指的范围并不矛盾,都是针对公共物品的提供而言,而且都与公共支出相对应。事权更多地表达的是一种状态,而且事权划分一般指公共物品提供事项在政府间纵向上的划分,侧重从权力角度出发对中央和地方公共物品提供中的决策权力、执行权力、监督、支出责任关系进行讨论,而公共经济责任体系和机制从责任角度出发,对公共物品提供的全过程的责任划分进行讨论,包括政府间纵向责任的划分以及同级政府所属部门间横向责任的划分,并从机制设计上对决策、执行、监督、问责、激励、协调问题进行全面地讨论。

(三)公共经济责、权体系与机制

1. 公共经济责任体系与机制

(1)公共经济责任有效履行的两个层面

一般来说,政府的运转需要政府体系和政府过程两个层面协调配合,即需要实体的政府部门体系和相关的运行机制。要实现公共物品的有效提供,政府部门体系及运行机制的构建都必须遵循有效性的要求。

体系作为一个科学术语,可用来泛指同类事物按照一定的秩序和内部联系组合而形成的整体,政府部门体系也就是按一定原则和标准划分的政府各组成机构形成的整体,是政府的载体(体系中也暗含机制的成分,文中将机制部分单独列出来进行论述)。由于不同种类的公共物品特征不同、公共物品提供过程中各个环节的特征也不同,因此,应由不同级次的政府和同级政府的不同部门分工完成不同种类公共物品的提供。当今各国政府普遍划分成不同级次,包括中央政府和各级地方政府,在各层级政府又都有立法、行政、司法三大部门。这样就形成了纵横两大系列的关系,一个是同一层级政府立法、行政、司法三大部门及各大部门内部的横向关系;另一个是三大部门在不同级次政府形成的纵向关系;另外还有其它衍生关系,如各级地方政府之间的关系等,不在本书讨论范围之内。

在合理分工的基础上,公共物品能否有效提供还取决于公共物品提供的决策是否合理,具体执行部门是否尽责,对不尽责的行为是否有有效的监督和制约,因此两大系列的运转还需要通过一定的运行机制做保障。"机制"一词,原是工程学概念,指机器、机械的构造和工作原理,后来被逐步应用到社会科学领域,并发展成为具有方法论意义的新的理论视角和分析工具。机制就是以一定的运作方式把事物的各个部分联系起来,使它们协调运行的制度安排,泛指事物间相对稳定的相互联系和相互作用。在一定外在条件下机制通过相对应的特定载体(制度、机构等)在系统内部按照一定程序自发运转,社会领域的机制又可以人为加以调整并强制实施。对政府体系而言,也需要通过运用一定运作方式的相关机制把政府体系的各部分联系起来,使政府体系得以运转。比较来看,许多国家的政府部门体系相差不大,但由于机制不同,政府机构运转效率大不相同,因此政府部门机制和政府部门组成同样重要,在一定的政府部门结构下,机制是体现政府效率的重要方面。世界银行《1997年世界发展报告》在谈到政府改革的事例时也指出,有效的政府都具有一些共同的特点,一是政府制定规则的方式,这些规则是私人从事交易和市民社会的基础,二是政府通过这些规则本身发挥作用的行为方式,这些行为应是可信赖的、可预见的,并能对腐败起到控制作用。诺斯也曾指出,"实施契约的是代理人,他们有自身的效用函数,这些效用函数支配着他们对问题的认识,从而其自身利益将左右他们的行为。"①

公共经济责任的实现依托于政府机构,公共经济责任在不同级次政府及同级政府不同部门之间划分,分别完成公共物品提供过程的决策、执行、监督和问责几个阶段的任务。因此政府的公共经济责任同样包括公共经济责任体系和公共经济责任机制两大方面,公共经济责任运行机制依托于公共经济责任体系,又直接影响公共经济责任体系的组成和结构,两者结合成为公共经济责任运行的有机整体。为了保障公共物品提供的有效性,公共经济责任在不

---

① [美]道格拉斯·C.诺斯:《制度、制度变迁与经济绩效》,格致出版社 2008 年版,第82 页。

同级次政府和同级政府不同部门的划分要合理,各阶段任务履行的机制设计也要完善。

(2)公共经济责任配置体系

大国的公共经济责任不可能由一级政府独立完成,需要通过不同层级政府及同级政府不同部门的分工合作来共同完成,不同层级政府的分工合作即公共经济责任的纵向配置,同级政府不同部门的分工合作即公共经济责任的横向配置,两者共同构成公共经济责任体系。因此,公共经济责任体系包括公共经济责任的横向配置和纵向配置两大方面,是不同级次政府间和同级政府不同部门(包括部门内部)间公共物品提供责任的分工架构。对同级政府本书侧重其所属不同部门之间关系的讨论。

公共经济责任的横向配置主要是指公共经济责任在同一层级政府机构内部各部门之间的分配。当今世界各国国家性质和政权体制虽有不同,但各国国家机关基本可归为立法、行政、司法这三大类。在我国的五级政府机构设置中,除乡级以外,都有立法、行政、司法三类传统分支机构。立法机构是全国及各级人民代表大会及其常务委员会,负责公共经济活动行为规范和计划的制订,另外国务院可以制定行政法规,省、直辖市的人民代表大会及其常务委员会可以制定地方性法规,民族自治地方的人民代表大会可以制订自治法规;行政机关分为中央行政机关和地方各级行政机关,最直接的代表是国务院,负责执行立法机关的各项决策,并可以制定行政法规,发布决定和命令等,指导所属各部门、下级国家行政机关、企事业单位、社会团体的行政活动;司法机关指人民法院和人民检察院,人民法院作为审判机关履行国家审判职能,人民检察院依法独立行使检察权。

在多级政府体制下,各级政府被赋予不同的职能,根据职能应向其分配相应的责任,在民主体制及服务型政府建设的背景下,也就是向各级政府分配与其职能相对应的公共物品提供责任及财政支出责任,这就是公共经济责任的纵向配置或划分。我国由于人口众多、地域辽阔,纵向上有中央、省(直辖市、自治区)、地级市(自治州、盟)、县(区、旗、县级市)、乡(镇)五级政府,公共经济责任纵向上在这五级政府进行配置。纵向配置是等级配置,我国是单一制国家,纵向上中央政府对地方政府、上级政府对下级政府的公共经济责任有直接、全面的管理权。

良好的公共经济责任配置体系意味着纵向上各级政府之间、横向上各政府部门之间公共经济责任划分科学、清晰,各级政府和同级政府各不同部门各司其职,承担相应的公共经济责任。通过公共经济责任体系清晰、合理地配置,可以避免政府职能的越位、缺位和错位,并正确引导政府行为模式的走向,从根本上促进政府行为模式的良性转变和公共物品有效提供的实现。

(3)公共经济责任机制

公共经济责任的纵向和横向分工只是公共经济责任运行的一个部分,是责任运行依托的实体,有效的公共经济责任运行还依赖于科学的公共经济责任机制,使各级政府及同级政府各部门的公共经济责任能够得以实现,因此,公共经济责任机制就是一定条件下在公共经济责任体系内按一定程序自动运转,使公共经济责任得到履行的一系列制度要素间的互动关系。

从公共经济责任的运行过程来看,公共物品的提供需要经过决策、执行、监督和问责等几个环节,因此,公共经济责任机制总体上可归纳为对公共经济责任进行决策的机制、执行的机制、监督和问责的机制,跟立法、行政、司法三大部门及管理学上的"决策、执行、监督"三项职能相对。由于监督是问责的前提和基础,把问责和监督放在同一环节,要使问责科学还应建立一定的评价机制,评价机制也作为问责环节的一个组成部分;为促进效率的提升还需加入激励机制和协调机制。总的来讲,可将公共经济责任机制概括为决策机制、执行机制、监督问责机制、激励机制和协调机制五大方面。

按照我国宪政制度的安排,执政党和人民代表大会(国家权力机关和立法机关)处于决策地位,从而也由其负责公共经济责任的决策,决定国家有哪些公共经济责任、公共经济责任在纵向、横向上如何配置等一系列问题;各政府部门是国家行政机关,负责公共经济责任的具体执行,处于执行地位;法院和检察院是司法机关,负责法律的维护、监督、问责等责任,狭义的政府机构内部也存在一定的问责机制。

决策是政府履行公共经济责任的首要环节。一般来讲,决策是指为达到一定的目的,制定和选择行动方案的活动,对公共经济责任进行决策,也就是指政府为履行公共经济责任,有效提供公共物品,制定和选择行动方案的活动。决策机制是决策活动的运行过程和工作方式所形成的相关规则和制度体系,公共经济责任决策机制,就是在对公共经济责任进行决策时,决策活动的运作程序、规则和工作方式等一系列制度性安排。如果没有决策机制,就无法对决策活动进行约束和限制,决策的科学化和民主化也无法保证。

执行是政府履行公共经济责任的关键环节,美国学者古德诺指出:"一种国家意志的表达,如果得不到执行,实际上就什么都不是,只是一纸空文。"[①]执行是将观念形态的决策内容转化为现实形态的决策效果的过程,公共经济责任执行就是将公共经济责任决策变为现实的过程,直接决定公共物品能否有效提供。为尽量减小执行结果与决策目标之间的偏离,执行过程也需要一定的机制作保证。执行机制就是为了高效实现执行目标,通过一定的方法和技术建立的执行机构和执行制度的总称。执行机制不健全、执行机制失灵导致执行力弱,是决策执行中存在诸多问题的重要根源。促进公共经济责任有效执行,要把握政策执行系统各要素之间的联系,采取科学的执行方式和执行手段。

问责制是问责主体针对各级政府及其公务人员承担的公共经济责任履行情况实施的、要求其承担否定性后果的一种责任追究制度,是监督制约政府行为的重要手段。建立健全问责机制,是建设责任政府、法治社会的必然要求,有重要现实意义。实施问责需要具备一定的基础条件,包括各级政府及工作人员的责任、权利有明确的划分,并了解问责的内容及违规行为可能的后果;保证对问责进行申辩的权利,把问责作为长效机制实施等。对公共经济责任的问责在我国由上级机关和专门的审计、监察部门,以及人大、各民主党派、司法机关、新闻媒体、公众等做出,由它们对各级政府部门及组成人员在履行公共经济责任过程中的政治责任、岗位责任、道义责任和法律责任等进行考察,对造成负面影响的行为进行质询,根据造成影响大小进行警告、罢免、处罚等。

---

① ［美］弗兰克·J.古德诺:《政治与行政》,华夏出版社 1987 年版,第 14 页。

问责的最终目的不是追究事后的责任,而是预防不良行为的发生,因此问责机制建设过程中要充分发挥各监督管理部门的长效监督机制,对公共经济运行的各环节进行实时的跟踪和督导,建设惩防一体的问责机制体系。为保证问责的客观性和科学性,还需要通过科学的评价机制对公共经济运行各环节的运行效果进行详细的评估,形成问责的依据和惩处力度评判的标准。

完善的监督、问责制只能使组织成员被动地行事,不能有效提高其积极性和主动性,因此需要通过建立有效的行为动力机制,激发组织成员的工作热情,激励机制即是心理上的驱动机制,是为了实现组织目标而制定的行为规范和分配制度等内部或外部的激励性制度,形成组织成员对某种目标的渴求和欲望,促使其积极努力为实现组织目标而工作。

各类公共物品的提供责任不只在某级政府、某个部门或某个环节完成,因此各级政府、各部门、各环节不是彼此孤立的,它们相互之间需要协调配合,协调配合效果如何也是影响公共经济责任有效履行的重要因素之一。协调就是为实现公共经济责任目标,在各级政府及同级政府不同部门之间建立起相互协作和主动配合的关系。包括上级政府对下级政府布置工作、指导、检查和答疑,下级机构向上级机构汇报、请示,平级执行机构之间相互沟通、配合;同级政府不同部门之间的协作;政府机构内部工作人员之间的信息传递和交流;政策机构与其他社会组织、公众之间的交流和配合等。协调机制则是为实现协调建立起来的各种合作制度安排,可贯穿公共经济责任履行的全过程。

2. 公共经济权力体系与机制

(1)公共经济权力体系

公共经济权力体系与公共经济责任体系相适应,用来保证各公共部门公共经济责任的履行,也包括纵向权力体系和横向权力体系两个方面,也需要对权力进行纵向配置和横向配置。

纵向配置是指公共经济权力在中央国家机关和各级地方国家机关之间的分配。我国是典型的单一制国家,基本组织形式是科层组织,中央政府是公共经济权力的源头,在权力体系中占主导地位,拥有统辖、规划的权力,特别体现在资源调配和人事安排的权力上,下级政府通过专业化的人员和规章制度落实上级政府的政策指令,有在实施过程中的执行权和授权范围内的治理权。下级政府也可以跟上级政府讨价还价,但上级政府有决定权,中央政府拥有最后的决定权。地方政府除执行上级政府指令外,还要依法监管本地区事务,发展当地经济,维护社会稳定。在条块分割机制下,各级政府的职能交叉重合,关系复杂;而且各级地方政府,尤其是基层政府是各项政策的实际执行者,因此其执行能力、主观意图及相关激励机制设计将直接决定公共经济政策的落实效果,如果发生执行不力,甚至权力滥用,公共经济责任的履行必然大打折扣,因此组织严密、协调度高的纵向权力配置十分必要。

横向配置是公共经济权力在立法、行政、司法等机关之间进行的分配。立法机关行使立法权,为国家的重大公共经济活动进行决策、确立规则,并将相关国家机关的公共经济责任、权力以法律和法规等形式确立下来,然后由相关国家机关实施;立法机关为民意机关,立法权是基础性的权力,立法权的行使要集思广益,充分反映民意。行政机关行使行政权,有执行立法机关的立法和决策的权力,同时行政机关拥有行政任免权、行政决策权等,会积极主动干预公共经济活动;行政机关作为执行法律和决策的常设机关,其作用非其他机关可比,行政权的高效行使直接决定公共经济活动的高效运行。司法机关行使司法权,基于宪法等解决公共经济活动中的法律纠纷、法律冲突,维护国家宪法和相关法律的权威,防止各权力机关的权力滥用,并使各权力机关和平相处;司法机关是解释和运用法律的机关,司法权是确定法律责任的技术性权力,司法权的行使必须客观公正,司法机关作为裁判人须独立于其他国家机关。

(2)公共经济权力机制

公共经济权力通过宪法、法律、体制、命令、决定、处分等方式实施,同公共经济责任一样,分别发生在公共物品提供的决策、执行、问责等环节,形成公共经济权力运行的过程,在公共经济权力运行过程中形成一定的权力运行机制。

纵向上由于国家政治体制不同,公共经济权力的运行机制有很大不同,集权和分权是纵向上现代国家权力分布的核心问题,从发展上看,集权和分权也是相对的,不同时期各国集权或分权的程度不同。集权模式是以中央政府集权为基础的,在性质上地方政府是中央政府在地方的执行机关,地方政府的权力来自中央政府的授予,中央政府将立法权和行政权同时或只将行政权授予地方政府,地方政府对某些事项有一定程度的自由裁量权,但总体上地方政府必须执行中央政府的决定和命令,同时下级政府接受上级政府直至中央政府的领导,地方政府有违背中央政府的行为,中央政府可以干预和否决。分权模式是以地方分权为基础的模式,中央政府与地方政府分别有各自的权力运行领域,哪级政府的权限,由哪级政府行使。一般各级政府有各自的立法、行政、司法系统,各级政府互不从属、互相尊重,中央政府对地方政府进行监督,但不能干预地方政府的事务,如果上级政府需要下级地方政府代为执行某些权力,应提供相应的财力保障。集权与分权是相对的,集权和分权的主体、客体、方式、程度等,要根据社会和国家的需要,综合考虑各种影响因素科学地进行判断。

横向上公共经济权力在负责决策、执行、问责等的公共部门之间划分,进而形成决策权、执行权和问责权之间的分工与制约机制。分工是制约的前提,权力划分以后,不同权力主体之间彼此钳制形成相互制约关系。为最大限度地防止权力滥用,各权力主体的地位应大致平等,各主体均应拥有抗衡另一方的强制性权力,任何权力主体都不能脱离被约束的状态。

(四)公共经济体制结构模型

公共经济责、权体系与机制构成公共经济运行的整体,公共经济责、权体系与机制的安排,即围绕提供公共物品在国家机构体系各环节、各部分、各层次之间配置责任、权力、利益的一整套规则和制度体系,就是公共经济体制①。公共经济体制的运行即是政府履行公共经济责任、运用公共经济权力实现公共物品提供的过程。

对公共经济体制进行安排首先需要确定一定时期内公共物品的提供范围,也就是确定公共经济和民间经济的合理界限,在此基础上将不同种类公共物品

---

① 齐守印:《中国公共经济体制改革与公共经济学论纲》,人民出版社 2002 年版,第 18 页。

提供的责、权在同级政府各部门及不同级次政府之间按照一定的规则进行划分,责、权划分清晰之后公共物品的提供还要经历提供方案的决策、执行、监督问责等首尾相接的几大环节,每个环节都需要通过一定的机制来实现。

公共经济体制运转的整个过程都存在责任和权力的交互,但责任是根本,正是由于公共经济部门承担了提供公共物品的责任,才赋予其为履行责任所需要的权力。因此在顺序上首先要划分各公共经济部门的责任,在合理划分责任的基础上,给予其相应的权力以及所需的财力,责任、权力、财力要保持一致,形成责、权、利一致的体制。为清晰起见,据前所述可构造公共经济体制的模型如下(图1-3)。

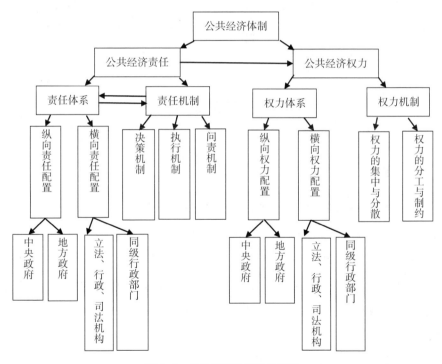

图1-3 公共经济体制结构模型

(五)研究范围

公共经济体制涉及纵横交错的公共经济责任和公共经济权力,提供公共物品的过程也是向相关职能部门分配责任和权力的过程,责任、权力配置的状况及采用的运作机制将直接决定公共物品提供的效果。而责任是公共经济责权配置的基础环节,因此本书致力于对公共经济责任进行研究,讨论纵向上上下级政府之间公共物品提供责任的划分(包括相应的财政支出责任划分),横向上公共经济责任在同级政府所属部门之间的划分,并分析保障公共经济责任有效履行的相关机制。

在公共物品的提供过程中,立法机关主要负责对公共物品的提供进行决策,司法机关负责对公共物品提供过程中存在的问题进行追究,行政机关负责立法、司法以外全部公共物品的提供,承担着提供公共物品的主要职责,因此本书涉及的政府部门若未进行区分,主要指行政机关。政府公共经济责任包括应承担的职责即预期责任,也包括对职责履行不力而进行的问责,即回溯责任,本书没有特殊说明一般指预期责任。

三、文献综述

(一)国外文献综述

1. 关于公共经济责任体系对公共物品提供的影响

美国学者埃克斯坦(Eckstein,1983)认为,公共财政经济学最有意义的问题之一,是确定哪级政府最适合于处理哪一项公共事务。通常认为通过公共物品提供的资源配置决策权下放,可以将部分提供公共物品的筹资压力转移给地方政府或私人提供者,他们能以更低的成本提供公共物品,从而能够提高财政资金的使用效率和质量。

有关配置效率的观点认为,由于地方政府能更好地了解当地的偏好,由地方政府决定稀缺资源的配置,能够使教育、医疗及其他公共服务的产出效率最大化。在这个过程中,分权化的政府单位在资源配置的决定上能负起更大的责任。而且还认为,公共物品的提供质量能被提升,因为地方政府更了解当地需求的变化,并容易得到公共物品使用者的反馈。也有学者从地方政府公共经济责任意识角度进行分析,认为地方公共机构更接近辖区居民,能促使地方政府增强责任感,从而不断寻找在资源有限情况下更好地提供公共物品的方法,提高公共物品的生产效率及效果,尤其是在教育、医疗等社会部门表现明显(Ahmad, Brosio, 2009;Cantarero, Sanchez, 2006;Jiménez-Rubio, 2011),能促进教育、医疗等支出的增加(Keen, Marchand, 1997;Kappeler, Valila, 2008;Fredriksen,2013)。

同时,许多文献也注意到责权下放可能存在的风险。第一,缺乏增加地方政府政治自主权的自动保障机制;第二,权力可能被地方政治精英利用,会恶化公共物品提供中的公平性;第三,地方政府工作人员的技术能力可能不足;第四,会加大公共物品提供的地区间不均等;第五,责权下移导致的财政赤字及公共部门的规模膨胀,会使政府更加脆弱,进而带来宏观经济风险。另外,责权下放也会阻碍中央政府的再分配作用,为了保证全体居民最低水平的公共服务及基本生活需要,中央政府经常需要实施均衡性转移支付,但如通过责权下放把收入和支出大量地转移到地方政府,中央政府就没有足够的资源来进行转移支付,确保各地区最低水准的公平(Ter-Minassian,1997)。

还有学者以具体公共物品(区域干净水)的提供为例,分析了多级政府公共物品提供中的合作问题,通过政策文件分析、现场调查以及专家采访发现,明确各级政府的角色和职责范围,制定共同遵守的法规、政策,对促进政府合作实现公共物品有效提供有至关重要的作用(Wardono, Matsunami, Putro, 2014)。

有学者在分析财政分权对公共物品提供效率的影响时指出,只有在满足一定条件的情况下,财政分权才可以提升公共物品的提供效率,这些条件包括良好的政治和制度环境、恰当地支出责任划分和较充足的财力,这些条件如果不具备,财政分权不仅不能提升公共物品的提供效率,还会使其恶化(Sow, Razafimahefa,2015)。

2. 关于公共经济责任的范围

要合理而明确的界定政府的公共经济责任,首先需要明确公共经济责任的范围。公共物品是公共经济学中的基本概念,政府的主要职责之一是提供市场不能提供的公共物品,满足社会公众的共同需要。由此,明确公共物品与非公共物品的合理边界,即是明确政府提供公共物品的边界,而提供公共物品的边界也是政府公共经济责任的边界。要实现公共物品的有效提供,对公共经济责任进行合理划分,必须首先明确公共物品和非公共物品的边界。

对公共物品和非公共物品边界的确定,可从其概念出发,一般认为公共物品的概念最早源于大卫·休谟关于沼泽地排水的例子,其后亚当·斯密、约翰·穆勒等人分别从政府职能的视角分析了公共物品的范围和生产提供方式;1954 年萨缪尔森提出了公共物品的基本特征,即非竞争性和非排他性;布坎南进一步指出,萨缪尔森定义的是纯公共物品,与之特征相反的是纯私人物品;2002 年萨瓦斯在萨缪尔森等人研究成果的基础上提出了依据物品与服务的消费性和排他性特征判定私人物品或公共物品的标准。1976 年布坎南从公共选择角度出发提出任何由集团或社会团体等集体组织决定提供的物品或服务,都可以被定义为公共的;因此,可根据公共选择的范围确定公共物品的提供范围,进而根据公共物品的特征及社会分工需要确定公共物品的提供方式。

长期以来,无论学者、公众还是政府部门本身大都认为公共物品应由政府负责提供,认为提供公共物品是政府的重要职责,也是政府存在的主要理由。也有许多学者提出政府存在信息不对称、官僚主义、制度缺陷等一系列问题,在公共物品提供中可能效率不高,而且随着技术进步、产权明晰及产品属性变化等情况的出现,公共物品的提供主体也可以调整。从现实来看,自 20 世纪 80 年代以来,各国公共物品的市场化改革不断推进和加速,第三部门蓬勃发展,公共物品的供给主体向多元化方向发展。

有学者提出,尽管一般看来,由政府提供公共物品是因为市场不能提供或市场提供低效,但最好应把广泛的需求作为政府提供公共物品的一个必要条件。在市场上,不合理的偏好选择会受到惩罚,因为人们需要承担不良选择的成本,但在政治领域则不存在这种惩罚机制。因此决策者在确定是否提供某种公共物品之前,应该充分考虑这种公共物品的需求是否恰当、成本是否超过了收益、市场提供是否效率较低等问题(Anomaly,2015)。

由以上分析可以看出,公共物品和非公共物品的界限不是绝对的,公共物品由政府提供还是市场提供,取决于交易成本和社会公共福利的大小。从产品属性来看,纯公共物品只能由政府提供,为确保效率应注意提供方式的选择,对于准公共物品要根据其性质的偏向选择恰当的提供方式;从范围上看,全国性的公共物品主要由中央政府提供,地方性的公共物主要由地方政府提供。

3. 关于公共物品最优提供及其决定因素

就如何衡量公共物品提供有效性的问题,萨瓦斯(Savas,1978)提出了两个层面的效率标准:生产效率和配置效率。生产效率衡量的是产出和投入的比率,追求产出一定下政府投入的最小化及政府投入一定下产出的最大化;配置效率与居民的需求偏好相对应,如果公共物品的提供能满足居民的需求,则配置有效率,如果供给不足或供给过度,则无效率。也有不少学者从公平和效率角度进行了分析,英格拉姆和荣姆泽克(Ingraham and Romzek,1994)指出,对许多公共组织来说,效率不是追求的唯一目的,管理学中的效率优先传统并不完全适合于公共部门。

格林和拉丰(Green and Laffont,1979)、拉丰(Laffont,1987)讨论了当人们不愿意表露自己的真实偏好时,如何实现公共物品的有效提供问题。他们认为可以通过设计一种机制,让公共物品的使用者将自己对公共物品的偏好真实地表达出来。一个好的机制需要解决两个基本的问题,一个是信息问题,即这个机制所需要的信息量是否达到了最低要求;另一个是激励问题,要求这个机制要与个人利益相容,即该机制应具有激励相容性。

诺斯(North,1981)则抛开成本—收益,从"意识形态"角度进行了分析,认为"意识形态"的积累在人们的决策过程中起着重要作用,"意识形态"中的道德和伦理法则可使人们克服"搭便车"行为,使人们不再按照成本—收益原则来行事和斤斤计较。也有学者分析了民主制对公共物品提供效率的影响,认为对于分权化提供的公共物品,民主制度如公民参与以及政治竞争,在地方政府的效率中,显示出重要的决定作用。研究直接民主的学者们,一致认为由于直接民主允许公众参与法律和政策的制定,能缓解各种可能的委托—代理问题。

在公共物品提供效率的评估方法研究方面,有"3E"评价法、成本—效益分析法、量本分析法、半参数分析法和计量建模方法等,其中最常用的是DEA—Tobit 二阶段分析法。1960 年美国会计总署最早提出了评估政府工作效率的"3E"评价法,即经济(Economy)、效率(Efficiency)、效益(Effectiveness)评价法;1973 年美国启动"联邦生产率测度项目",开始运用成本—效益分析法进行效率评估。

对公共经济责任体系和运行机制进行设计和完善,最终目的是提高公共物品的提供效率,因此,各类关于公共物品提供效率和决定因素的研究,都可作为公共经济责任划分和机制设计的参考依据,从而制定出更能促进效率提升的责任划分和机制设计办法,为公共物品的有效提供创造前提条件。

4. 关于公共经济责任体系结构

国外学者对公共经济责任体系结构的研究大多从公共物品的层次性和空间特点出发,围绕公共物品提供责权划分和财政责权划分等问题展开,讨论政府提供公共物品的有效性及如何对公共经济责任进行合理划分等。

夏普(Sharpe,1977)认为,不同级次的政府部门具有不同的职能,相互之间不能替代;从国家的经济职能来看,实现调控的职能要由中央政府来实施,社会福利分配的职能也应由中央政府来执行;认为资源配置的目的是获得最大效用,因此,消费者的满足程度应是选择资源配置取向的参照标准;就公共物品来说,消费者的意愿一般具有明显的地域性,而地方政府恰好能敏感地顺应其区域利益,取得资源配置的最好效果;因此,应该明确划分各级政府的职能,再依据各级政府正常行使其职能的财力需要,相应地划分财政管理权限。

安格罗夫(Agranoff,1986)提出了有关公共经济责任体系的几个议题,一是社会结构、基本责权关系或财政责任的根本变革,二是中央、州、地方关系的重组,三是各层级政府所负责的计划或功能活动的重大调整;另外,他认为要关注关于现行公共物品提供水准或范围方面显著的政策调整,关注大都市区治理政策的重大变化。

黄佩华（Christine Wong，2009）提出，改革开放后中国经济取得了惊人的成绩，但也面临一系列公共问题的严峻挑战。20世纪八九十年代在中央财政能力严重不足时，由于缺乏公共部门的重塑战略，出现了政府财政不平衡等问题及收入驱动等激励的扭曲，如不进行恰当的改革，自上而下地调整中国发展方向及建设服务型政府目标的效果将是有限的。当前这种制度结构和激励机制已根深蒂固，对其进行改革需要坚持长期不懈地努力，全面的改革方案应包括建立新的问责机制和信息系统、重组和精简政府，最重要的是优化政府财政体系，这些都是巨人的政治改革难题。

克里斯汀森和列格里德（Christensen and Legreid，2007）将政府的运作模式分为"等级式与协商式"两类，等级式是一种自上而下的、纵向的角度，强调中央政府的主导性；协商式基于政府部门的异质性，强调从横向上促进部门的整合。威尔金斯（Wilkins，2002）从政府责任分担的角度进行了分析，认为要改变责任不清的状况，明确不同政府部门的职责，实现政策责任的合理分担。

5. 关于公共经济责任运行的效应

在公共经济责任运行效应测度指标的设计上，西方国家积累了丰富的经验。世界银行提出了世界治理指标体系（WGI），包括话语权与问责制、政治稳定与暴力避免、政府有效性、管制质量、法制和腐败控制等指标；联合国曾于1999年发起"世界治理调查"（WGS）研究，提出世界治理调查指标体系包括根据规范性结果来评价的政府绩效指标和根据产出如何达成来评价的治理过程指标两大方面，具体包括公民参与、各利益方意见整合、政府保护系统、政策执行、国家和市场的关系、争议处理等六个部分；欧洲公共服务创新小组开发的欧洲通用评估框架（2006），包括促成要素和结果要素两大方面，促成要素包括领导力、战略规划、员工、伙伴关系与资源、流程五个标准，结果要素包括公民导向、员工结果、社会结果、绩效结果四个标准。也有许多学者提出了其他的测度标准，采用不同的方法对结果进行测量，并对相关影响因素进行了分析。

博奇等人（Borge，Falch and Tovmo，2008）探讨了公共部门的效率是否受政治和预算制度、财政能力、民主参与的影响,发现较强的财政能力和政党的高度分裂会导致公共部门的低效率,另外民主参与会提高公共部门的效率,而集中的自上而下的预算程序则会降低公共部门的效率。

钱颖一和罗兰(1998)分析了财政分权导致的政府横向竞争和纵向竞争与公共服务供给之间的关系,提出财政分权可以促进地方政府投资基础设施建设,从而出现对流动性资本的竞争,能够硬化地方政府的预算约束,但也会出现基础设施投资过热的负面效应,使财政支出结构出现扭曲。格雷戈里奥和普罗塔(Grisorio and Prota,2015)分析了地方财政分权对公共支出结构的影响,他们利用意大利1996年至2008年间各地方政府的公共支出情况,研究持续的分权过程对不同种类公共支出在总支出中比例的影响,面板数据分析表明,财政分权的程度影响着公共支出的构成。

沙(Shah,1998)提出许多文献分析了集权和分权的优缺点,但忽视了制度环境对分权效果的影响,认为发展中国家分权成功的关键在于法治、对政府权力的约束、冲突的解决和协调、各级政府的绩效评估和问责制等制度设计。

坦齐和舒克内西特(Tanzi and Schuknecht,2000)对部分工业化国家和新型工业化国家的公共支出绩效从经济增长、投资、公共债务、健康水平、教育、环境保护、收入分配、社会稳定、行政效率等方面进行了考察。研究结果表明通过制定明智的政策,政府可以用较低的公共支出实现同样的社会经济目标;新兴工业化国家几乎与工业化国家相近的社会经济指标,很大程度上可用这些国家的政府职能目标的不同来解释;他们认为政府干预是为了提供最基本的服务和设计有利于市场的激励,政府的职能要适度。

(二)国内文献综述

公共物品供给不足、供给效率和效果欠佳是我国当前面临的主要经济社会问题之一。合理而清晰地界定各级政府的公共经济责任,建立起具有约束力的责任体系和完善的保障机制,对于促进公共物品的有效提供,推动政府由建设型向服务型转变,具有十分积极的意义。近些年来,我国许多学者对其展开了深入地研究。

1. 关于公共物品提供效率及其影响因素的研究

陈诗一、张军(2008)设定地区和时间为虚拟变量,为全面反映影响财政支出的变量,加入人口密度、人均 GDP、教育、开放度、外商直接投资等指标,形成 Tobit 随机效应面板数据,对 1994 年分税制前后东中西部三个地区的财政支出效率进行了比较。

续竞秦、杨永恒(2011)发现地方政府的公共服务供给效率存在显著差异,财政自主权对效率有显著的正向效应,人口密度、人均 GDP 则具有显著的负向影响,居民教育程度的影响不显著。

李永友(2011)选择财政支出结构效率作为因变量,选择内部因素、财政活动的制度环境和外部因素作为自变量,设定 2002 年政府换届为虚拟变量,选择人均收入水平、人口年龄结构、平均受教育程度作为内部因素,选择腐败、预算外财政收入占全部财政收入比重、转移支付占财政支出比重度量制度环境的严谨程度,用相邻地区财政支出结构相对效率、地区进出口贸易额占 GDP 比重度量外部因素,对地区公共支出结构相对效率的影响因素进行了分析。

闫威、胡亮(2009)采用非参数 DEA-Malmciuist 指数方法对全国 31 个省份 2003—2007 年间社会保障服务的效率进行了评价。冯涛、李湛(2009)把政府视为联合供给公共品的组织,运用 DEA 模型中的 MPI 指数演示新中国成立以来政府效率的变迁,研究结果表明,长期来看我国政府效率改进速度比较快,因此,认为在公共品供给中必须注意发挥政府的范围经济优势,不应设置过多的并行权力中心。

2. 关于政治激励、政府行为与公共物品的提供

政治激励理论强调政府官员作为政治参与人的特征,认为不同的政治体制安排会对政府官员产生不同的激励与约束,从而导致不同的经济发展结果。

周黎安(2004)用一个简单的锦标赛竞争模型,论证了以经济表现为核心的政绩观下,"地方官员合作困难的根源并不主要在于地方官员的财税激励及其他们所处的经济竞争性质,而是在于嵌入在经济竞争当中的政治晋升博

弈的性质。"[1]王世磊、张军(2008)构造了一个描述中国地方政府和中央政府之间的层级政治激励的模型,并在这个模型里讨论了地方政府改善物质基础设施的激励机制。

皮建才(2010)通过建立委托—代理模型,分析了地方政府的公共物品供给行为,发现地方政府之所以重视发展型公共物品供给而轻视民生型公共物品供给,除了因为现行的激励结构使得发展型公共物品的政治价格高于民生型公共物品的政治价格以外,还因为民生型公共物品供给过程中的风险高于发展型公共物品供给过程中的风险。

王贤彬、周靖祥(2013)在一个具有微观基础的一般均衡宏观模型中考察了地方政府的公共服务供给行为,认为地方政府官员在提供生产性公共物品和非生产性公共物品的效率与能力上具有异质性,这导致了地区之间的经济增长及公共服务供给绩效上的差异,中央可以通过优化官员和地区之间的匹配,促进地方经济的发展和居民福利的改善。

3. 关于公共经济责任体系模式选择

由于不同国家的政治体制、经济环境和民主法治化程度等存在不同,各国在对政府的公共物品提供责任体系模式进行设计时也会出现差异,许多学者从不同角度对政府纵向和横向的公共经济责任模式进行了分析。

刘云龙(2001)从宪政角度,提出立宪性一致、同意型财政分工方式和行政性一致、同意型财政分工方式。立宪性一致、同意型财政分工方式,在政府责权划分上,体现经济性、功能性、地方政府优先性;在财政分工上体现立宪性和民主性。行政性一致、同意型财政分工方式,特点是财政行为具有策略性,财政活动具有非规范性,财政分工具有行政性。

钱颖一(2003)从地方政府权力大小的角度,归纳了三种类型的模式,即不伴随权力下放的行政代理、权力分散化的联邦制和完全的分权化。不伴随权力下放的行政代理,不给地方政府制定计划和选择政策的权力,仅给贯彻执

---

[1]　周黎安:《晋升博弈中政府官员的激励与合作——兼论我国地方保护主义和重复建设问题长期存在的原因》,《经济研究》2004年第6期。

行政策的任务,这是分权化程度最低的一类。完全的分权化是国家把一切政治经济权力完全下放到地方,包括国防、财政、货币等,是一种彻底的分权。介于两者之间的是各种各样权力分散化的联邦制。

周振超(2008)从决策与执行之间关系的角度,将联邦制国家政府纵向关系分为分工型和合作型两种模式。认为分工型模式的特点是联邦和各州分别通过自己的机构执行法律赋予的职权,两者在各自责权范围内平行存在,互不干涉,各自对人民负责,这种模式的代表是美国;合作型模式的主要特点是联邦政府的决策和事务除了少部分由联邦机构负责实施外,绝大多数要通过州政府来执行,这种模式的代表是德国,德国各州不仅执行州的法律,也执行大部分联邦的法律,联邦政府只对其进行监督。

谢庆奎(2005)认为政府系统中的关系,包括政府机构和人员的相互关系,以及行政、立法、司法之间的关系,也包括部门上下级关系、中央与地方关系、党政关系等。各种关系交互形成的整体模式,有单一制中央集权型模式、单一制地方自治型模式、联邦制中央集权型模式、联邦制地方自治型模式以及单一制和联邦制混合型模式等。

卓越(2010)认为西方国家的政府体制普遍是在三权分立的政体原则指导下建立起来的,认为西方各国政府行政机关与立法机关、国家元首、司法机关之间的相互关系构成了现代西方各国政府体制的基本框架。

高轩(2014)提出根据社会发展变化,西方发达国家不断探索政府部门间关系模式的改革,近现代以来经历了三种不同模式的变革,依次是部门间分工与等级控制的官僚制模式、分权与竞争的新公共管理模式、协调与整合的整体政府模式,认为每种模式都有其处理部门间关系的优势和不足,都对我国政府部门间关系的改革有一定的启示。

4. 关于公共经济责任体系的设置

国内学者对公共经济责任划分思路的研究大多围绕政府事权划分、财政支出责任划分等问题展开。

齐守印(2002)明确辨析了公共经济的事责与事权、财责与财权这两组相关概念及其相互关系,指出中外学政两界长期强调事权与财权所存在的弊端,在此基础上阐明应在不同层级政府和同一层级政权机构之间依次合理而清晰地配置事责与事权、财责与财权,提出了在纵向和横向上配置公共经济责权的系统性方案,并提出了在各级政府之间划分公共支出责任的原则及具体办法。

王雍君、张志华(1998)认为,支出事权的划分应该遵循经济效率原则、权利平等原则、简明和法律保障等原则;詹正华(2002)提出受益、效率、行动和技术四原则;夏杰长(2003)提出分职治事、受益范围和法制三原则;孙开(2004)提出集权与适当分权相结合、受益范围、公平与效率兼顾、相对稳定与适当调整原则;冯兴元、李晓佳(2005)提出市场优先、地方优先与上级辅助、事权列举和剩余权归属地方、法制、地方民主、前瞻性、事权与财权配套、多样性、基本公共服务的最低供给等原则。

冷永生(2010)提出,科学、合理地配置多级政府的公共服务职能是实现政府职能转型的关键环节,是财政体制改革的基础性环节;政府公共服务职责划分和调整的主要内容包括国家政治体制、国家权力秩序、政府权力秩序和架构、政府公共服务职责划分的权力主体和划分对象等;并提出了"四步走"的调整优化中国政府公共服务职责划分的路径。

李俊生、乔宝云、刘乐峥(2014)认为政府事权和支出责任的划分应充分考虑国家的政府治理状况,事权划分的设想必须与法治社会建设相结合,权力分配需制度化和契约化,同时形成政府间硬化和互相约束的财政关系;认为政府间财政关系处理中,应该先对政府事权责任进行划分,然后再根据支出需求决定各级政府的收入分配;提出事权划分要以法律形式推进、要形成政府和市场的合理边界、构建激励相容的事权结构等。

5. 关于公共经济责任机制

张成福等(2010)对20世纪80年代以来西方主要国家的政府运行机制进行了分析和总结,提出政府组织的绩效取决于两方面因素:一是政府体制和机构内部诸要素的合理组合;二是政府运行机制的灵活协调。认为西方国家正通过政府运行机制的变革,致力于塑造一个更加民主、负责、高效和开放的政府。西方国家政府的决策机制已实现了从个人化、非程序性以及内部运作,到组织化、程序性和公开参与的转变;建立起了决策的信息机制、参与机制和咨询机制。绩效评估机制实现了从过程导向到结果导向,建立了多层次和全方位的责任监督机制,实现了制度化和多主体性的问责机制。政府协调机制也实现了创新,中央政府从各自为政向协同合作转变。

陈国权、谷志军(2012)提出社会分工是从事一切社会活动达到预定目标的基本途径和提高管理效率的基本手段,西方立法、行政与司法三分的权力结构和运行机制可能不适用于中国,但其背后蕴含的决策、执行与监督三分是具有普适意义的权力结构和运行机制分析方式,任何政治组织都需要实行决策活动、执行活动与监督活动的三事分工。

张翔(2013)对中国政府部门间关系调整的历史进行了归纳,总结了中国政府部门间协调机制建构中的特点与教训,在与美、英、日三个西方典型国家政府部门协调机制比较的基础上,提出从宏观思路、中观战略与微观措施三个层面推进"跨部门协作"的对策体系。

常庆(2007)从政府失灵角度出发,分析了公共部门组织中的激励监督机制,认为传统的政府管理体制不适应市场经济的内在要求,建立起切实可行的激励监督机制可有效解决各种政府失灵问题,因此,其成为政府管理体制改革的中心之一,并提出了构建激励监督机制的政策建议。

6. 对具体公共物品提供中公共经济责任的研究

以具体公共物品供给为主题的研究,包括责任划分与教育、公共卫生、社会保障等提供效率之间的关系及具体公共物品提供中的责任划分办法等。

刘长生等(2008)基于我国30个省市1980—2005年间的义务教育的面板数据对财政分权与义务教育的提供效率进行了实证评价,结果表明财政分权度总体上有利于提高我国义务教育的提供效率,但区域之间存在较大差异,对部分省份义务教育产生了负面影响。

周海沙、阮云洲(2009)按照受益原则、规模效应原则、收入再分配原则以及基本公共卫生服务可及原则对公共卫生的政府间责任进行了理论划分,并考虑财政分权理论假设与我国现实的差距,提出了我国公共卫生政府间责任调整的方案,对系统设计公共服务供给的可操作性方案提供了重要的参考价值。

龚锋、卢洪友(2013)界定了地方公共服务配置效率的内涵,实证检验了多维财政分权指标对中国地方义务教育和医疗卫生服务配置效率的影响,发现当地方财政资金更多来自于中央转移支付补助时,提高地方政府的财政支出分权程度,有助于改善地方义务教育服务的配置效率;然而,由地方政府配置和使用更多的财政资金时,会对地方医疗卫生服务配置效率产生不利影响。

林治芬、魏雨晨(2015)对包括我国在内的40个国家的中央和地方社会保障支出责任划分进行了实证研究,发现我国中央政府财政收入占比、中央政府财政社会保障支出占比在40国中都是最低的,实际上近于财政分权状态,只是更少的中央财政社会保障支出责任和政治集权掩盖了财政分权的现实,他们提出适度划分中央财政的社会保障支出责任,是我国财政体制改革的正确方向。

周志凯、徐子唯、林梦芸(2015)把城乡居民基本养老保险制度长期发展中的财政责任分成了五类,并从财政责任的显性或隐性、财政责任的政府层级归属两个维度进一步厘清了这五类财政责任的归属,为合理判断我国城乡居民基本养老保险制度发展中的财政责任与财政负担提供了理论参照。

(三)研究述评

通过对相关文献进行梳理可以看出,科学而明确地界定公共经济责任、完善公共经济责任机制,从而促进公共物品有效提供是我国公共经济治理中的一种必须,同时,其又是一个非常复杂的问题,需要从多个角度和多个层面进行考量。国内外已有的研究成果为我国的改革实践提供了强有力的理论支撑,但也存在一定的不足之处。

国外有关公共经济责任划分、机制建设和公共物品有效提供的研究源远流长,在许多方面已比较成型,如对公共物品提供的范围、公共物品提供的最优水平、公共物品提供中的政府作用和地位等都有了较多的描述和界定,也存在许多关于政府公共经济责任划分和提高公共经济运行效率的研究成果,这些研究大都是从实证角度对各国或地区的状况进行的。

实际上发达的西方国家由于其制度安排相对科学、规范,政府的公共经济责任划分比较定型,运行机制相对完善,各级政府的支出责任与财力比较匹配,各级政府及各政府部门间的关系比较稳定和协调,因此其研究不必过度关注责任体系和机制的建设与改革问题,只需对运行状况作出合理的解释即可。而我国正处于体制转轨和制度变革过程中,现行公共经济责任体系和机制中暴露出来的各种矛盾和问题以及引发的一系列社会问题,已经严重制约了我国经济社会的稳定和协调发展,因此需要参考和借鉴西方基础理论及制度建设的经验,剖析我国制度体系和机制建设中存在问题和矛盾的深层次根源,谋划改革和完善的策略。

就此来说,国外的研究成果为我国公共经济责任划分和机制建设提供了坚实可靠的基础,其中能反映体制运行一般规律的思想能为我国存在问题的分析和改革提供有益的启示,国外的运行实践也可供我国的改革进行借鉴。但国外的相关研究成果,尤其是关于西方发达国家的研究,都建立在成熟市场经济及民主制或代议制的政治体制基础上,以选民的福利最大化为假设前提,这与我国的国情有很大不同,因此不能照搬西方的理论和实践经验。在实际研究中应更多从我国实际情况出发,通过深入的实证研究,归纳和解释我国公共经济体系和机制建设中的问题,创新和丰富具有中国特色的公共经济责任体系和机制,进而完善具有中国特色的公共经济体制。

自20世纪80年代后期开始,公共经济理论逐步成为我国学者研究的热点,经济社会改革背景下的公共经济体制改革越来越紧迫地提上议事日程。多年来,许多学者围绕政府与市场的关系、政府的责权、财政收支责任、政府的行为模式、公共物品的有效提供等问题展开研究,产生了大量研究成果。20世纪90年代中后期白景明(1994)、华民(1996)、郭庆旺(1999)等出版了公共经济学的著作和教程,张馨(1997)发表论文对公共经济思想的演变过程进行了探讨,2000年以后,齐守印明晰了公共经济体制的整体轮廓及其内部的层次结构联系,其它学术著作也如雨后春笋不断涌现。尽管如此,当前公共经济研究在我国还处于起步阶段,与我国市场经济体制相适应的公共经济体系也还未建立起来,政府公共经济责任划分仍比较模糊,机制建设仍比较落后,阻碍着公共物品有效提供的实现。

在公共物品提供责权划分问题上,我国学者不断从多个方面对其进行深入研究,形成了大量有价值的研究成果,对不同政府部门在公共物品提供中应承担什么样的责任已有大体一致的认识。这些研究成果极大地丰富了公共经济理论,并对公共经济体制改革起到了很好的指导作用。但当前对于公共经济责任划分与公共物品有效提供之间的内在联系仍缺乏理论上清晰透彻的阐述,缺乏体制机制改革方案的科学设计,也仍有许多学者和政府官员没把公共经济相关概念及其相互关系搞清楚。

党的十八届三中全会通过的《中共中央关于全面深化改革若干重大问题的决定》,在涉及深化财政改革问题时提出要"建立事权与财政支出责任相匹配的制度"。无疑,这是重要的。下一步,我们需要分析,"事权与财政支出责任相匹配"这一命题中谁是自变量、谁是因变量,也就是两者的逻辑关系是什么,应当谁与谁相匹配? 与此同时,什么是事权,为什么政府要有事权,或者说政府拥有事权的法理基础是什么? 其中存在着一系列政治逻辑方面的问题需要研究。

除了概念不准确、逻辑关系不清晰外,当前关于公共经济责任体系和机制的研究大多从某个点切入展开,未扩展到公共经济运行的全过程,未从整体上进行全面和系统的顶层设计。公共经济责任体系和机制的顶层设计欠缺,影响了我国的公共经济体制改革进程,有些问题仍在延续,需要引起高度重视。另外政府与市场的边界、政府层级划分等与之密切相关的问题也仍需进一步进行研究。

我国的公共经济责任体系和机制设计还存在许多有待破解的难题,国内外的研究也存在相对薄弱的环节,因此本书在已有研究成果的基础上进行进一步关注,其中的重点和难点可归纳为以下几个方面:一是随着经济体制转轨和政府职能转变,对市场经济条件下公共经济责任的范围还未形成统一认识,政府职能还未得到准确的界定;二是即使公共经济责任的范围确定以后,如何划分各级政府及同级政府各部门所担负的职责也存在很大的争议,进而影响财政支出责任及公共经济权力的划分;三是公共经济责任体系和机制设计事关全局,是一项庞大的系统工程,涉及整体利益格局的调整,问题复杂,较难从整体上驾驭;四是要在对现行的公共经济责任运行的效应、绩效及运行中存在的问题进行全面剖析和评价之后,才能提出科学合理的公共经济责任划分思路和框架,由于情况复杂,研究存在一定的难度。随着对这些问题的研究和破解,将进一步促进公共经济责任划分的科学化、合理化,也会进一步推进公共经济体制的完善,因此本书试图在这些方面做出积极的努力和尝试。

四、研究内容、方法与创新

(一)研究内容

根据萨缪尔森的公共物品理论,公共物品一般应由政府提供,随着技术进步及私人财富积累的增加,公共物品的提供主体逐渐多元化,但不论其由政府提供、市场提供或混合提供,都需要政府从社会福利最大化角度出发进行不同程度的干预,并且由政府承担最终责任。改革开放以后,尤其近些年来我国的服务型政府建设取得了令人瞩目的成就,公共经济体制逐步建立,但公共物品的整体供给效率较低,从政府治理角度出发,其原因可主要归结于政府公共经济责权划分比较模糊,只有通过合理而清晰地界定各级政府的公共经济责权,优化政府治理模式,才能从整体上实现公共物品有效提供。

而公共经济责任是整个公共经济体制的基础环节,只有在明确政府公共经济责任的基础上,才能合理分配履行责任所需的权力,责任和权力都包括公共物品提供和财政收支两个方面。我国长期以来无论在理论还是在实践上都缺乏对责、权关系的深入探讨,对公共经济责任是公共经济权力前提的认识模糊,往往重视权力划分,轻视责任配置,使权力过度膨胀,责任无法落实。因此,当前在我国强调"公共经济责任"并对其进行深入研究,尤为重要。

本书即致力于从公共物品提供的有效性出发,研究如何通过制度规范和外部条件的打造,实现政府公共经济责任正确而合理地划分,并通过机制设计保障其有效履行,进而优化公共物品的产出效果,优化财政资金的使用效率,满足民众对公共物品的基本需求。笔者在广泛研读国内外相关文献的基础上,以公共经济责任划分及其机制设计为研究主线,综合运用经济学、政治学、管理学等多学科知识,运用历史分析、逻辑分析、规范分析、实证分析以及比较分析等方法,构建我国各级政府及同级政府所属部门在公共物品提供上的责任划分框架,完善公共经济责任有效履行的保障机制。

根据主题,本书就四个主要问题进行研究和阐述:一是阐明公共经济责任、公共经济责任体系、公共经济责任机制的内涵,明确相关概念。二是阐明公共经济责任划分在中国公共经济体制中的基础地位和决定作用,并延伸到包括公共财政在内的公共经济权力划分及其与公共经济责任划分之间的科学匹配。三是列举我国政府公共经济责任体系和机制的现状,分析我国公共经济责任运行的效果,提出公共经济责任划分体系及机制中存在的主要问题。四是借鉴国外相关理论及有益经验,阐明通过深化改革来优化以公共经济责任划分为基础的公共经济体制、促进和保障我国公共物品提供效率不断提升的思路与建议。

基于以上研究思路,本书在一个统一的框架下考察公共经济责任体系和机制的状况及实践效果,分析存在的问题并探讨问题形成的原因,在经验借鉴的基础上提出对策建议,全文分为七部分:

第一部分为绪论。阐明选题背景和选题意义,详细分析本书涉及的概念和范畴,界定研究的对象和问题,同时,说明本书的结构、研究思路和研究方法以及主要的创新点与不足。

从公共经济责任的范围、公共经济责任体系结构、公共经济责任体系对公共物品提供的影响、公共经济责任机制等角度梳理与本书主题相关的国内外研究成果,并作出了简要的评价。

第二部分是理论分析。阐述与公共经济责任体系及机制相关的基本理论。分别从公共物品的有效提供、公共经济责任体系划分的机理、公共经济责任机制确定的依据等角度,介绍了公共物品理论、财政分权理论、分工协作理论、分权制衡理论、整体政府理论、公共管理理论、委托—代理理论、机制设计理论等,并就各理论对完善公共经济责任体系及机制的指导意义和作用进行了分析。

第三部分是我国公共经济责任体系及机制的历史与现实分析。介绍我国公共经济责任体系与机制的制度背景,梳理计划经济时期和改革开放以来的制度变迁过程;理清当前我国公共经济责任划分及机制设计的总体状况。

第四部分是我国公共经济责任运行效果的实证分析。首先从经济、社会、环境、政府治理业绩等指标出发,对公共经济责任运行的有效性进行了全方位考察。随后在整体分析的基础上,分别从功能结构和中央地方结构两个方面对公共支出配置的效应和绩效进行分析。运用 VAR 模型在横向上考察教育、科技、卫生、社会保障、一般公共服务、支农等项目在总支出中的占比对全要素生产率的影响;纵向上考察上述各项目地方财政支出占比对全要素生产率的影响。运用 DEA 模型,选取教育、科技、卫生、社会保障、农业等项目,分别考察其财政投入—产出效率及加权平均总效率,然后分析公共支出的功能结构和中央地方结构对提供效率的影响。

第五部分是我国公共经济责任体系与机制存在问题和原因的剖析。详细分析说明为什么公共经济责任不科学、不清晰会导致公共物品提供效率损失或低下,分析我国公共经济责任机制存在的问题,并对公共经济责任划分存在问题的原因进行分析。

第六部分分析和借鉴国外公共经济责任划分的经验和教训。由于各国的国情不同,各国公共经济责任划分的模式和方法也存在不同,尤其是西方发达国家有比较成熟的市场经济体制,采用民主制或代议制的政治体制,追求选民福利的最大化,与我国的国情有很大不同,因此,我们不能照搬西方的理论和实践,但不可否认各国一些有共性的问题,我们也可以有选择地借鉴。

第七部分阐明通过深化改革优化公共经济责任配置、完善公共经济责任机制设计,促进和保障我国公共物品提供效率不断提升的思路与建议。在总体划分思路的基础上,详细分析不同类型公共物品的责任划分框架。

(二)研究方法

本书以辩证唯物主义和历史唯物主义为总的指导思想,从我国公共经济责任划分和机制设计现实的经验性分析入手,得出基本判断,提出系统性的公

共经济责任划分和机制设计思路。为达到研究目的,主要采取以下研究方法:

一是历史分析和比较分析法。运用历史分析和比较分析方法,回顾我国公共经济责任体系及机制的历史演变,比较借鉴国外公共经济责任划分模式,分析其经验教训,为优化我国公共经济责任配置和机制设计提供方向和借鉴。

二是逻辑分析和系统分析。本书是围绕促进公共物品有效提供的公共经济责任划分问题而展开,从现实观察和理论分析入手,采用发现问题、分析问题、解决问题的思路,最后提出促进公共物品有效提供的公共经济责任划分和机制设计的具体办法。

三是文献分析法。文献阅读是学术研究的重要步骤,本书通过文献检索、材料收集、书籍查阅等各种方法,较全面地收集了理论基础、研究观点、研究方法、国际经验等方面大量的背景资料和数据,为研究的展开做好铺垫。

四是定性和定量分析相结合的方法。定性分析和定量分析是相互统一和相互补充的,全面完善的分析必须将定量与定性分析结合起来,定性分析是定量分析的基本前提,定量分析可进一步证明和加深定性分析的结论,本书对公共经济责任划分和机制设计以定性分析为主,也采用定量方法对定性分析进行必要的补充。

五是跨学科研究法。从一般规律看各不同学科在发展上呈现不断分化趋势,但又需要从整体角度进行研究。公共经济学更是一门综合性学科,是经济学和政治学的交叉,本书即是在借鉴经济学、政治学、公共管理学、行政学等学科相关研究成果的基础上,从整体上对公共经济责任问题进行的研究。

(三)创新之处

本书的创新处主要体现在以下几个方面:

1. 运用公共经济运行过程分析框架对公共物品有效提供进行研究

本书基于公共经济的运行过程,着眼于实现公共物品的有效提供,试图通过构建较科学、完整的公共经济责任框架,促进公共经济体制的完善。书中将公共经济责任运行归纳为制定公共经济活动方案、划分公共物品提供责任、分配财政资金、执行公共物品提供任务、考核和问责等一脉相承的五个环节,并根据责任安排和责任运行将其分为公共经济责任体系和公共经济责任机制两大方面分别进行分析。同时明确界定了公共经济责任、公共经济责任体系、公共经济责任机制等相关概念,对与公共经济责任相关的公共经济权力、事权、政府责任等概念进行了区分和澄清。

2. 根据逻辑分析,提出各类公共物品的公共经济责任划分框架

本书对我国公共经济责任运行存在的弊端、原因及运作机制存在的问题进行了深入地剖析和论证,在此基础上结合国际经验,提出了公共经济责任划分的整体思路和主要公共物品的责任划分框架。横向上,从公共物品有效提供的实际需要出发,并考虑当前同级政府各部门间职责交叉、政出多门的情况,按照大部制改革的思路,提出中央层级职能相近的各政府部门进行整合的建议,并对此作了具体归纳;纵向上,对各类公共物品在各级政府间的提供责任及相应的财政支出责任,进行了相对科学和明确的界定。以此为公共经济责任体系的调整和规范提供参照性意见,促进政府行为模式的转变、公共物品的有效提供及现代国家治理体系的实现。

3. 对公共经济责任运行机制进行完善和优化

公共物品提供责任在各级政府及同级政府所属部门进行划分后,责任履行还需要经过决策、执行、监督问责等环节,而每一个环节的顺利、高效运行均需要完善的机制作保障。从实际需要出发,本书又将激励机制和协调机制纳入公共物品提供责任有效履行的保障机制范畴,增强了公共物品提供责任机制的完备性。总的来看,公共经济责任机制包括决策机制、执行机制、监督问责机制、激励机制和协调机制等五个方面,这五个方面的机制密切相关、缺一不可,本书详细分析了当前我国各项公共经济责任机制存在的问题并提出了完善建议。

4. 通过计量评估对多项主要公共支出项目的资金分配效应进行对比分析

首先,以全要素生产率为指标,运用 VAR 模型对几类重要公共物品的资金使用效应进行量化分析,分析了各类公共物品的支出在总支出中的占比及各类公共物品的地方政府支出占比对全要素生产率增长率的影响,以往的研

究多是从整体上分析财政支出的配置效应,缺乏对各类公共物品支出占总支出比例的效应对比分析,也缺乏对各类公共物品的地方政府支出占比效应的对比分析;随后,运用 DEA 模型分析了几类重要公共物品的财政支出绩效情况,进一步分析了各类公共物品支出占总支出的比例及各类公共物品的地方政府支出占比对绩效的影响。

第二章　公共经济责任体系与
机制的基础理论

公共经济责任体系和机制涉及经济、政治、管理等多个学科,各学科理论的不断发展为公共经济责任体系和机制研究提供了坚实的理论支撑。公共物品理论对政府职能边界进行了界定,财政分权理论在一定程度上是对公共经济体制的阐述,分工协作理论和分权制衡理论揭示了公共经济责任划分的机理,委托—代理理论和公共管理理论为公共经济责任机制的设计提供了理论指导,整体政府理论和机制设计理论进一步增加了今后的改革可参考的方向。在一定程度上,上述不同理论对公共经济责任体系和机制的建设都有指导作用。

一、公共经济理论

(一)公共物品理论

公共物品理论是公共经济学的重要基础理论,是关于市场与政府边界划分的问题,研究的内容包括公共物品的属性、分类、供给、均衡、公共选择等。在对公共物品理论的研究中,马克思经济学的公共物品思想以社会主义为基础,西方经济学的公共物品理论操作性、针对性较强,两者都对我国的公共物品供给问题有指导意义。

1.西方经济学的公共物品理论
西方经济学的公共物品理论以资本主义市场经济为基础,从个人消费和占有角度研究如何提高公共物品的提供效率,实现供给和需求的均衡。

1954 年萨缪尔森发表《公共支出的纯理论》,正式完整地定义了公共物品的概念,他称之为"集体消费品"(Collective Consumption Goods)[①],公共物品理论开始广泛为人们所知。萨缪尔森将公共物品的提供与帕累托效率联系起来,提出了公共物品有效提供的边际条件;归纳出公共物品的两大典型特征非竞争性和非排他性,并将社会产品划分为公共物品和私人物品两大部分,相应又衍生出公共物品的不同种类;认为由于市场失灵的存在,公共物品应由政府提供。之后马斯格雷夫描述了公共物品的不可分割性、消费的非排他性特征,将产品分为私人品、公共产品和有益品三类,提出要通过消费者投票的政治过程显示其对公共物品的偏好。其他学者在此基础之上不断对公共物品理论进行完善,也有学者提出了批判性意见。总的来看,西方公共物品理论以"理性经济人"为假设,运用供给曲线和需求曲线探讨公共物品的均衡和最优配置问题,考虑个人偏好和效用水平决定公共物品供给的数量、结构和效率,并认为公共物品应尽可能通过市场提供。这些观点成为主流公共物品理论的基础,主流公共物品理论之后也成为公共经济学的重要组成部分。

20 世纪 70 年代以后,公共物品理论的发展主要集中在机制设计、保证公共物品决策者的决策效率上。其重要体现是布坎南提出的公共选择理论对主流公共物品理论的批判,布坎南认为公共物品理论的关键在于组织需求和供给的方式,而不是公共物品本身的特性,认为凡是通过集体进行决策的,都属于公共物品,只要是公众在一定决策规则之下自愿选择进行的决策,公共物品提供结果是否"最优"无关紧要,这种结果只具有实证含义,不具有规范含义。布坎南提出,对于"何种公共物品应当以何种方式提供"的问题,必须以具体案例的研究为依据。20 世纪 80 年代以后,关于公共物品决策的"实验经济学"研究成果大量出现,并出现了以奥斯特罗姆为代表、以实地研究为主的"公共治理"研究。

---

① P. A. Samuelson, "The Pure Theory of Public Expenditure", *The Review of Economics and Statistics*, 1954, 36(4), pp. 387-389.

当前的公共物品理论研究中,主流公共物品理论仍占主要地位,但也充分吸收了公共选择理论的研究成果,对我国的公共治理有重要的借鉴意义。

2. 马克思经济学的公共物品思想

马克思主义经典著作中还没有使用"公共物品"这一术语,但存在一些关于公共物品思想的深刻论述。马克思经济学的公共物品思想,从社会整体利益角度出发,以社会总产品的分配为起点,构建公共物品的评价标准,包括公共物品供给的数量、供给结构、供给效率等。马克思认为整体利益并不是简单个体利益的加总,而是社会总产品中用来满足共同利益的部分;在对社会资源进行分配时,首先要考虑公共利益的需求,使大部分个体的利益得到维护。恩格斯指出,国家在一定程度上是为了维护社会公共利益的需要而逐步产生的。对公共物品的最优提供水平,马克思经济学的公共物品思想使用平衡的概念,这种平衡是以政府为主导,综合考虑个人利益和整体利益,通过公共政策协调各方利益后形成的,表现为社会总产品中维持社会存在和发展的共同利益需要的部分。

马克思认为国家除了政治统治职能以外,还有社会管理职能,在社会主义社会里,政府职能的重点已不再是对满足阶级需要的政治统治,而是要专注社会管理和提供公共物品,满足社会的公共需要。基于公共利益优先的考虑,马克思认为政府必须承担起向社会提供公共物品的职责,在总结巴黎公社的经验时马克思指出,"政府的压迫力量和统治社会的权威就随着它的纯粹压迫性机构的废除而被摧毁,而政府应执行的合理职能,则不是由凌驾于社会之上的机构,而是由社会本身的负责任的勤务员来执行。"①在《不列颠在印度的统治》中,他举例,"节约用水和共同用水是基本的要求,这种要求,在西方,例如在弗兰德和意大利,曾使私人企业家结成自愿的联合;但是在东方,由于文明程度太低,幅员辽阔,不能产生自愿的联合,所以就迫切需要中央集权的政府来干预。因此,亚洲的一切政府都不能不执行一种经济职能,即举办公共工程

---

① 　[德]马克思、恩格斯:《马克思恩格斯选集》第3卷,人民出版社1995年版,第122页。

的职能。"①

3. 公共物品分类

公共经济责任的划分受政体结构、经济体制、经济发展水平、历史文化、地域特征等多种因素影响,除此以外,公共物品的类型是非常重要的影响因素,对不同种类的公共物品政府肩负的责任不同,在各级政府及同级政府不同部门间的责任配置也不相同,研究公共物品的种类,可以找出公共物品和政府责任的内在联系,为其在各级政府及同级政府不同部门的责任划分中提供可靠的依据。当前政府公共经济责任的划分已不再主要依据行政管理关系,而是从公平和效率角度出发,主要依据公共物品的层次性以及不同政府机构行为目标的差异性,公共经济责任有效履行的需要反过来会影响政府机构的设置。

政府提供公共物品时首先要决定提供哪些种类的公共物品,依据不同的标准公共物品有多种不同的分类方式,而且不同国家对公共物品种类的认定存在差异,公共物品的种类也会随着时间的变化而调整,这里讨论一般意义上公共物品的分类情况。

从萨缪尔森的研究出发,对公共物品种类的研究经历了几个阶段。萨缪尔森提出了纯私人物品和纯公共物品的概念及其特征,纯公共物品是同时具有非竞争性和非排他性的物品,如制度、法律、政策、国防、外交、基础科学等,纯私人物品是具有竞争性和排他性的物品。布坎南、巴泽尔、奥斯特罗姆等人进一步研究,提出了两类混合物品,一类是有排他性和非竞争性的物品,一般适用于在一定范围内的小规模人群,称为俱乐部物品或自然垄断物品,如公共桥梁、公共图书馆以及公共电影院等;另一类是有竞争性和非排他性的物品,称为公共池塘资源或公有资源,如公共池塘、公共牧场等;俱乐部物品和公共池塘资源又统称为准公共物品。纯公共物品由政府提供,俱乐部物品可根据实际情况采取多种不同的公共和私人组合的提供方式,对公共池塘资源奥斯特罗姆等提出了系统治理理论。

按受益范围来说,公共物品可分为全球性公共物品、全国性公共物品和地

---

① [德]马克思、恩格斯:《马克思恩格斯全集》第12卷,人民出版社1998年版,第140页。

方性公共物品,根据受益范围和效用外溢程度的不同,需要由不同级次的政府负责提供。全球性公共物品是对全世界的人具有公共物品性,如大气层保护,这类公共物品需要各国协商来共同提供或维护。全国性公共物品指一国内的全体居民可以共同享用的物品,如国防,这类公共物品一般由中央政府提供。地方性公共物品是指受益范围限定在一定区域的公共物品,如地方性交通,这类公共物品里仅涉及一个行政区域的,由本区域政府提供,跨区域的公共物品以及有外溢性的公共物品由高级次的政府协调处理。

从政府职责出发,市场失灵理论认为市场作为资源配置的手段,不能解决垄断、公共物品、外部性、信息不完全、社会公平和经济稳定等问题,而为了实现资源配置效率的最大化,需要由政府进行干预。马斯格雷夫则提出了政府的资源配置、收入分配、经济稳定和发展三大职能,广义上讲这些都属于政府提供公共物品的范围。

世界银行 1997 年发布的世界发展报告将市场经济下的政府职能归纳为三类,实际上对应着三类不同的公共物品。第一类是基本职能,主要任务是提供纯公共物品,包括财产权、宏观调控、控制传染病、安全用水、道路等,构建有秩序的社会发展平台,维持宏观经济稳定。第二类是中介职能,包括外部效应的管理(如污染)、制定垄断行业的法规、提供社会保险。第三类职能是对较强有力的政府而言,需要发挥更积极的职能,如制定产业和金融政策。行政能力弱的国家有五项最基本的责任,即确定法律基础、保持宽松的政策环境和维护宏观经济稳定、投资于基本的社会服务和基础设施、保护承受力差的阶层、保护自然环境。报告也指出不仅要考虑政府要做什么的问题,也要考虑如何做的问题,因此报告探讨了提高政府有效性的工具,如对某些公共物品政府不是唯一的提供者,要改进政府提供物品和服务的机制等。

本书所指公共物品,从公共需要出发,包含政府职责范围内所有的公共物品。在借鉴不同角度公共物品分类的基础上,本书将公共物品分为五大类(行为规制类公共物品单独分析)。一是制度、法律、政策类公共物品,包括宪法、法律、行政法规、国家制度、体制、机制等;二是国防、外交等主权类公共物品,包括国防、外交、海关、货币发行及金融监控等;三是经济、社会、行政行为规制类公共物品,包括市场准入、市场竞争规则、市场交易规则、外部性规制、失信规制、环境规制、司法、治安、公共行政等;四是公共设施、生态环境、资源类公共物品,交通、水利、邮电、资源开发、环境保护等;五是社会公益事业类公共物品,包括教育、基础科研、医疗、社会保障等。这五大类中有纯公共物品,有准公共物品,按照其属性可采取不同的提供方式,本书重点讨论其在各级政府及同级政府各部门的责任配置问题。另外,国有资产也属于公共物品范畴,我国拥有包括公共设施在内的大量经营性和非经营性国有资产,但公共设施以外的国有资产运行模式与一般公共物品有一定差异,因此本书不作讨论。

提供公共物品的需要产生了国家和政府,而又由公共物品的种类繁多以及国家地域面积决定,政府需分成不同的级次和同级政府的不同部门,各级政府及同级政府不同部门的行为方式和职责重点不同,分别或共同负责某类公共物品的全部或部分提供任务。一般中央政府的目标是维持政治、社会及宏观经济稳定、提高公民的社会福利水平、保障社会资源的高效率配置、促进经济社会协调发展等,地方政府的行为目标主要是执行中央制定的方针和政策、维护辖区的稳定、实现辖区利益的最大化等。

政府在对各类公共物品的提供中应区分轻重缓急,重点承担排他性弱、全民共享、涉及基本人权的公共物品的提供责任,如教育、医疗、社会保障等,其他公共物品可更多地考虑市场化和社会化提供方式,政府在其中主要扮演规划和协调角色。政府提供并不意味着必然由政府生产,通过一定的机制设计可以引导市场、社会参与进来,促进公共物品提供效率的提升。

4. 公共物品的最佳提供标准

公共物品要实现最佳提供,应使其总量均衡、结构合理、供给高效,这是政府在提供公共物品时应遵循的原则。

对"最佳"的研究,最有成效也被普遍接受的是意大利经济学家帕累托,他提出了一种最优状态,即在此状态中没有任何一个人能在至少不使另一个人处境不变得更坏的基础上让自己的处境变得更好,这种状态被称为"帕累托最优"。在这种状下,公共物品的提供可以达到最优,尽管这种状态很难达到,但给我们提供了一个公共物品最佳提供的参照系,当然也要注意帕累托最优的使用应建立在正确的价值判断基础之上。

维克塞尔(Wicksell,1896)在研究税收公平原则时,认为只要对征上来的税预计能够提供的服务与税收负担这两者的效用进行比较,就可以得出一个合理的判断。在维克塞尔工作的基础上,林达尔(Lindahl,1919)引入均衡分析,即林达尔均衡,根据林达尔均衡,如果每一个社会成员都按照其所获得的公共物品或服务的边际效益的大小,来捐献自己应当分担的公共物品或服务的资金费用,则公共物品或服务的供给量可以达到具有效率的最佳水平。

蒂布特(Tiebout,1956)提出的"用脚投票"理论,认为对于地方性公共物品的生产成本分摊以及受益,如果赋予人们自主选择及在地区间充分流动的权利,那么理性的"经济人"就能够通过"以脚投票"的方式选择那些公共物品与税收的组合最符合其心愿的地区为居住地,而各区域之间通过相互模仿、相互学习,会实现社会福利的最大化,也就是可以通过竞争的方式来提高地方公共物品的供给效率。

以布坎南(Buchanan,1960)为代表的公共选择理论,提出了政府在提供公共物品的过程中存在失灵问题。认为政府作为公共利益的代理人,其作用是弥补市场经济的不足,政府干预以后的社会效应应比政府干预以前高,否则政府的存在就无任何经济意义;但是政府决策往往不能符合这一目标,公共部门在提供公共物品时存在浪费和滥用资源的情况,致使公共支出规模过大或者效率降低,政府的活动并不总像应该的那样或像理论上所说的那样"有效"。公共选择理论为此提出了两条思路:其一是市场化改革,其二是宪法制度改革。

此外,奥尔森(Olson,1965)通过建立简单的模型分析了集团中公共物品提供量达到最优的条件以及个人提供公共物品的条件,然后根据这些条件得出小集团比大集团更容易提供公共物品,但由于存在"搭便车"问题,小集团对公共物品的提供量会低于最优水平;而大集团成员众多,个人的收益占集团收益的份额较小,导致公共物品的提供量偏离最优水平很远,因此大集团公共物品提供量有可能为零。

现实中公共物品的最优提供很难实现,一方面,公众数量众多,很难统计每个居民对公共物品的偏好,另一方面,即使进行统计,居民出于成本考虑也可能隐瞒自己的偏好,因此很难得到有效的公共物品需求曲线,相应地很难得到真实的均衡点。马克思主义理论提出从社会总产品中扣除一部分用于公共物品的生产,满足整体利益的需要,实现个人利益和整体利益的统一,形成一种平衡,究竟扣除多大比例用于公共物品的生产,需要政府有准确的预见性和较强的宏观调控能力,这实现起来同样很困难。

因此,现实中公共物品的最优供给,只能依靠各种较好的体制机制设计,尽可能地接近。从我国的实践看,公共物品未能实现最优提供,相反低效提供普遍存在,除受传统计划经济体制、户籍制度、"重城市轻农村"思想等影响以外,根源则在于体制机制不健全,政府在公共物品提供中未能进行合理的分工,决策、监督、问责等机制还不完善。

(二)新政治经济学①对公共物品理论的分析

公共物品理论是公共经济学研究的经典主题,由于公共物品的政府提供及其集体选择性,再加上经济政策本身也属于公共物品范畴,公共物品理论又与政治经济学密切相关,基于这些认识,以"决策的政治本质如何影响政策选择,从而最终影响经济结果"为研究对象的新政治经济学将公共物品理论纳入政治经济学的视阈进行了深入地分析。

新政治经济学认为,在一定时刻能够使多人受益的物品都属于公共物品,并将公共物品分为管制性公共物品、生产性公共物品、分配性公共物品和再分配性公共物品等四个类别。其中管制性公共物品是使整个体系能够持续运转的有效经济架构,以及针对市场与非市场的交易与制度运转所需的规则(如

---

① 一般看来新政治经济学是经济学和政治学交叉、互动发展的产物,其特点是在研究经济发展、资源配置等问题时不将制度、法律、意识形态等排除在外,强调运用现代经济学的工具、理论和方法对政治和制度及相关问题进行研究。Downs(1997)提出"为了在规范或实证层面上解释政府在经济中的地位和作用,经济学家必须考虑社会的政治制度;因此,经济学和政治学必须综合为统一的社会行为的理论"。

法律法规、产权保护、贸易保护、稳定货币等）；生产性公共物品指各种特定的、直接或间接由国家控制和支持的生产活动（如国有垄断企业的生产）；分配性公共物品是由国家控制和支持的分配活动（如基础设施建设、卫生维护、街道照明等）；再分配性公共物品是源于正义与公平方面的政治决定所提供的产品和服务（如教育、就业政策、工资谈判制度、环境保护等）。在此基础上新政治经济学提出政府的有效管理是最重要的公共物品之一，"只要存在好政府，公共物品的供给就能和市场物品一样有效率，而且比提供给具有不同收入的人们的市场物品的供应更公平。"①

新政治经济学认为，政府机构的行为能够影响公共物品的产出以及公共物品的提供效率，直接决定公共物品如何被生产出来并提供给公民。自利性行为导致政府机构总是试图寻求职责范围及预算规模的最大化，使得公共部门产出水平过度扩张，超过公共物品的有效产出水平，并凭借自身的信息垄断优势逃避公众和监督机构的监督。

新政治经济学对公共物品理论的分析提示我们要重视政府行为对公共物品提供的影响，重视政府管理效率的提高，即要重视公共经济体制改革，建立能够有效提供公共物品的公共经济体制。在建立合理的制度体系过程中，要注重健全公共部门的成本效率评价体系，以之约束政府机构及其工作人员在公共物品供给中的自利行为和无效率倾向，从而促进公共物品提供的有效收益的增加，促进公共物品有效供给的实现。

（三）公共经济责任体系、机制与公共物品有效提供的关系

公共物品用于满足社会的公共需要，从非排他性、非竞争性和外部性等特征出发，需要由以政府为代表的公共部门提供，尽管自新公共管理运动后形成了政府、非政府组织和私人等多主体参与的公共物品提供格局，但政府仍承担着公共物品提供的主要职责，从公平角度出发也需要政府对私人部门提供的

---

①　［澳］休·史卓顿等：《公共物品、公共企业和公共选择》，费昭辉等译，经济科学出版社2000年版，第89页。

公共物品在市场准入、价格和质量等方面进行必要的管制。因此,从整体上说为提高公共物品的提供效果,一方面,可以从提高政府自身运行效率出发,另一方面,可以寻找政府以外或政府与市场结合提供公共物品的方法。本书主要关注涉及政府行为的公共物品提供,从政府公共经济责任划分和机制设计的角度进行研究。如果政府不能有效提供公共物品,社会产品结构就会失衡,会对经济发展、社会稳定和人民需求的全面满足产生或大或小的不利影响。然而,政府自身缺乏充足的有效提供公共物品的内在动机——长期以来在世界各国,无论中央政府、地方政府还是公共企业或公共组织,都或多或少存在公共物品提供效率低于应有水平的问题。

政府公共物品的提供效果受诸多因素的影响,包括经济发展水平、生产技术水平、政府财政能力等客观条件,也包括政府职能理念、政府政策倾向、政府运行效率等主观因素,在客观因素一定的情况下,公共物品的提供效果更主要地受主观因素影响(当然两者也存在相互影响)。主观因素作用的发挥则需通过公共经济责权体系和一定的运行机制,一定程度上提供公共物品的过程也是向相关职能部门分配责任和权力的过程,也是相关职能部门的运行过程,因此,政府公共经济责权配置状况及采用的运作机制将直接决定公共物品提供的效果。

经济不发达时期政府提供公共物品的能力有限,缺乏大量提供公共物品的经济基础,公共物品的提供会受到资金的严重制约,公共物品提供的有效性也不会受到过多的关注。伴随经济的高速增长,政府的财政收入相应迅猛增长,政府对公共物品的提供能力大幅度提升,同时公众对公共物品的需求也明显增加,公共物品提供的有效性被日益关注。此时公共物品提供问题的重点已不在于资金不足,而是变为政府在公共物品提供中公共经济责权划分的科学、合理性以及政府部门运行机制的完善性,而公共经济责任划分又是公共经济权力划分的基础,因此为实现公共物品的有效提供,首先必须重视公共经济责任的科学、合理划分和公共经济责任运行机制的完备性,否则公共物品有效提供的目标将很难达成。

(四)财政分权理论

1. 财政分权理论的涵义

财政安排是一国公共经济体制运行的重要基础,是政府履行公共经济责任的关键,包括政府支出、收入的划分以及转移支付等。财政分权理论,是对财政收入、支出和转移支付等如何在多级政府进行合理配置的研究。

财政分权理论源于公共经济学中公共物品的层次性,强调公共物品的有效供给,通常来讲是指通过法律等规范化的形式,界定中央和地方各级政府的税收权力和支出责任范围,允许地方政府自主决定预算支出规模与结构。其核心观点是强调在公共物品的提供方面,各级政府进行适当的分工和分权是必要的,能够最大限度地发挥各自的比较优势;根据职责分工赋予地方政府一定程度的财政自主权,使其自由地选择其所需要的政策类型,并积极地参与社会管理,不仅可以在一定程度上提高各级政府工作的积极性,提高工作效率,也可以发挥地方优势满足居民对公共物品的个性化需求。

许多学者的研究表明,财政分权的后果是多方面的,且会受到一国政治、经济、文化等多种因素的影响。在布坎南看来,即使中央和地方政府的责权划分不会提高效率,但仍可以起到控制或制衡中央政府权力的作用,只要控制权力所得超过了效率上的损失,就是可取的。当前财政分权不仅是联邦制国家的常态,在大多数单一制国家也被普遍采用,成为世界各国财政制度的主流。

根据财政分权理论,中央政府负责全国公共物品的提供,即提供服务于整个国家所有人的公共物品,例如,宏观经济稳定、国防、外交和货币等;地方政府则根据当地居民的需求,提供只限于辖区范围内民众消费的公共物品,如自来水、城市供暖和垃圾处理等公共基础设施。

2. 财政分权理论的发展

财政分权实践在世界各国由来已久,财政分权理论是 20 世纪 50 年代以后伴随主流经济学的推进而不断发展的,以蒂布特(Tiebout)1956 年发表的《地方公共支出的纯理论》为起点,学术界围绕财政分权的原因、财政分权对公共资源配置效率的影响、财政分权对政府责任划分的影响等问题展开了研究,其发展大致可分为第一代财政分权理论、第二代财政分权理论(Oates, 2005)①和财政分权理论的新进展三个阶段。

(1)第一代财政分权理论

第一代财政分权理论也称为传统财政分权理论,它的产生以蒂布特 (Tiebout)的《地方公共支出的纯理论》为标志,马斯格雷夫(Musgrave)、奥茨 (Oates)、施蒂格勒(Stigler)等经济学家做了补充和发展。第一代财政分权理 论以新古典经济学为分析框架,假定政府是公共利益的维护者,会尽可能实现 社会福利最大化,围绕财政分权的原因、如何将各项财政职能及相应的财政工 具在各级政府之间进行适当地分配、中央政府与地方政府提供公共物品的效 率等问题展开研究。

蒂布特首先从公共物品入手,提出了著名的"用脚投票"理论,他假定居 民可以自由流动,那么有相同偏好和收入的居民就会自动聚集在某一地区,一 旦该地区政府不能供给其需要的公共物品,这些居民就会迁移到自己满意的 地区,结果各地方政府为了吸引选民就会出现竞争,会尽量按选民要求提供公 共物品,促进帕累托最优的实现。

马斯格雷夫提出在公共物品供给效率和分配的公正性实现方面,采取中 央政府和地方政府的分权是可行的,地方政府比中央政府在资源配置方面更 有优势,更有利于效率的提高;而且分权可通过税种在各级政府进行分配的方 式来固定,地方政府因此也就拥有了相对独立的权力。

奥茨在一系列假定的基础上提出了"奥茨分权定理",认为对某种公共物 品来说,如果对其消费覆盖全部地域的所有人口,且中央政府和地方政府提供 该公共物品的单位供给成本相同,那么让各地方政府将一个帕累托有效的产 出量提供给他们各自的选民,总是要比中央政府向全体选民提供任何特定的 且一致的产出量有效率得多,也就是说如果下级政府能够和上级政府提供同 样的公共物品,那么由下级政府提供效率会更高。

---

① Wallace E. Oates, "Toward a Second-Generation Theory of Fiscal Federalism", *International Tax and Public Finance*, 2005(12), pp. 349-373.

　　美国学者埃克斯坦提出应当根据公共物品的受益范围划分各级政府的职能,并以此作为分配财权的依据。认为应由中央政府提供有益于全体国民的公共物品,只有利于某一阶层或某些人,但对社会发展至关重要的公共物品也应由中央政府提供,如义务教育、对特困地区和受灾地区的专项补助等;为了维护局部利益,地方政府也应当具有一定的职权和财力。

　　(2)第二代财政分权理论

　　随着财政分权理论的发展及各国分权程度的不断增强,人们逐渐认识到传统财政分权理论的假设不符合事实,发现地方政府出于发展经济和吸引税源的目的,会压低税率,政府官员并不总会忠于职守,导致公共物品的供给不能达到最优水平。因此,出现了新一代财政分权理论,即第二代财政分权理论。第二代财政分权理论的观点最早来自于布伦南和布坎南(Brennan and Buchanan,1980),20世纪90年代中期以后,以钱颖一、罗兰(Roland)、温格斯特(Weingast)、麦金农(McKinnon)等人的研究成果为代表,正式构建了第二代财政分权理论。

　　第二代财政分权理论认为过度放权会导致地方政府行为变异,因此借助厂商理论和微观经济学的最新进展,引入了激励相容和机制设计学说。他们认为政府和政府官员都适用于理性经济人假设,会像企业和经理人一样追求自身利益的最大化,也正是由于财政分权,使各级政府有了自己独立的利益,各级政府会追求自身利益的最大化。如果没有相关制度约束,政府和政府官员势必会利用自己手中的权力进行寻租,因此为了实现社会福利的最大化,应该设计一套有效的政治经济制度安排,并加强对政府的预算约束,实现对公共政策制定者的激励,进而优化政府的治理,保证公共物品的有效提供。

　　布伦南和布坎南(1980)的研究改变了财政分权理论的前提假设,认为政府不是无条件地最大化社会福利,而是追求自身利益最大化,开拓了财政分权理论研究的新起点。温格斯特(1995)指出传统财政联邦主义在经济起步阶段起到了重要促进作用,但其实现良好运转需要满足三个基本条件,即地方政府应为经济运行提供制度保障,有要素可以自由流动的共同市场,有硬性的地方政府预算约束。钱颖一和温格斯特(1997)认为传统理论没有充分考虑制度激励问题,因此试图通过阐述政府内部的运行机制,明确进行中央与地方政府的责任和权力划分,实现官员利益与居民福利之间的激励相容。另外,温格斯特和麦金农都强调,地方政府必须基本依靠自有财源,不能过多地依靠政府转移支付,特别是不能依靠转移支付来摆脱财政困境。钱颖一等人还指出,要实现财政分权可持续的良性运转,需要政府有自我强制性遵守的机制予以保证,中央政府能有效监督下级政府逃避责任的行为,地方政府可通过一定方式反对中央政府权力的滥用。

(3)财政分权理论的新进展

进入新世纪以后,关于财政分权的实践和理论研究进一步深化,研究范围已超出财政领域,出现了对财政分权决定因素的研究,对财政分权与社会公平、腐败、环境污染等社会问题关系的研究。

奥茨分析了财政分权与制度创新之间的关系。认为在财政分权前提下,地方政府对辖区内居民的偏好有信息优势,并且对自身拥有的资源比较了解,因此,可找到与地方相适应的制度安排,由于地方政府竞争的存在,其他地方政府也会纷纷采用先进的制度安排,最后实现公共政策的整体进步,形成统一的制度模式。

佩尔森和塔贝里尼(Persson and Tabellini,2000)论述了财政分权对官员腐败的影响。认为在财政分权条件下,政府官员对所管辖区的特定任务负责,评价其绩效也就容易得多,因此政府官员必须为自己的行为负责,而且可以将地方政府官员的努力与报酬挂钩,促使官员为改进业绩而承担责任;在集权模式下,政府官员的业绩评价比较困难,努力与回报难以挂钩,导致腐败的可能性更大。菲斯曼和加蒂(Fisman and Gatti,2002)的实证研究也表明政府财政支出方面的分权对抑制官员腐败起到了巨大的作用。

许多学者论述了财政分权对环境质量的影响。弗雷德里克松(Fredriksson,2003)、孔斯和肖格伦(Kunce and Shogren,2007)等人认为,地方政府会降低环境标准或参照其他地区的标准来吸引商业企业,考虑环境污染造成影响的动力不足,导致环境质量下降;周业安等(2004)认为,中国式分权和基于经济增长的政绩考核体制导致地方政府为吸引外部资源展开互攀式竞争,地方政府对改善环境的偏好不断降低,环境质量不断下降;杨瑞龙等(2007)实证检验了财政分权对环境质量的影响,得出财政分权度越高、环境质量越差的结论;李猛(2009)提出中国的环境污染程度与人均地方财政能力之间呈现显著的倒 U 型曲线关系,几乎所有省份的人均财政能力与倒 U 型曲线拐点值相去甚远,需要中央政府通过改善财税激励来优化地方政府的环境监管行为。

西方的财政分权理论有其合理性和必要性,带来的影响也是多方面的,应当通过合理设定财政分权程度的办法,来促进资源的有效配置和制度创新。我国的财政分权与西方不同,是建立在政治集权的基础上,政府财政关系处于频繁变动之中,很不规范,存在支出责任下移、承担责任与拥有财力不对称等许多突出的问题,亟须构建一个完整的理论分析框架对其进行深入研究,使各政府部门各司其职,促进政府的财政关系迈入规范化、法治化轨道。

二、公共经济责任划分相关理论

(一)分工协作理论

分工与协作是人类社会发展的必然结果。人类产生初期,为了生存必须依靠群体的力量,在群体内部根据个人能力和技术的不同,出现了对不同工作任务的分工,每个人都有自己的工作范围和职责。有了分工以后,还需要对不同的工作任务进行协调,避免可能出现的冲突,群体成员之间为了共同的目标也要互相帮助、互相支持,这就是协作。分工和协作是同一事物的两个方面,有分工就必然要有协作,分工是协作的基础,协作是分工必不可少的条件,分工中出现的问题不能及时协调,也就失去了分工的意义。通过分工和协作,劳动效率得到提高,使人类由粗放的原始社会发展到了有组织的文明社会。随着社会的发展,社会分工越来越精细,协作也越来越密切。

在实践的基础上,出现了对分工协作问题的研究,分工协作理论也成为经济学的基础理论之一。西方古代分工协作理论可追溯到古希腊时期,以柏拉图、亚里士多德、色诺芬等为代表。柏拉图在《理想国》中,专门论述过分工问题,认为人类需要的多样性与劳动者个人劳动力的片面性之间的冲突引起分工,分工对于社会福利和社会发展具有重要的意义;色诺芬把分工和专业化与大城市的大规模需求联系了起来;亚里士多德提出并论证了蕴含着协作论意义的"整体大于各部分之和"的命题。随后古典经济学时期的配第、斯密、马克思,新古典经济学时期的马歇尔,新兴古典经济学时期的杨格、杨小凯、贝克尔和墨菲等人对分工协作理论不断进行研究,作出了突出贡献。

配第对分工论的发展贡献突出,他最早认识到分工会引起劳动生产率的变化,劳动生产率的变化又会引起商品价值量的变化。马克思在评论配第的分工论时说,配第也把分工当作生产力来阐述,而且他的构想十分宏大。斯密把分工和专业化放到了经济学研究的首位,并以分工为核心构建了古典经济学的基本体系,确立了西方经济学之父的地位。熊彼特表示,"无论在斯密以前还是在斯密以后,都没有人想到要如此重视分工。在斯密看来,分工是导致经济进步的唯一原因。"①

马克思也十分重视分工协作问题,把对分工协作理论的研究推向了另一个高峰。马克思分工协作理论的主要内容包括:①强调分工的重要性,指出一个民族生产力发展水平表现于分工的发展程度,通过协作可以提高个人生产力,同时形成一种集体力;②对分工的形态进行划分,把分工分为自然分工和社会分工两大类,自然分工包括生理基础上和自然地理因素上的分工,社会分工包括一般分工、特殊分工和个别分工三类。③理清了劳动分工与简单协作的关系,指出分工是劳动者工作的专门化,协作强调的是工作的群体协同效应,能产生特有的生产力。并明确指出,分工与协作有区分,分工中又包容着协作。④将分工与生产组织结合起来,提出分工使生产组织成为一个有机的分工系统,这个系统包括若干按技术性要求组成的劳动小组,也就是子系统;分工造就了劳动等级制度,使生产组织形成了一定的结构;分工为生产组织的

---

① [美]约瑟夫·熊彼特:《经济分析史:第 1 卷》,朱泱等译,商务印书馆 1991 年版,第285 页。

分化与整合创造了条件,可以促进新行业的产生或不同生产组织的整合。

马歇尔是 19 世纪末经济学研究的集大成者,但他对分工协作理论的研究未能超越马克思和斯密,也正是从马歇尔开始,主流经济学放弃了重视分工理论研究的传统,分工和协作问题被边缘化。马歇尔对分工协作理论的贡献,主要体现在报酬递增规律和工业组织的作用上,尤其重视组织对报酬递增的作用。马歇尔把生产要素分为土地、劳动、资本和组织四个方面,认为只要人类的作用强于自然的作用,就可以实现报酬递增;提出工业组织改进可以促进报酬递增表现在三个方面,一是通过行业秘密公开化、熟练和技术工人市场的形成、辅助行业的形成等外部因素的改进,可以促进企业的报酬递增;二是通过企业的大规模生产,企业内部"技术的经济""机器的经济""原料的经济"等的改进,产生报酬递增;三是私人合伙企业、股份公司、合作社等组织的发展,有利于企业家的形成,有利于经营风险的分散,从而实现报酬的递增。

斯密、马克思之后,在理论经济学的范围内多是对原有分工协作理论的引用,鲜有创新性观点,然而在应用经济学、部门经济学、管理学等领域分工协作理论却出现较大进展。比较突出的,如管理思想家法约尔从组织管理角度对分工协作理论做出了重要贡献,在他 1916 年出版的划时代著作《工业管理和一般管理》中,把劳动分工列为 14 项管理原则中的第一条。法约尔认为,劳动分工属于自然规律的范畴,主要目的是用同样的劳动得到尽可能多的成果。分工不仅适用于技术工作,也适用于所有涉及要求几种类型能力的工作,结果出现职能的专业化和权力的分散化。并且法约尔也认为劳动分工也有一个限度问题,一定的分工可以提高效率,分工过细反而会加大协调难度,使整体工作效率降低。

杨格是 20 世纪早期少有的对分工进行研究的学者,他对分工理论研究的贡献主要体现在三个方面。一是他提出迂回生产方式是劳动分工的现代形式,行业累进的分工和专业化是企业实现报酬递增的根本原因,企业规模扩大只是报酬递增实现的物质技术条件;二是市场大小与分工相互作用,劳动分工取决于市场规模,市场规模又取决于劳动分工,二者之间是一种正反馈关系;三是认为分工有网络效应,单个企业的规模不是孤立的,取决于行业内其他企业规模的大小,某一行业的规模取决于其他相关行业的规模。

20世纪中期以后,随着产业组织和经济增长理论的发展,许多经济学家再次认识到分工协作思想的重要意义。杨小凯继承和发展了斯密和杨格的分工协作思想,他把专业化和分工看作两个紧密相关的概念。专业化指一个人专注于某项工作,熟能生巧和知识积累使其工作效率要高于非专业化的劳动者,所有人的专业化合起来就是分工,分工牵涉个人与个人、组织与组织关系的协调;分工的演进使市场规模扩大,市场规模扩大又促进分工,并使交易费用上升,只要劳动分工经济收益的增加超过交易费用的增加,分工就仍有演进的潜力。随着专业化和分工的演进,技术进步、生产率提高、个人及组织间依存度上升等现象应运而生。

贝克尔和墨菲把分工作为内生变量来解释经济增长,他们将分工以及由分工引致的协调成本、知识这些变量放在一个模型中,作为内生变量来分析经济增长问题。他们认为分工能获得专业化的经济效果,从事专门化生产的人可以比非专门化生产的人获得更多的报酬;分工演进导致报酬递增,同时也会增加经济协调成本,知识积累会降低协调成本。

此外,科斯、罗森、黄有光等学者也对分工协作理论重要地位的回归做出了许多贡献。进入新世纪以后,随着经济全球化、科学技术进步、文化融合及市场竞争的加剧,分工协作也有了新进展,基于专业化和超边际分析的分工协作理论兴起,分工协作向国际分工、产业分工等更广、更深的领域扩展,并出现了与分工相对立的"合工"理论。

分工协作理论是社会发展中有待进一步开发的理论宝库,虽始于经济学研究,但适用于各个学科,适用于关系人类生存发展的各个领域。公共经济责任体系和相关机制的完善同样要以分工协作理论为基础,充分借鉴分工协作理论中的精华,实现公共经济责任在各级次政府及同级政府不同部门分工的合理化和公共经济的协调运转。

(二)分权制衡理论

分权制衡是现代民主宪政国家普遍采用的权力运行模式,指通过对国家的权力进行合理地分配和有效地规制,使政府各权力机关的职责和权限明晰,使各权力机关能相互配合、相互制约,遏制政治权力的专制,防止政治权力的滥用。世界各国都非常重视对政治权力的监督和制约,尽管分权制衡的具体表现形态在各国有很大差异,但许多国家都将其作为宪法的原则和构建政治体制的基础。

分权制衡理论是西方国家权力制约理论与实践不断发展的产物,是分权说和制衡说两者的融合,在操作机制上,目前在西方国家使用最广泛、最被认可的是三权分立和制衡。三权分立就是把国家权力在各层级政府都划分成立法、行政、司法三部分,各部分权力分别由议会、政府、法院等相关机关行使,各权力主体之间既相互独立,又相互制约。制衡首先是立法、行政、司法部门三者在执行权力时互相监督和互相制约,另外中央政府和各级地方政府的权力相互制约,还有许多国家在立法机关内部设置两院,两院之间互相制约。这样就形成了复杂交错、相互制约的分权体系,促使各种权力间形成一种平衡状态,有效防止权力的过度集中和滥用。美国联邦党人曾指出:"在美国的复合共和国里,人民交出的权力首先分给两种不同的政府,然后把各政府分得的那部分权力再分给几个分立的部门。因此,人民的权力就有了双重保障。两种政府将相互控制,同时各政府又自己控制自己。"①分权制衡理论虽然在近代才作为重要政治原则得以确立,但它有着深远的理论渊源,最早可追溯到古希腊、古罗马时期,近代资产阶级启蒙思想家们则对其进行了详细的政治制度设计。

古希腊和古罗马可以认为是西方政治文化的源头,著名的代表人物有亚里士多德和波利比阿,他们的思想产生了分权制衡理论的萌芽。古希腊哲学家柏拉图在《理想国》中提出了"混合均衡"的整体理论,亚里士多德(Aristotle,公元前384—前322年)对其继承并进行了更深入地探讨。在对古希腊158个城邦奴隶制政体进行实证研究的基础上,亚里士多德写出了其经

---

① [美]亚历山大·汉密尔顿等:《联邦党人文集》,程逢如等译,商务印书馆1980年版,第265—266页。

典著作《政治学》,第一次提出了权力分立的思想,为分权制衡理论奠定了基础。亚里士多德提出每个人都有扩大自己权力的愿望,因此权力必须要受约束,而只有权力能约束权力,所以必须要对权力进行划分,使彼此制约;权力应在不同的阶级进行划分,使各阶层的力量达到平衡;一切政体都包含三个机能,议事机能、行政机能和审判机能。可以看到亚里士多德的论述已初具三权分立的雏形。另外亚里士多德还提出了一系列权力制约的具体办法,如公民轮流执政,由公民选举和监督执政者,用法律制约统治者等。

之后历史学家波利比阿(Pulylbius,公元前205—前125年)继承和发展了亚里士多德的思想,首次发现了政府体系各组成部分之间的制约与平衡关系。波利比阿剖析了罗马和希腊政体的演变,指出君主政体、贵族政体和民主政体皆非优良政体,君主制会演变为暴君制,贵族制会演变为寡头制,民主制会演变为暴民制,而且三种单一的政体循环更替,最终会使国家衰落;他指出罗马强盛的主要原因是采取了混合均衡政体的设计,执政官(享有执行、提案、外事、召集会议、军事等权力)、元老院(集议事、执行与司法于一身)、民众会议(议事机构)之间互相配合制衡、扬长避短,而执政官的权力是君主政体的体现,元老院的权力是贵族政体的体现,民众议会是民主政体的体现。波利比阿认为,这三种权力相互配合、相互制约,形成各派政治力量的均衡才是一个稳定的国家机构;当权力向某一部分集中时应该受到抵制,任何时候都不应使一种权力凌驾于其他权力之上,以避免政体的演变。可见波利比阿的分权已超出了分工的范畴,更强调分权以后权力之间的相互制约,这标志着制衡学说的初步形成。

罗马著名的政治家和法学家西塞罗(Cicero,公元前106—前43年)在继承柏拉图、亚里士多德和波利比阿思想的基础上,提出了根据正义和自然法则组织的"共和政体"理论,认为君主制、贵族制和民主制结合起来,相互配合、相互纠正,发挥各自优势的共和政体是最好的政体。

亚里士多德和波利比阿之后,长达千余年的中世纪里西欧世俗王权和神学教权互相抗争,形成了一种政权和教权相制衡的独特的二元化政教体系。到了大约14世纪,欧洲出现了资本主义的萌芽,新兴资产阶级开始出现,为了摆脱封建主义的束缚、冲破宗教神学的禁锢,新兴资产阶级在意识形态领域掀起了伟大的文艺复兴运动,他们发掘古希腊和古罗马时期的文化,作为思想武器,来追求人的自由解放。

意大利著名的政治家和思想家马基雅维里(Machiavelli,1469—1527)是文艺复兴时期政治体制研究领域的杰出代表,他继承古希腊、古罗马的分权制衡思想,完全抛弃了中世纪的政治体制,把政治理论的基础从神性转向了人性。马基雅维里认为理想的政体是民主共和制,主张平民(新兴资产阶级)、贵族和君主共同执政,由于平民的观点更公正,平民参与执政会更好地促进国家的发展,如果只有某一个集团执政,不仅国家容易腐化,自由和美德也会丧失。另外,马基雅维里还从人性本恶角度提出应以法和制度来约束人,以权力约束权力;还提出了公共事务和私人事务的划分,提出共和政体是人们共同的事业,此外是公民的私人事务,公民可通过公共事务或私人事务这两种途径取得名望,公共事务应优先于私人事务。由于资本主义生产关系刚刚建立,马基雅维里的学说还没有形成完整的政治思想体系。

到了近代,资本主义社会出现,商品经济、私有制、阶级对立共存,各种矛盾冲突错综复杂,成为分权制衡理论作为重要政治原则得以确立和完善的社会基础。近代分权制衡理论从提出至今已有三百多年的历史,经历了从两权分立到三权分立再到双重分权的三个重要阶段,著名代表人物为英国的洛克和法国的孟德斯鸠。

1688年英国发生"光荣革命",建立了资产阶级君主立宪制,立法权和行政权实现分立,资产阶级掌握了立法权,行政权仍在封建君主手中。洛克(Locke,1632—1704)的分权理论正是以英国的君主立宪制为现实依据的,同时以自然法为理论依据,以保护个人自由为核心价值,他指出个人的生命权、自由权和财产权是天赋的最基本的权力,但是自然状态不存在公众普遍接受的法律,来协调可能出现的一切矛盾并保护这些自然权力,因此需要政治社会的存在,由此保护这三种权力是国家合法存在的基础,任何政府都不能干涉而应是保护这三种权力。洛克认为对个人权力危害最大的是国家权力的滥用,因此必须建立分立的、有限的、负责任的政府。

在《政府论》下篇中洛克把国家权力分为立法权、行政权和对外权三种，认为三种权力必须分立，不能集中在君主或政府手里，尤其是行政和立法权的分离能够防止政府的独裁与专横。他认为立法权有至高无上的地位，行政权和对外权居于服从地位，立法权必须通过议会由不同的人来操作，立法权也是人民委托的权力，人民有权力罢免或更换立法机关。洛克也提到司法权可能是自然权力的最终保护者，然而提到权力分立时其强调的重点是立法权和行政权的分离，没有提到司法权。由于对外权也是一种行政权，因此洛克所说的分权实际是两权的分立，而且认为立法权是最高权力，从分权制衡理论来讲，洛克的学说侧重分权，制衡理论则尚未构建。

孟德斯鸠（Montesquieu，1689—1755）在洛克分权思想的基础上，首次提出了三权分立的思想，使分权制衡理论形成了完备的理论形态。孟德斯鸠认为一切有权力的人都容易滥用权力是万古不变的经验，因此必须以权力制约权力，并提出最可靠的政府是立法、行政、司法三权分立的政府，相应地应将国家权力系统地分为立法、行政、司法三权，三种权力分属不同的人或群体。他提出立法权应由人民享有，由人民负责制订和修改法律；行政权由行政首长或国王执掌，负责维护公共安全、外交；司法权应由法院行使，负责惩罚犯罪和裁决私人争诉。立法机关应根据行政机关的要求召集立法会议，监督法律和公共决议的执行情况，行政机关可以用立法否决权参与立法，司法权虽由法院掌握，但特别审判权应由立法机关行使。与洛克相比，孟德斯鸠的主要贡献在于提出了制衡理论，具备了现代意义上三权分立与制衡的内涵，现代三权分立理论正式确立。三权分立理论确立后成为西方分权制衡理论的蓝本，并成为西方资本主义国家权力构建的理论基础，对于资产阶级国家三权分立的宪政实践具有直接的指导意义，对欧美资产阶级革命产生了巨大的影响。

18世纪七八十年代，以杰斐逊为代表的美国政治思想家结合自身实践，对分权制衡理论进行了进一步完善。将"权力分立"放到中央与地方分权的新领域，提出了双重分权的学说，即在从中央到地方各级政府都实行三权分立的基础上，同时实行中央和地方两个层次之间的分权，避免中央权力集中，这就把分权制的国家政体形式与联邦制的国家结构形式结合了起来，并以成文法的形式对各部门间的权力制衡进行了具体的规定。双重分权的出现,标志着分权制衡理论趋于完备。汉密尔顿提出了司法独立的主张,认为应赋予司法机关以更大的权力来制衡议会的权力,使分权制衡理论得到了进一步的充实和完善。

分权制衡理论提出以后,人们很快对于立法、行政及司法三种权力的性质形成了比较一致的认识,不同的国家结合自身的情况,纷纷将分权制衡应用于自身的体制架构中,英美等资本主义国家在宪法文本和宪政制度设计中均采纳了分权制衡理论,中国也吸取了分权制衡理论的合理内核,结合国情提出了"权力制约协调机制"理论,并将其应用于实践中。构建科学的公共经济责任体系同样要借鉴分权制衡理论的精华,使各级政府及同级政府各部门在公共物品提供过程中建立起相互制约的关系。

(三)整体政府理论

整体政府理论是一种新型的政府治理模式理论。1990 年邓西尔(Dunsire)首先提出了整体政府的概念①,1997 年希克斯(Six)在《整体政府》一书中对其进行公开表述,他认为整体政府是针对政府碎片化、空心化提出来的,关注的重点是信息时代背景下的整体与合作。1999 年希克斯与叶(Leat)出版的《圆桌中的治理——构建整体政府的策略》提出了整体政府的具体策略,2002 年希克斯等人合著的《迈向整体性治理:新的改革议程》一书,极大地拓展和深化了政府治理研究的广度和深度。登力维(Dunleavy)、威尔金斯(Wilkins)、波利特(Pollit)等人在希克斯的基础上将整体政府理论研究进一步推向深入。

在实践上,1997 年英国首相布莱尔在《公民服务会议》上首倡整体政府改革,1999 年在对前两年工作进行总结的基础上布莱尔政府出版了《现代化政府》白皮书,制定了一个推行整体政府改革的 10 年施政规划纲领,提出五个施政方向,提倡在科学、教育、环境可持续发展、运输、农村与区域发展、能源、

---

① Andrew Dunsire, "Holistic Governance", *Public Policy and Administration*, 1990(5), p. 4.

就业与家庭等领域进行管理上的创新,实现部门合作和政策协同,消除政府组织结构的碎片化倾向,实现更有效的公共管理和服务。继英国之后,新西兰、加拿大、澳大利亚等西方国家也进行了整体政府式改革。同时整体政府理论逐步成为国际政治领域的一个研究热点,并出现了"协同政府""全面政府"等不同的称谓,以及"网络化治理""水平化管理""跨部门协作"和"协作型治理"等与之相关的概念。

各种文献对整体政府概念有不同的描述,波利特在对各种文献进行综合的基础上提出的整体政府概念得到普遍认同。他提出,"整体政府是指一种通过横向和纵向协调的思想与行动,以实现预期利益的政府治理模式。它包括四个方面的内容:排除相互破坏与腐蚀的政策情境;更好地联合使用稀缺资源;促使某一政策领域中不同利益主体的团结与协作;为公民提供无缝隙而非分离的服务。"[①]这里的整体政府包括政府纵向层级结构与横向功能结构,也包括政府与政府之外的一些组织以及公共部门和私营部门的合作伙伴关系。

整体政府治理框架是一个复合体系,是政府再造过程的系统性体现,包括政府的治理理念、组织结构、运行机制和服务方式等四个方面的整体性策略。整体政府理论的倡导者们认为整体政府治理包括:互动的信息搜寻和提供;一站式服务的提供;可持续性;以顾客为基础和以功能为基础的组织重建;政府服务数据库的建设;重塑从结果到结果的服务;灵活的政府过程,旨在使政府决策在与企业最好的实践进行竞争中取得速度、灵活性和回应性等内容[②]。总之,整体政府治理有赖于信息化的发展,根本目的是要提供优质的公共服务,其理论精髓是进行政府机构功能的"整合",并提倡通过各种方式的"协同"或"协调"增强政府活动的灵活性。

整体政府治理模式所倡导的整合、协调、公众参与等价值理念具有一定程度的普适性,更符合当前社会、政府公共管理职能的需要,因此成为西方各国

---

① Christoppher Pollit, "Joined-up Government: a Survey", *Political Studies Review*, 2003(1), p. 135.

② 竺乾威:《从新公共管理到整体性治理》,《中国行政管理》2008 年第 10 期。

政府改革的基本趋势,既出现了许多成功经验,也形成了系统的理论体系。尽管整体政府理论产生于西方,西方国家有着与我国相当不同的历史文化传统和制度背景,但整体政府理论对我国的服务型政府建设及公共经济责任体系的优化仍具有十分重要的意义。例如,当前我国公共经济责任划分存在诸多碎片化问题及责任缝隙,整体政府理论正是针对碎片化问题提出的,着眼于整合和协作,因此与我国公共经济责任体系建设存在契合性;整体政府理论倡导的为公共利益服务,也正是我国责任型政府建设追求的目标,因此整体政府理论可直接为责任政府建设提供理论上的支撑,公共经济责任体系建设的根本目标就是促使政府更加有效地提供公众所需要的公共物品。当然整体政府治理模式作为一种政府治理新范式,其建设是一项长期工程,当前在取得积极效果的同时,也还存在不少问题,这要求我们必须用发展的观点看待整体政府改革,在将这一理论运用于我国的改革实践时,也只应是把其作为一种选择,且要根据国情加以本土化,防止形式主义生吞活剥地照搬。

三、公共经济责任机制设计相关理论

(一)委托—代理理论

委托—代理理论为西方主流经济学派的重要分支,属于微观经济学的范畴,是在对企业管理进行研究的基础上发展起来的。随着生产力的发展和技术水平的进步,企业规模不断发展壮大,企业所有者限于精力和能力很难独自对企业进行经营和管理,因此开始雇佣专业的经理人员负责企业的经营,这就出现了企业所有权和经营权的分离。由于所有权与经营权分离,在监督不力和信息不对称的情况下,企业经理人员会谋求自身利益的最大化,使企业所有者受损。委托—代理理论就是在此基础上发展起来的,这里委托人即企业所有者,代理人即企业经理人员。委托代理理论强调企业所有权与经营权的分离,企业所有者保留剩余索取权,资产管理权则让渡给他人。委托—代理理论主要研究的是委托—代理关系中的合同问题,中心任务是在委托人和代理人存在利益冲突和信息不对称的情况下,通过设计合理的契约实现对代理人的激励,减少其机会主义倾向,达到两者共赢。

斯密最早在股份制公司中注意到了企业经理人员存在管理漏洞问题,在《国富论》中他提出股份公司的经理人员使用的是别人的钱财,不可能跟私营企业合伙人有一样的觉悟去管理企业,或多或少的会存在"浪费和疏忽"。1932 年,伯利和米恩斯的著作《现代公司与私有财产》出版,他们提出,"控制权愈来愈与所有者分隔得更远,而最后落在经营者之手,经营者可能使其本身地位永垂不朽。"①他们认为在现代大型企业、公司的所有权趋于分散化,而采取集体行动往往成本过高,企业管理权不可避免地会转到公司经理人员的手里,职业型的公司经理作为代理人大多是无法控制的,并指出这一过程早就开始了。

20 世纪 60 年代末 70 年代初,一些经济学家开始深入研究企业内部信息不对称和激励问题,委托—代理理论正式发展起来。开创人物有威尔逊(Wilson,1969)、斯宾塞和泽克豪森(Spence and Zeckhauser,1971)、罗斯(Ross,1973)、莫里斯(Mirrlees,1974,1976)、杰森和麦克林(Jensen and Meckling,1976)、霍姆斯特姆(Holmstrom,1979)、格鲁斯曼和哈特(Grossman and Hart,1983)等。如罗斯(1973)提出如果代理人代表委托人的利益行使某些决策权,代理关系就产生了,杰森和麦克林(1976)提出委托—代理关系是一种契约,根据契约雇佣主体要向被雇佣主体提供与其服务数量和质量相当的报酬。

关于委托—代理中存在的问题,杰森和麦克林(1976)提出了代理成本的概念,他们认为由于信息的不对称和不确定性,委托人和代理人之间容易产生一些非协作,委托人不可能对代理人做到完全激励或完全监督,因此就会出现代理人从自身利益最大化出发损害委托人利益的问题。阿罗(Arrow,1985)将委托—代理问题分为道德风险和逆向选择两种类型,道德风险是由于监督困难,代理人采取的一些不利行为,逆向选择是代理人利用掌握的委托人观察

---

① [美]阿道夫·A.伯利等:《现代公司与私有财产》,甘华鸣等译,商务印书馆 2005 年版,第 80 页。

不到的信息进行的决策。对如何解决存在的问题,许多学者也提出了看法,如利用代理人的声誉约束代理人、利用潜在的代理人进行竞争、设计利润分享或奖金等。委托—代理理论产生以后,数十年来众多经济学家对其不断推进,已由传统的双边委托代理理论发展出多代理人理论、多任务代理理论和共同代理理论,对促进企业管理机制的转变和发展做出了巨大的贡献,也逐步被应用到了其他研究领域。

20 世纪 90 年代中后期以后,委托—代理理论被迅速应用于公共领域。议会民主、公共政策、公共服务提供、公共财政、中央地方关系等问题中,以及代议民主制、政策的制定权和执行权等问题中都存在委托　代理问题,因此公共部门同样需要设计和完善制度、机制等政治契约,形成对代理人的监督、激励结构。但是相比私人部门而言,公共部门存在多重代理、产出难以精确测量、委托愿望难以确定等更复杂的问题,这些问题都增加了"最优"合同的设计难度。

(二)新公共管理理论

公共管理是一门综合性学科,其运用经济学、管理学、政治学、行政学、法学等学科的理论精华,来处理和协调政府、企业、社会之间的关系,偏重于运用政府的组织设计和相关管理机制提高资源配置效率,实现公共价值目标和社会治理的优化,因此公共管理理论自然就牵涉社会组织形态和管理方法等有关社会治理的理论。美国早期公共管理的探索者、前美国总统威尔逊也说过,公共管理学研究的目的,首先就是要帮助揭示什么事情是政府可以做并且做得好的,再就是寻找能够将这些政府该做的事以最大的效率和最少的经费和精力来做好的方法;学习管理的目的就是将管理从混乱和狭隘经验主义的现状中解救出来,使管理建立在坚实的科学理论基础知识之上。

西方的公共管理学科已有 100 多年的发展历史,以效率和民主的权衡为主线,依次经历了传统注重效率的公共行政、追求公平民主的新公共行政、追求绩效标准的新公共管理以及再次强调民主的新公共服务等四个阶段。

传统的公共行政源于 19 世纪末 20 世纪初西方的工业化和城市化进程

中,以威尔逊、古德诺的政治—行政二分论和韦伯的科层制论为理论支撑点,强调效率和效益,强调国家干预在国家社会经济发展中的作用,认为政府有责任提高自身及社会管理和运行的效率。政治与行政的二分法提出行政问题不是政治问题,政治为行政确定任务,但政治不能操纵行政,为公共行政奠定了理论基石;韦伯的科层制论提出行政机关要建立有法理权威、规章制度严格、分工明确的层级制度,认为良好的效率应通过组织本身的规则和程序获得保证。在实践中,当时的美国、德国、法国等西方大国都纷纷强调国家力量在社会管理和进步中的作用,美国建国先贤汉密尔顿提出的国家干预经济发展,以及凯恩斯主义思想等,在各国应对经济危机中发挥了重要作用,被认为拯救了西方的资本主义。

20 世纪六七十年代,出现了以美国行政学家弗雷德里克森(Frederickson)为代表的新公共行政学派。新公共行政理论对效率至上原则提出质疑,强调公平的重要性,倡导政治权力和经济福利应更多用于处于劣势的人们。强调行政部门在决策和组织推行过程中的责任与义务,不应以行政部门自身的需要和满足为目的,要充分了解公众意愿并做出积极回应。

20 世纪 70 年代末 80 年代初,在批判传统公共管理理论的基础上,产生了新公共管理理论,并成为近年来西方各国进行行政改革的主流理论。从 20 世纪 70 年代开始,西方国家经济进入新一轮衰落,政府机构膨胀、效率低下,财政危机凸显,无法满足公共需求的增长,对此传统公共管理理论无法作出解释,公众对政府的管理失去信心;同时信息技术等发展迅速,经济全球化加快,也要求政府的管理更灵活、更高效。于是,出于政府部门自身的需要以及外部压力的影响,从英国、美国开始,西方国家掀起一场声势浩大的新公共管理运动。新公共管理理论在对传统行政管理进行反思的基础上,以现代经济学中的"经济人"、公共选择、交易成本等为理论基础,吸收经济学、工商管理、政治学、社会学等多个学科的理论、方法,并将私营部门广泛采用的目标管理、绩效管理、人力资源管理等方法运用于公共部门,重新定位政府在社会管理中的角色,以解决面临的问题,提高公共管理的水平和质量。新公共管理理论主张摒弃行政管理中的层级模式,引入市场竞争机制,由"管制行政"变为"服务行政",注重结果甚于规则。

关于新公共管理理论的具体内容,新公共管理理论的突出代表奥斯本(Osborne)和盖布勒(Gaebler)1992年在《改革政府:企业家精神如何改革着公共部门》一书中进行了概括,经济合作与发展组织也对新公共管理理论的内容进行了归纳和总结,总的来讲新公共管理理论的精华可总结为以下几方面:①讲究服务的效率、效果和质量,要求明确公共部门管理的公共事务及目标,采用项目预算和战略管理方法控制产出,明确绩效标准并采用正确的评估方法进行评估;②主张分权化的政府,认为高度集权、层级制的组织结构应为分权的管理环境所取代,公共部门分散化和小型化,便于对公众的反馈进行回应,并且把公民当成顾客,可以使资源配置和服务决策更能满足公众的不同需求;③强调以市场为导向的政府,主张引入市场机制改造政府,在公共部门和私人部门之间以及公共部门内部展开竞争,采用公共企业私有化、公共项目招标等私营部门的管理方式,提高公共物品提供效率,缩小政府规模;④强调政府的作用是掌舵而不是划桨,强调管理的专业化,最引人瞩目的内容是行政决策与执行的分开,认为政府的主要任务是通过政策组织和规制组织提供合理的制度安排并对其他活动进行监管。

尽管新公共管理理论风靡西方国家,但由于在对其运用中出现了政府的"碎片化"问题,其观点在发展中受到质疑,再加上一系列社会问题存在,出现了新公共管理理论向新公共服务理论的转变。新公共服务理论更强调政府的职责是为社会公众的公共利益服务而不是掌舵和控制,主张应尊重公民,并做到依法行政、政治规范和服务标准。近年来治理理论不断受到重视,越来越多的学者加入对治理的讨论,世界银行的学者把治理界定为公平而有效的惯例和组织制度,并制定了一套衡量治理的指标,如良好的问责能力、对公民的服务要求回应的能力、管理创新能力、公私部门的协作能力、分权管理、网络管理、人力资源管理等。

我国的公共管理改革有自己特殊的背景,而且发展相对滞后,在信息化、网络化高度发展的时代,应充分了解国际上公共行政改革的状况,借鉴各种公共管理理论中积极、合理的成分为我所用,推动经济社会快速发展。

(三)机制设计理论

机制设计理论是微观经济学的重要分支,其研究的核心是如何在信息分散和信息不对称的条件下设计激励相容的机制来实现资源的有效配置,所涉及的关键内容包括激励相容机制、显示原理与实施理论。机制设计理论主要源于 2007 年赫维茨(Hurwicz)、马斯金(Maskin)和迈尔森(Myerson)三位诺贝尔经济学奖得主的贡献。其中,赫维茨最早提出机制设计理论,被誉为"机制设计理论之父",马斯金和迈尔森进一步发展了机制设计理论。

机制设计理论是在对社会主义经济体制可行性论战的基础上发展起来的。当时苏联日益强大,使得中央计划经济体制能否实现资源的最优配置成为许多经济学家争论的焦点。以米塞斯和哈耶克为代表的一方认为,社会主义中央计划当局无法获得经济有效运转所需要的价格、成本等信息,因而无法实现资源的合理配置,而通过市场过程是可以获得的,所以市场经济优于计划经济。以兰格和勒纳等人为代表的另一方则提出,利用市场社会主义通过边际成本定价的方式能够解决对信息量要求过大的问题,从而实现资源的有效配置。但兰格等人的这一提法也带来了新问题,即如何才能激励企业完成中央计划当局下达的任务,如何激励拥有私人信息的企业如实反映其边际成本并按边际成本来定价? 如果市场社会主义不能解决激励问题,就不可能实现资源的最优配置。当然,经济学家们也注意到无论市场经济还是计划经济都共同面临着信息分散问题和激励问题。因此,随后的讨论开始转向更一般化的问题,即对于给定的经济环境是否存在一个或多个机制保证既定社会目标也即资源配置最优的实现,什么样的机制最有效率,如何设计机制运行的具体方式,等等。

在此背景下,机制设计理论得以产生和发展起来。赫维茨(1960,1973)的原创性工作标志着机制设计理论的诞生,1960 年其发表的《资源配置中的最优化与信息效率》一文正式提出"机制设计理论"这一概念,而其 1973 年总结性的《资源分配的机制设计理论》一文则搭建起了机制设计理论基本框架。赫维茨起初重点关注的是机制的信息和计算成本,认为机制是一种私有信息的交流系统和一个基于信息系统的配置规则,如同一个机器,统一处理所接收到的信号,然后加总这些客观(或虚假)的信息。赫维茨在其研究中也特别关注了在实现特定目标的过程中,信息运行的成本是否在一个合理的范围之内,而后通过深入的研究和严密的论证推理出市场竞争机制是唯一利用信息最少且可以实现资源有效配置的机制。基于在机制设计框架中,如何激励参与者的信息传递是解决问题关键所在,赫维茨在其 1972 年的文献中正式提出了"激励相容"这一重要概念,即在所设计的机制下,使不同的参与者在追求个人利益的同时能够达到设计者所设定的目标,从而使得经济活动参与者的个人利益和总体目标一致。

在赫维茨构建的机制设计理论框架下,可能存在很多能够实现目标的机制,如何选择最优机制成为一个重要问题。吉巴(Gibbard,1973)正式地阐述了用显示原理来解决这一问题,随后许多学者将这个结论扩展到了贝叶斯纳什均衡这种更一般的情况下。迈尔森则对显示原理做出了最大程度的推广,并在这套原理的许多重要应用领域做出了开创性贡献。显示原理认为,一个社会选择规则如果能够被一个特定机制的博弈均衡实现,那么它就是激励相容的,即可以通过博弈论设计一个直接机制来直接显示个人的私人信息,以此方法来寻找能够满足激励相容的机制。根据显示原理,人们在寻求可能的最优机制时,可以通过直接机制简化问题,减少机制设计的复杂性,但也面临可能存在多重均衡问题的挑战,一些机制可能存在无穷多种均衡并可能形成许多次优的结果,因此又产生另一个问题,即设计出使所有的均衡结果对于给定目标函数都是最优的机制。1977 年马斯金在其论文《纳什均衡与福利最优化》中提出了"实施理论",用以解决显示原理没有涉及多重均衡的问题,并给出了一个可以被纳什均衡支持实施的社会选择函数的一般性条件,现在这一条件被称作马斯金单调性。学者们依循这一套框架展开了一系列研究,从而使实施理论成为机制设计理论最关键和最重要的组成部分。

借助机制设计理论人们可以识别哪些情况下市场机制有效或无效,可以确定最有效的资源配置方式。这一研究框架不仅适用于市场机制的分析,也可被广泛应用于各类的机制对象。现今机制设计理论的研究和应用范围已大大拓宽到非市场领域,成为在经济学和政治学等众多领域内发挥重要作用的主流理论,被应用于法规制定、行政管理、民主选举、社会制度设计等问题的机制设计之中,并试图在个人决策和公共部门决策上设计出促使个人利益与社会公共利益激励兼容的机制。因此,可以认为,机制设计理论同样适用于我国的公共经济责任机制建设过程,如机制设计理论的激励相容问题是公共经济责任机制各方面都需面对的关键问题,激励相容以外还要考虑信息的充分和有效利用问题、机制的最优选择问题等。在运用机制设计理论进行公共经济责任机制设计时,需要切实注意从我国国情出发,综合考虑经济、政治、社会环境等多种因素,以确保机制设计的科学性,并且应随着外界条件的变化对已经形成的机制不断进行优化调整。

第三章 我国公共经济责任体系与机制状况:历史与现实

理论分析表明政府在公共物品提供中负有不可替代的责任,要实现公共物品的有效提供,必须以良好的体制、机制设计为基础,必须处理好各级政府及同级政府各部门之间的分工与协作、分权与制衡、委托—代理等关系。本章将回顾我国政府公共经济责任变迁的历程,阐述当前我国政府公共经济责任划分和机制运行状况。

一、我国公共经济责任体系与机制的路径演变

公共经济责任体系与机制作为公共经济体制的重要组成部分,其实际运行与政治、经济体制的变动息息相关,随着政治、经济体制的变动,公共经济责任的划分和运行机制也会自动作出调整。从政治、经济体制的变化角度看,我国公共经济责任体系与机制变迁大致经历了三个阶段,一是传统计划经济时期,适应当时的经济、社会基础,纵向上中央政府处于绝对的控制地位,对国家的一切主要公共事务进行决策,由下级和基层政府负责执行,横向上各政府部门各司其职、联系较少;二是改革开放以后的双轨制阶段,中央放权让利,地方拥有了更多的自主权,各政府部门间的横向联系不断加强;三是以市场经济为改革基本取向的阶段,随着社会主义市场经济体制的建立,政府公共经济责任的合理划分和运行机制的优化显得更加重要。

(一)计划经济时期(1949—1978 年)

新中国成立初期,我国在国际上面临被政治孤立和经济封锁,国内形势十

分复杂、各地情况不一,中央政府不具备管理地方政府的人力、物力、财力,因此首先建立了大区制,设立了东北、华北、西北、华东、中南、西南等6个行政区,各个大区政府拥有立法权、行政权、人事权及部分经济管理权,保证了国民经济恢复的需要。同时成立财政经济委员会负责指导财经方面各部门工作。1952年成立国家计划委员会,负责编制长期和年度国民经济发展计划,并对各部委及地方的国民经济计划执行情况进行监督和审查,各级地方政府也陆续建立了计划管理机构。随后,为了满足在资源有限条件下发展经济的需要,中央开始了集权化过程,1954年6月19日作出《关于撤销大区一级行政机构和合并若干省市建制的决定》,其目的是"为了中央直接领导省市以便于更能切实地了解下面的情况,减少组织层次,增加工作效率,克服官僚主义,为了节约干部加强中央和供给厂矿企业的需要,并适当地加强省、市的领导。"①同时中央部委的机构数量增加,中央对各专业部门的领导得到加强,1954年《国务院组织法》指出,人民委员会的各工作部门受人民委员会的统一领导,并且受国务院主管部门的领导。据此,中央各部委从上而下控制人、财、物和产、供、销大权,各部门机构分工精细且规模庞大,各级政府、各政府部门之间职能交叉、权责不明。

中央高度集权引起地方强烈的不满,中央即着手对政府间关系进行调整。1956年4月25日毛泽东在《论十大关系》的讲话中提出"中央和地方的关系也是一个矛盾。解决这个矛盾,目前要注意的是,应当在巩固中央统一领导的前提下,扩大一点地方的权力,给地方更多的独立性,让地方办更多的事情"②。1956年10月《国务院关于改进国家行政体制的决议(草案)》提出了中央、省、县、乡四级政府之间的管理权限划分以及扩大地方各级政府管理权限的设想,大跃进则加快了调整过程,中央各部委的职能和权限减少,机构进行了精简和合并。从1960年开始,为了纠正"左"倾冒进主义错误,中央在"调整、巩固、充实、提高"的八字方针指导下,上收了部分经济、物资管理权,

---

① 中央人民政府法制委员会:《中央人民政府法令汇编(1954)》,法律出版社1982年版,第3页。

② 毛泽东:《毛泽东文集》第七卷,人民出版社1999年版,第31页。

中央政府机构权限又得到恢复和增加。

1966年"文革"开始,国家行政管理工作陷入混乱,在极"左"思潮的影响下,造反派成立了军管会和革命委员会,国务院各办公室、部、委都受到了内部和外部的冲击,中央部门的集中统一管理被视为"条条专政",因此又开始新一轮放权。1970年国务院对各部门进行精简裁并,国务院办公室全部撤销,国家经济委员会并入国家计划委员会,国务院工作部门锐减为32个;关系国计民生的中央直属企业、事业和建设单位,也大量下放由地方管理。"文革"结束后,1978年中央收回了关系国家命脉和部分下放不合理的工业,国务院机构的数量也随着增加。

纵观这段期间,国家管理始终在集权和放权之间摇摆,总体上中央主导,地方处于被动地位,除1958—1960年和1970—1973年出现权力下放外,大部分年度是集权较多,而且几乎将所有民间经济纳入了公共经济的范围,由于缺乏市场调节和政府本身存在的缺陷,国民经济陷入"一放就乱,一收就死"恶性循环。因此,在这一阶段,政府责权始终处于不明晰的状况,且政企不分、政事不分,政府的活动范围、相应的政府承担的公共经济责任的范围相当广泛。

跟高度集中的计划经济体制相适应,财政上实行的是计划财政制度,公共收支安排以中央计划为依据,财政是全国经济活动的总账房,在全国实行统购统销,统一的价格、统一的工资、统一的分工、统一的收支、统一的待遇、统一的住房配给等,各级政府、同级政府各部门和各级财政,都只是中央计划的一个环节。在这一时期,随着行政管理体制以及政府公共经济责任的调整,财政体制也有一定的变化,如表3-1所示。新中国成立后,为了抑制恶性的通货膨胀和恢复国民经济,政务院1950年3月发布了《关于统一国家财政经济工作的决定》,根据该决定财政上实行统收统支模式,统一全国公共收支管理、统一全国物资管理、统一全国现金管理。在这种体制下,预算管理权限集中于中央,地方财政只是中央在地方上的一个派出机构,地方政府所需的一切开支均须中央统一审核,不利于发挥地方各级财政部门当家理财的积极性。此后,为了适应政治、经济形势的变化,开始实行"统一领导、分级管理"的财政体制,在中央统一领导下,实行一级政权一级预算,尽管如此中央财政仍对地方财政的预算收支和上缴下拨指标严格管理,地方的预算管理权限仍较小,财政体制总体上仍是"统收统支"模式。

表 3-1　计划经济时期的财政体制

实施时间		财政体制简述
统收统支阶段	1950	高度集中,统收统支
	1951—1957	划分收支,分级管理
	1958	以收定支,五年不变
	1959—1970	收支下放,计划包干,地区调剂,总额分成,一年一变
	1971—1973	以收定支,计划包干,保证上缴(或差额补贴),结余留用,一年一定
	1974—1975	收入按固定比例留成,超收另定分成比例,支出按指标包干
	1976—1979	定收定支,收支挂钩,总额分成,一年一变。部分省市试行"收支挂钩,增收分成"

资料来源:李萍:《中国政府财政关系图解》,中国财政经济出版 2006 年版,第 3 页。

在运行机制上,计划经济时期中央政府主导一切公共经济活动,是宏观制度的决定者,也是具体政策和计划的制定者,各级人民代表大会为本级政府最高权力机构,各级行政部门及法院、检察院分别为行政和司法方面的执行机构,各级行政部门分别被动承担不同公共物品提供的执行任务,并且各级政府下管一级;公共经济运行中的监督、问责机制在"文革"期间受到严重破坏;由于一切社会成员和所有组织的目标函数只是完成上级规定的计划任务,"工人缺少激励、计划制定者缺少有效配置资源的激励以及厂商缺少有效使用资源的激励"①,公共经济运行的激励没有真正建立起来。

(二)双轨制改革阶段(**1979—1993 年**)

党的十一届三中全会决定将工作重点转移到经济建设上来,为了克服中

---

① 〔美〕约瑟夫·E.斯蒂格利茨:《经济学》,梁小民等译,中国人民大学出版社 1997 年版,第 377 页。

央集权造成的职责不清，权力向党委、向上级集中，人浮于事、工作效率低下等问题，开始了以放权让利为特征、市场化取向的经济体制改革。国家的指令性计划不断减少，企业的生产经营自主权扩大，同时重建和整顿教育、卫生、文化等社会事业和交通、能源等基础工业，国家的经济职能开始转向以提供公共物品为主的公共经济职能方面。为了解决各级政府和同级政府各部门职责不清的问题，邓小平提出了"职责归位"的思想，也就是要在各级政府和同级政府各部门之间合理划分各种公共物品的提供责任，合理划分立法机关、行政机关、司法机关的职责，使各级政府及同级政府各部门各司其职、各负其责。

从具体实施的情况看，横向上，为了解决计划经济时期各级党委掌握过多的权力、人大和司法机关难以正常履行职责的问题，1979 年国家颁布了《法院组织法》《检察院组织法》，"八二"宪法则进一步规定了人大、一府两院以及各层级政权之间的组织原则和基本职责，同在 1982 年颁布的《国务院组织法》，进一步划分了各级各类党政机关的职责，这些法律法规的颁布使得立法、行政、司法机关之间有了更多的相互制约，一定程度上打破了党委决定，行政机关执行的局面。在行政机构设置上，这一阶段经历了 1982、1988、1993 年三次政府机构改革。1981 年《第五届全国人大四次会议的政府工作报告》提出了政府部门林立、机构臃肿、层次繁多、互相扯皮的问题，经过 1982 年改革国务院机构由 100 个裁并为 60 个；1982 年改革以后出于形势需要，又增设了审计署、监察部等部委及一些部委直属机构和非常设机构，政府机构又出现膨胀，1988 年从建立符合现代化管理要求的行政管理体系目标出发，进行了改革开放后的第二次机构改革，国务院工作部门由 72 个减少为 68 个；1988 年机构改革后，国务院工作部门继续膨胀，1993 年从转变职能、理顺关系、精兵简政、提高效率原则出发进行了第三次政府机构改革，国务院部委机构设置减为 41 个。1982 年的改革主要目的是精简机构，1988 和 1993 年改革的主要目的是转变政府职能，但这三次改革都局限于政府内部的需要上，改革的重点都是与经济体制改革关系密切的经济管理部门，不能满足政府以外的社会组织和个人的需要。

纵向上，通过这一阶段的改革，政府的公共经济责任向下转移，地方政府拥有了更多的自主权。1979年通过的《中华人民共和国地方各级人大和地方各级人民政府组织法》,对地方政府的职责范围作出了法律上的规定,地方政府的地位迅速提升,地方政府成为地方经济发展和地方利益代表的主体,并拥有了更大的对人、财、物的支配权。

这一阶段的财政体制,由过去的"统收统支"向分级包干制转变,即在划分各级预算收支的基础上分级包干。在分级包干制下地方财政获得了充分的自主权,财力的使用和分配完全与中央主管部门脱离,但由于中央与各地的财力分配缺乏统一性,不同时期、不同省份的包干制形式也不一样,根据改革的时间顺序,可将分级包干制分为三个阶段,如表3-2所示。

表3-2　市场化取向阶段的财政体制

1980—1984年间的财政体制	
划分收支,分级包干	固定比例分成(江苏) 分类分成(15省) 少数民族地区体制(8省) 直辖市体制(北京,天津,上海) 定额包干(广东,福建)
1985—1987年间的财政体制	
划分税种,核定收支,分级包干	固定比例分成(17省市) 定额上解(黑龙江) 定额补助(4省) 少数民族地区体制(8省) 定额包干(广东,福建)
1988—1993年间的财政体制	
多种形式包干	收入递增包干(10省市) 固定比例分成(3省) 总额分成加增长分成(3省) 上解额递增包干(2省) 定额上解(3省) 定额补助(16省市)

资料来源:王绍光:《分权的底限》,中国计划出版社1997年版,第105页。

1980年为了贯彻落实"调整、改革、整顿、提高"的方针,国务院决定开始实行"划分收支,分级包干"的财政体制,也被称为"分灶吃饭"。首先按行政隶属关系明确划分中央与地方的收支范围,在此基础上地方自主安排收支,中央不再干预;地方财政收支范围、上解数额(或者上解比例)、补助数额确定以后,收支有余者不上缴,收支不足者不补助。在 1983 年和 1984 年两步"利改税"的基础上,以及 1984 年"划分收支,分级包干"体制执行到期的情况下,1985 年开始实行"划分税种,核定收支,分级包干"的财政体制,这种体制的重要变化迈出了以税种作为收入划分依据的关键一步,开始向分税制财政体制过渡。1986 年开始,财政运行出现了一些新情况,一些经济发展比较快的地区为了减少上解比例,有意少报收入基数和利润水平,使财政收入滑坡,中央财政更加困难。为了使这种状况得到缓解,1988 年 7 月,国务院发布了《关于地方实行财政包干办法的决定》,从 1988 年起,在全国分别实行收入递增包干、总额分成包干、总额分成加增长分成包干、上解额递增包干、定额上解包干、定额补助包干等六种不同形式的财政承包制。

总体来看,在这一阶段地方政府有了相对的独立性,并被赋予了为地方国有企业提供流动资金、提供地方性公共物品的职责,对公共收支有了一定的控制权,但地方收支仍由中央统一核定,在核定标准难以准确的情况下,常常出现中央和地方之间的讨价还价;同时,地方承担的公共经济责任仍不明确,地方财政支出的包干常得不到执行,许多支出责任最终仍由中央财政负责。从实际效果看,这种体制有利于调动地方政府的生产建设积极性,但导致了地方保护主义和市场分割,另外由于中央的支出职责没有及时分流到地方,中央财政出现赤字和财政困难。

(三)以市场经济为改革基本取向的阶段(1994 年至今)

1992 年党的十四大确立了建立社会主义市场经济体制的目标,1993 年11 月十四届三中全会制定了社会主义市场经济的体制框架,按照建立与社会主义市场经济发展相适应的公共财政体制要求,1994 年我国开始全面推行分税制财政体制改革,此后的改革在此基础上不断调整和推进。

改革开放以来中央向地方主动的放权让利极大调动了地方的积极性,但由于缺乏有效的监督和约束,出现了地方保护主义和地方政府行为的短期化,同时伴随着财权下放造成了中央财政困难,宏观调控能力下降。中央和地方这种关系的状况自然导致了"上有政策,下有对策"局面的出现,中央政府的权威不能得到保障,中央政府的政策在地方执行中出现各种异化。

为了维护中央政府的权威和解决中央财政困难,以1994年分税制财政体制改革为开端,中央政府开始加强垂直管理和财权的上收。中央政府垂直管理的加强首先从经济和市场监管部门开始,中国人民银行及分税制改革开始后设立的银监会、证监会、保监会等政府部门都采取了垂直管理的模式,工商行政管理、质量技术监督等相关机构也开始实行垂直管理,安全监管、国土资源、环保、审计、统计等相关机构开始通过组建派出机构的方式加强垂直管理。垂直管理的加强遏制了地方保护主义,确保了一定程度上的政令统一,但由于对垂直管理部门的监督、约束机制没有得到相应地加强,出现了许多违规问题。

这一阶段我国确立了建立社会主义市场经济体制的目标,从转变政府职能角度出发经历了1998、2003、2008年三次政府机构改革。1998年改革的主要任务是转变职能,实现政企分开;调整政府组织结构,实行精兵简政;调整政府部门的职责权限,明确划分部门职能分工,相同或相近的职能交由一个部门承担;加强行政体系的法制建设。2003年政府机构改革的任务是进一步转变政府职能,调整和完善政府结构设置,理顺政府部门职能分工,提高行政管理水平。2008年进行的大部制改革是按照精简、统一、效能的原则和决策权、执行权、监督权即互相制约又互相协调的要求,着力优化组织结构,规范机构设置,完善运行机制。1998年的改革结束了依靠专业经济部门管理的历史,撤销了一大批专业经济管理部门和行政性公司,将资源配置逐步转给市场,政府关注重点转到宏观调控、教育科技文化、社会保障等促进公平的方面;2003年的改革进一步加大了政府职能转变的力度,注意满足人民群众对公平的需求;2008年的改革试图通过政府内部横向结构的重组解决政府职能重复、政出多门的问题,更加注重创造良好的发展环境、提供优质的公共服务、维护社会公平正义。

在财政管理体制上,分税制改革对各级政府承担的公共物品提供和支出责任进行了的大致的划分;按照事权和分税制财权相统一的原则,结合税种的特性,对中央和地方的税收管理权限和税收收入进行了划分,建立了中央税收和地方税收体系;相应设立了分别征收中央和地方税收的国税和地税两套税务系统,并对国税系统实行国家税务总局的垂直管理,中央政府的财政能力得到加强;逐步实行了比较规范的中央财政对地方的税收返还和转移支付制度,建立和健全了分级预算制度,各级预算约束不断强化。

二、我国现行公共经济责任体系与机制的基本格局

(一)现行公共经济责任体系运行的背景

1.政府的架构和运作模式

(1)纵向政府架构和运作模式

依据职责设置机构,是现代公共管理的一般原理和规律。纵向政府架构相应地依据纵向政府职责进行设置,进而形成不同的政府层级和行政区划体制,其中政府层级依托行政区划存在,并影响行政区划活动。

从整体状况来看,我国是世界上人口最多、多民族的发展中国家,陆地面积居世界第三;国家性质是工人阶级领导的、以工农联盟为基础的人民民主专政的社会主义国家,国家的一切权力属于人民;在国家结构形式上是中央集权型的单一制国家,地方政府受中央政府控制。根据历史沿革、地理、民族等多种因素,我国的政府层级和行政区划设置历经多次调整,形成了三种不同的级次。

当前我国的政府层级及相应的行政区划存在三级(中央—直辖市—市辖区)、四级(中央—直辖市—县、郊区—乡、镇)(中央—省、自治区—设区的市—市辖区)(中央—省、自治区—县、自治县、县级市—乡、镇)(中央—省、自治区—自治州—县级市)和五级制(中央—省、自治区—设区的市—县、自治县、郊区、县级市—乡、民族乡、镇)(中央—省、自治区—自治州—县、自治县、县级市—乡、民族乡、镇)三种情况,五级制是占主导地位的普遍形式,各级政府下管一级,如图3-1所示。根据2014年的数据,我国共有34个省级行政区

域,其中包括 23 个省、5 个自治区、4 个直辖市(北京、天津、上海、重庆)和 2
个特别行政区(香港、澳门);334 个地级行政区域,其中包括 293 个地级市、30
个自治州、8 个地区、3 个盟;全国县级行政区划单位有 2854 个,其中市辖区
897 个、县级市 361 个、县 1425 个、自治县 117 个、旗 49 个、自治旗 3 个、特区
1 个、林区 1 个;乡级行政区划 40379 个,其中镇 20401 个,乡 12282 个,街道
7696 个。在各层级政府中,省(直辖市)实行较为集中统一的管理,民族自治
地方实行中央领导下的民族区域自治,具有较大的自治权,特别行政区实行一
国两制的政治制度;乡、镇是最基层的行政单位,乡、镇管辖之下的村民委员会
虽然也提供公共物品,但被视作群众性自治组织。

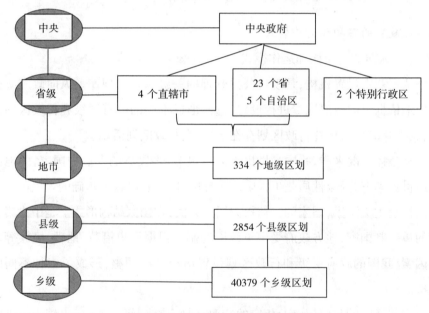

图 3-1　中国政府结构(2014)

数据来源:根据中国统计年鉴(2015)和相关资料整理。

在运作模式上,中央掌握基本法律的制定权,能够通过法律及规则的制定
使地方政府服从中央的领导,地方政府有制定地方性法规的权力,但不能与国
家的法律、法规相冲突;中央有调配任免地方干部的权力,地方政府既对本级人
民代表大会负责,又对中央负责;各级政府职责的划分,遵循中央统一领导下,充
分发挥地方积极性和主动性的原则;财政上按"一级政府一级财政"进行设置。

（2）公共部门间横向政府架构和运作模式

横向上我国的国家机构包括国家元首、立法部门、行政部门、司法部门和军队,在公共经济责任的划分上主要涉及立法、行政和司法三大机构,其中行政机构承担着大部分公共物品的提供责任。根据我国宪法和有关法律,中国共产党是执政党,各级党组织是各级政府的领导核心;民主集中的人民代表大会制度是我国的根本政治制度,人大统一行使国家权力,各级人民代表大会由各级选民选举产生,各级人民代表大会产生各级行政机关、审判机关、检察机关,"一府两院"对人大负责、受人大监督。

在向市场经济体制转变的过程中,为了提高效率和满足政府职能需要,我国的行政机构进行了数次调整,经历了精简机构(1982—1988年)、政府职能转变(1993—2003年)、大部制改革(2008年)等几个阶段①,进行大部制改革,主要是由于伴随着市场经济的发展,政府的主要职能开始向提供公共物品和公共服务转变,但由于部门划分过细、职能交叉过多,导致政府运行效率较低,在这种情况下大部制改革应运而生。2007年党的十七大报告首次提出实行职能有机统一的大部门体制;2008年十七届二中全会《关于深化行政管理体制改革的意见》明确了大部制改革的目标、原则、要求以及改革重心,提出要明确部门责任、确保权责一致、健全部门间协调配合机制等政策建议;随后2008年3月11日,国务院公布了《关于国务院机构改革方案的说明》,改革方案体现了机构调整不是简单的重组,而应突出科学合理的治理结构、有效的运行机制和职能的有机整合;2010年国家"十二五"发展规划纲要、2013年国务院机构改革方案等是大部制改革的进一步深化。根据2016年中国政府网信息,我国设置的国务院组成部门有25个,直属特设机构1个,直属机构15个,办事机构4个,直属事业单位13个,部委管理的国家局16个。

根据职能不同,行政机构在组成上大体存在三种划分方式。一是可分为中枢机构、职能机构、辅助机构、咨询机构、派出机构几类。中枢机构即首脑机构,是对公共物品的提供进行决策的机构;职能机构是负责具体公共物品提供

---

① 张翔:《改革进程中的政府部门间协调机制》,社会科学文献出版社2014年版,第95页。

的机构;咨询机构是为决策出谋划策、收集相关信息的机构;辅助机构是为中枢机构和职能机构顺利有效地提供公共物品,承担辅助性业务的综合性办事机关;派出机构是政府职能机构根据工作或管理的需要派出的从事某项专门职能的机构。二是把中枢机构以外的所有机构都视为政府职能机构,又可细分为日常办公机构、组成部门、直属机构、办事机构、部委归口管理机构、直属事业单位等。办公机构负责协助本行政机关的负责人,对本行政机关的综合性工作进行协调;组成部门是行政机构的主体,负责具体公共物品的提供,如教育部、科技部、国防部等;直属机构是专门负责某一环节的机构,如海关总署、统计局、审计署等;办事机构是协助政府首长办理专门事项的机构;直属事业单位是政府为公益目的举办的从事教育、科技、文化等活动的社会服务组织,如新华社、气象局等;部门归口管理的机构是由组成部门管理与负责特定业务的机构,如信访局、粮食局、烟草局等。三是将行政机构分为业务主管、环节管理、要素管理和内部管理四类。业务主管部门如农业部、商务部、国家林业局等,对主管业务的决策、执行、监督整体负责,部分职责由环节管理机构负责;环节管理机构对所有相关业务管理机构中的某个特定环节负责,与业务管理存在一定程度的职能交叉,如安全监管总局、食品药品监管总局等;要素管理部门包括政策、法规、规划部门及人、财、物、科技资源掌控部门,如国家发展改革委员会、财政部、人力资源和社会保障部、科技部等;内部管理部门主要支持政府自身运作,如国务院办公厅、国家机关事务管理局等。

我国各级地方政府也分别设立立法、行政、司法三大机构。地方各级人民政府是地方各级国家行政机关,是地方各级人民代表大会的执行机关,地方各级人民政府对本级人民代表大会和上一级国家行政机关负责并报告工作,全国地方各级人民政府都是国务院统一领导下的国家行政机关。地方行政机构的设置实行"中央统一领导、地方分级管理"的体制,由省、自治区、直辖市人民政府提出设置方案,经国务院机构编制管理机关审核后,报国务院批准。

2.分级型财政管理体制的基本框架

财政管理体制是政府制定和实施财政政策的重要依据,并直接影响着政府职能的履行和效率。从计划经济时期高度集权的"统收统支"财政管理体制,到改革开放后实施的"分灶吃饭"财政管理体制,财政体制改革总体上呈现分权化的取向。1994 年开始全面实行的"分税制"改革,更是向分权型财政管理体制(财政分权)迈出了一大步,奠定了与社会主义市场经济体制相适应的分权财政管理体制的基本框架。

20 世纪 90 年代初,面对财政管理中出现的问题,根据社会主义市场经济体制建设的需要,中央明确了以分税制为核心的分权型财政体制改革的导向,在 1992—1993 年试点经验的基础上,1993 年 12 月 15 日国务院发布了《关于实行分税制财政管理体制的决定》,1994 年 1 月 1 日起在全国全面实行。分税制运行至今根据实际运行情况和宏观调控需要,在税收划分和转移支付制度等方面经过了多次微调,但未脱离"分税制"改革的框架,如 2015 年改革和完善中央对地方转移支付制度、2016 年 1 月 1 日证券交易(印花)税全部划归中央,2016 年 5 月 1 日全面实现"营改增"及增值税收入划分调整等;在政府职责划分和支出责任安排上,部分地方政府有了较详细的框架,但国家还没有出台系统性的调整计划。表 3-3 列出了当前中央与地方公共预算支出和收入的划分及转移支付情况。

分税制改革意义重大、影响深远,不仅使我国有了自己的税务系统,也为市场经济运转奠定了制度基础。但我国当前的分税制还不是真正意义上的分级管理体制,其改革的最初动力很大程度上是为了缓解财政收支缺口压力,与一般意义上的分级理论不同,从实际运行看 1994 年之后只是对税收制度有明确的划分并不断进行调整,政府的职责和支出责任却没有得到明确的划分,没有实现真正意义上的分级管理,而且分税制没有涉及省以下政府的职责和支出责任划分。在政治高度集权的情况下,中央和上级政府在职责和支出责任划分上掌握较大的主动权,最终使各级政府在公共物品的提供上越位、缺位、错位现象普遍发生。分级型财政管理体制的关键是各级政府的分责,在分责的基础上分权,包括分配与其职责相适应的财政资源,形成责、权、利一致的财政管理体制。2014 年 6 月 30 日中共中央政治局审议通过的《深化财税体制改革总体方案》,提出了"改进预算管理制度、完善税收制度、建立事权和支出责任相适应的制度"等三大任务,2016 年 8 月 24 日国务院发布的《国务院关于推进中央与地方财政事权和支出责任划分改革的指导意见》,在一定程度上对未来的财税体制改革指明了方向。

表3-3　分税制后中央与地方一般公共预算支出和收入划分情况

项目主体	一般公共预算支出范围	一般公共预算收入范围
中央	中央财政主要承担国家安全、外交和中央国家机关运转所需经费,调整国民经济结构、协调地区发展、实施宏观调控所必需的支出以及由中央直接管理的事业发展支出。具体包括:国防经费,武警经费,外交和援外支出,中央级行政管理费,中央统管的基本建设投资,中央直属企业的技术改造和新产品试制费,地质勘探费,由中央财政安排的支农支出,由中央负担的国内外债务还本付息支出,以及中央本级负担的公检法支出和文化、教育、卫生、科学等各项事业费支出	国内消费税,关税,进口货物增值税、消费税,出口货物退增值税、消费税,车辆购置税,船舶吨位税,证券交易(印花)税,中央的专项收入、行政事业性收费、罚没收入、国有资本经营收入、国有资源(资产)有偿使用收入、其他收入
地方	地方财政主要承担本地区政权机关运转所需支出以及本地区经济、事业发展所需支出。具体包括:地方行政管理费,公检法支出,部分武警经费,民兵事业费,地方统筹的基本建设投资,地方企业的技术改造和新产品试制经费,支农支出,城市维护和建设经费,地方文化、教育、卫生等各项事业费,价格补贴支出以及其他支出	城镇土地使用税,房产税,车船税,耕地占用税,契税,烟叶税,土地增值税,印花税(不含证券交易印花税),城市维护建设税(不含各银行总行、各保险总公司集中缴纳的部分),地方的专项收入、行政事业性收费、罚没收入、国有资本经营收入、国有资源(资产)有偿使用收入、其他收入
中央和地方	根据《中国统计年鉴》(2015),一般公共预算支出中除援助其他地区支出外,所有项目中央和地方均有支出	增值税(中央分享50%,地方分享50%);纳入共享范围的企业所得税和个人所得税(中央分享60%,地方分享40%);海洋石油资源税作为中央收入,其他资源税作为地方收入
中央对地方的转移	中央对地方的一般性转移支付、专项转移支付 中央对地方的税收返还	

资料来源:《关于实行分税制财政管理体制的决定》(1993)、《中国统计年鉴》(2015)及相关文件。

(二)现行公共经济责任体系的基本架构

1.公共经济责任划分的法律、法规和规章框架

当前我国关于政府公共经济责任配置的制度性规定来自四个层面,一是

国家的根本制度即宪法,现行宪法为 1982 年《宪法》,2004 年第四次修正;二是一般性的法律,主要包括《中华人民共和国地方各级人民代表大会和地方各级人民政府组织法》《中华人民共和国预算法》《中华人民共和国立法法》《国务院机构改革和职能转变方案》等,现行的《中华人民共和国地方各级人民代表大会和地方各级人民政府组织法》1979 年制定、2015 年 8 月第五次修正,现行的《中华人民共和国预算法》1994 年制定、2014 年 8 月修正,现行的《中华人民共和国立法法》2000 年制定、2015 年修正,2013 年 3 月通过的《国务院机构改革和职能转变方案》推动政府机构改革与职能转变同步进行;三是针对具体行业、领域的法律、法规,如《中华人民共和国教育法》(1995 年发布,2015 年第二次修正)、《中华人民共和国义务教育法》(1986 年发布,2015年第二次修正)、《中华人民共和国国防法》(1989 年发布)、《突发公共卫生事件应急条例》(2003 年发布,2011 年修正)、《中华人民共和国环境保护法》(1989 年发布,2014 年修正)、《中华人民共和国农业法》(1993 年发布,2012年修正)、《中华人民共和国社会保险法》(2010 年发布)、《中华人民共和国企业国有资产法》(2008 年发布)、《城市居民最低生活保障条例》(1999 年发布)、《工伤保险条例》(2003 年发布,2010 年修正)等;四是法律效力较低或不具有法律效力的一些行政性规章、地方性法规、政府文件等,如《国务院关于实行分税制财政管理体制的决定》(1993)、《深化财税体制改革总体方案》(2014)、《国务院关于改革和完善中央对地方转移支付制度的意见》(2014)等。

在以"依法治国,建设社会主义法治国家"为基本国策的今天,国家制定和发布、并不断进行修订的各项法律、法规和规章,在横向和纵向上对政府提供的公共物品及财政支出责任进行了大致的划分,为各级政府及同级政府各政府部门的公共物品提供责任和相应的财政支出责任提供了制度依据。

2. 公共经济责任配置归纳

(1)同级政府所属部门间横向公共经济责任配置

政府公共经济责任的履行依托于国家所设立的政府机构,而政府机构设置的根据又是政府公共经济责任的需要,随着公共经济责任范围的变化,政府机构设置也会做出相应调整,因此两者相互依存、相互影响。根据责任范围的不同,同级政府所属部门公共经济责任配置可以分为三个层次,一是在立法、行政、司法三类机构之间的公共物品提供责任划分,二是在同级行政部门之间的公共物品提供责任划分,三是各具体行政府部门内部不同机构间的公共经济责任划分。在这三个层次上,不同级次的政府间又存在自上而下的隶属关系和自下而上的服从关系。

立法、行政、司法三类机构之间具体责任划分情况,参照表3-4;同级行政

表3-4　立法、行政、司法机构之间责任的划分

机构设置		承担责任
立法机关	全国人民代表大会	修改宪法;监督宪法实施;制定和修改刑事、民事、国家机构的和其他基本法律。选举和任免国家主席、副主席,全国人大、人民政府、军委、各部委领导;选举最高人民法院院长;选举最高人民检察院检察长。审查和批准国民经济和社会发展计划和计划执行情况报告;审查中央和地方预算及中央和地方预算执行情况的报告,批准中央预算和中央预算执行情况的报告。改变或者撤销全国人民代表大会常务委员会不适当的决定。批准省、自治区、直辖市的建置;决定特别行政区的设立及其制度;决定战争和平的问题。应当由最高国家权力机关行使的其他职权
	全国人民代表大会常务委员会	解释宪法、法律,监督宪法实施;制定和修改除了宪法和基本法律外的其他法律。监督国务院、中央军事委员会、最高人民法院和最高人民检察院的工作。撤销国务院、省、自治区、直辖市国家权力机关制定的同宪法、法律和行政法规相抵触的法规和决议。在全国人民代表大会闭会期间,对其他国家机关工作人员的人事任免,审查和批准国民经济和社会发展计划、国家预算在执行过程中所必须作的部分调整方案,决定战争状态的宣布。决定全国总动员或者局部动员;决定全国或者个别省、自治区、直辖市进入紧急状态。全国人民代表大会授予的其他职权
	地方各级人民代表大会	在本行政区域内,保证宪法、法律、行政法规的遵守和执行。审查和决定地方的经济建设、文化建设和公共事业建设的计划;县级以上的地方各级人民代表大会审查和批准本行政区域内的国民经济和社会发展计划、预算以及它们的执行情况的报告;改变或者撤销本级人民代表大会常务委员会不适当的决定。制定地方性法规。选举、罢免本级人民政府主要领导;县级以上的地方各级人民代表大会选举、罢免本级人民法院院长和本级人民检察院检察长
	地方各级人民代表大会常务委员会	县级以上地方各级人民代表大会常务委员会讨论、决定本行政区域内各方面工作的重大事项;监督本级人民政府、人民法院和人民检察院工作;撤销本级人民政府不适当的决定和命令;撤销下一级人民代表大会不适当的决议;依照法律规定决定国家机关工作人员任免;在本级人民代表大会闭会期间,罢免和补选上一级人民代表大会的个别代表

续表

机构设置		承担责任
行政机关	中央人民政府	国务院负责制定行政法规权;领导各级国家行政机关权;领导和管理全国各项行政工作权;国家最高权力机关授予的其他职权。国务院组成部门各部、委依法对于某一方面的行政事务行使全国范围内的管理权限,执行国务院的行政法规、决定和命令,接受国务院的领导和监督,在一定范围内有自主决定权并承担相应责任。国务院直属机构在主管事项的范围内,对外发布命令和指示。国务院各部、委管理的国家局具有专项行政事务管理权和裁决争议权
	地方各级政府	地方各级人民政府管理本行政区域内的各项行政事务,制定地方规章权或发布决定、命令权;领导和监督本级政府的职能部门和下级人民政府行政工作权。地方各级人民政府的职能部门承担某一方面行政事务的组织与管理职能的工作,主要有决定和命令的发布权、主管行政事项处理权。地方人民政府的派出机关就本行政区域内的行政事务依法发布决定和命令,就本区域内的行政事务依法进行行政管理
司法机关	人民法院	依法审判本院管辖的民事、行政案件和上级人民法院交由审判的案件;中级以上法院依法按照审判监督程序审理当事人提出的申诉、申请再审和人民检察院提出抗诉的刑事、民事、行政案件,依法审理减刑、假释案件;依法受理国家赔偿案件和决定国家赔偿;上级法院依法对下级人民法院的工作进行指导和监督;调查研究审判工作中适用法律、执行政策的疑难问题,提出解决问题的办法、意见和司法建议,开展司法统计工作,参与地方立法和综合治理工作;指导辖区内法院的建设、编制、监察等工作
	人民检察院	人民检察院依法独立行使检察权,不受行政机关、社会团体和个人的干涉。最高人民检察院领导地方各级人民检察院和专门人民检察院的工作,上级人民检察院领导下级人民检察院的工作。最高人民检察院对全国人民代表大会和全国人民代表大会常务委员会负责,地方各级人民检察院对产生它的国家权力机关和上级人民检察院负责。对于叛国案、分裂国家案以及严重破坏国家的政策、法律、政令统一实施的重大犯罪案件,行使检察权,对于直接受理的国家工作人员利用职权实施的犯罪案件,进行侦查;对于公安机关、国家安全机关、侦查机关、人民法院、监狱、看守所等执行机关的活动进行监督和干预

资料来源:根据国家发布的相关法律、法规及各政府部门网站公开资料整理。

部门之间公共物品提供责任的划分,在不同级次的政府和不同的地区存在一定的差异,但整体上是职责同构状态,因此同级行政部门之间公共物品提供责任的划分只列出中央一级的情况,按业务主管、环节管理、要素管理和内部管理四类机构的划分列出,参照表3-5;具体行政部门内部责任的划分,由于各部门业务性质不同,各部门内部机构设置差异很大,这里不再列出。

表3-5　公共物品提供责任在中央各部委之间的划分

类别	机构	承担责任
业务管理类	国防部、外交部、农业部、教育部、人力资源社会保障部、工业和信息化部、水利部、商务部、文化部、住房城乡建设部、交通运输部、环境保护部、林业局、体育总局、旅游局、宗教局、粮食局、能源局、烟草局、海洋局、民用航空局、邮政局、文物局、中医药局、铁路局、地震局、气象局、测绘地信局	业务管理类各部、局对主管的公共物品，负整体提供责任，包括相应公共物品提供的决策、执行、监督各环节，以及财政支出、转移支付的确定等，各部、局之间存在职责交叉情况
环节管理类	公安部、监察部、海关总署、安全监管总局、食品药品监管总局、工商总局、知识产权局、统计局、信访局、国务院法制办公室	环节管理类各部、署、局对某个环节的公共物品提供负责，大多属于监管、执法性质，与业务管理类部门存在职责交叉
要素管理类	发展改革委、财政部、国土资源部、民政部、人民银行、科技部、国资委、银监会、证监会、保监会、自然科学基金会	主要职责包括公共物品提供中政策、法律的制定和资源的整体规划，人、财、物等要素的统筹
内部管理类	国家机关事务管理局、港澳办	主要职责是支持政府自身的运作

资料来源：根据薛刚凌（2014）的部门分类以及政府网站公开资料整理。

（2）各级政府间纵向公共经济责任配置

我国纵向上主要是五级政府形态，因此公共物品提供责任在五级政府之间划分，当前各级政府责任划分的基本情况如表3-6所示。尽管各级政府在某些公共物品提供项目上有所侧重，如中央政府更多的负责国防、外交、货币、法律法规和宏观规划等，但不同层级政府的机构设置高度统一，各级政府公共物品的提供责任十分相似。

3.公共支出责任划分的现状

横向上，公共支出在同级政府所各属部门之间的分配，一定程度上反映在按功能分类的预算支出科目中。纵向上，根据《预算法》规定，我国实行一级政府一级预算，当前我国实行的是五级政府的行政管理体制，相应的在财政管理体制上有五级预算。中央和各级地方政府分别承担着不同的公共支出责任，由于省以下各级政府的公共支出责任划分还不太清晰，且数据难以获取，因此这里主要列出中央和总的地方政府公共支出划分的情况。

表 3-6　各级政府间纵向公共经济责任划分基本状况

层级	分类	公共物品提供责任
全国	中央	中央政权运转;国防、国家安全、外交;制定宪法、法律;制定国家发展政策、宏观调控;制定金融、货币政策;中央直属企业投资;国家重点建设;部属高校教育;重点国有企业社会保障等
省级	省(自治区)	本级政权运转;所属企业投资;省内重大基础设施
	直辖市	本级政权运转;所属企业投资;城市建设
市级	辖县地级市	本级政权运转;城市教育;所属企业投资;城市建设;区内基础设施;失业、养老保险和救济
	不辖县地级市	本级政权运转;城市教育;所属企业投资;城市建设;失业、养老保险和救济
	地区	本级政权运转;所属企业投资;地区重大基础设施
县级	县级市	本级政权运转;教育;医疗卫生;支援农村;城市建设和区内建设;计划生育;失业、养老保险和救济
	县	本级政权运转;教育;医疗卫生;支援农村;区内基础设施和城镇建设;计划生育
乡级	乡镇	本级政权运转;农村教育;计划生育

资料来源:安秀梅:《中央与地方政府的责任划分与支出分配研究》,中国财政经济出版社 2007 年版。

(1)按功能性质分类的公共支出情况

按功能性质分类即是公共支出的横向划分,表 3-7 和图 3-2 是我国按功能性质分类的公共支出情况,根据国际货币基金组织的划分方法我国在 2007 年进行了收支分类改革,因此表 3-7 只列出 2007 年以后的数据,并将占比较小的部分支出项目合并到了其他类,图 3-2 为 2014 年的公共支出情况。从公共支出的横向划分看,2007—2014 年在各类支出占公共总支出的比重中,一般公共服务呈下降趋势,作为社会性支出的教育、医疗卫生支出比重上升比较明显,农林水事务和交通运输作为经济性支出比重上升也比较明显,国防支出呈下降趋势,应该说我国的公共支出结构在一定程度上得到了优化。跟国际比较来看,国防支出规模略低于世界平均水平,社会性支出比重仍然偏低,经济性支出比重偏高。

从中央和地方政府在不同功能上的公共支出配置看,中央政府主要负责国防、外交支出,担负其绝大部分的公共支出责任,中央政府科技支出的比重也较高,在所列年份中为 50% 左右。教育、社会保障和就业、医疗卫生、城乡社区事务等社会性支出项目,以及环境保护、农林水事务,由地方政府负担绝大部分的公共支出责任。地方政府的交通运输支出占比有较大幅度的上升,从 2007 年的 59% 上升到了 2014 年的 89%。

表 3-7　国家财政按功能性质分类的一般公共预算支出占比(2007—2014)

单位:%

功能		2007	2008	2009	2010	2011	2012	2013	2014
一般公共服务	总占比	15.0	13.6	12.0	10.4	10.1	10.1	9.8	8.7
	中央政府占比	15.7	12.9	11.8	9.0	4.3	7.9	7.3	7.9
	地方政府占比	84.3	87.1	88.2	91.0	95.7	92.1	92.7	92.1
外交	总占比	0.4	0.4	0.3	0.3	0.3	0.3	0.3	0.2
	中央政府占比	99.3	99.3	99.5	99.6	98.2	99.6	99.6	99.6
	地方政府占比	0.7	0.7	0.5	0.4	1.8	0.4	0.4	0.4
国防	总占比	7.1	6.7	6.5	5.9	5.5	5.3	5.3	5.5
	中央政府占比	98.0	98.1	97.5	97.1	93.6	96.9	96.9	97.2
	地方政府占比	2.0	1.9	2.5	2.9	6.4	3.1	3.1	2.8
公共安全	总占比	7.0	6.5	6.2	6.1	5.8	5.6	5.6	5.5
	中央政府占比	17.4	16.0	17.8	15.9	9.0	16.6	16.7	17.7
	地方政府占比	82.6	84.0	82.2	84.1	91.0	83.4	83.3	82.3
教育	总占比	14.3	14.4	13.7	14.0	15.1	16.9	15.7	15.2
	中央政府占比	5.5	5.5	5.4	5.7	3.1	5.2	5.0	5.4
	地方政府占比	94.5	94.5	94.6	94.3	96.9	94.8	95.0	94.6
科学技术	总占比	3.6	3.4	3.6	3.6	3.5	3.5	3.6	3.5
	中央政府占比	51.9	50.6	52.2	51.1	34.0	49.6	46.6	45.8
	地方政府占比	48.1	49.4	47.8	48.9	66.0	50.4	53.4	54.2
文化体育与传媒	总占比	1.8	1.8	1.8	1.7	1.7	1.8	1.8	1.8
	中央政府占比	14.2	12.8	11.1	9.7	5.2	8.5	8.0	8.3
	地方政府占比	85.8	87.2	88.9	90.3	94.8	91.5	92.0	91.7
社会保障和就业	总占比	10.9	10.9	10.0	10.2	10.2	10.0	10.3	10.5
	中央政府占比	6.3	5.1	6.0	4.9	2.3	4.7	4.4	4.4
	地方政府占比	93.7	94.9	94.0	95.1	97.7	95.3	95.6	95.6
医疗卫生	总占比	4.0	4.4	5.2	5.3	5.9	5.8	5.9	6.7
	中央政府占比	1.7	1.7	1.6	1.5	0.6	1.0	0.9	0.9
	地方政府占比	98.3	98.3	98.4	98.5	99.4	99.0	99.1	99.1

续表

功能		2007	2008	2009	2010	2011	2012	2013	2014
环境保护	总占比	2.0	2.3	2.5	2.7	2.4	2.4	2.4	2.5
	中央政府占比	3.5	4.6	2.0	2.8	1.4	2.1	2.9	9.0
	地方政府占比	96.5	95.4	98.0	97.2	98.6	97.9	97.1	91.0
城乡社区事务	总占比	6.5	6.7	6.7	6.7	7.0	7.2	8.0	8.5
	中央政府占比	0.2	0.3	0.1	0.2	0.1	0.2	0.2	0.1
	地方政府占比	99.8	99.7	99.9	99.8	99.9	99.8	99.8	99.9
农林水事务	总占比	6.8	7.3	8.8	9.0	9.1	9.5	9.5	9.3
	中央政府占比	9.2	6.8	4.7	4.8	2.1	4.2	3.9	3.8
	地方政府占比	90.8	93.2	95.3	95.2	97.9	95.8	96.1	96.2
交通运输	总占比	3.8	3.8	6.1	6.1	6.9	6.5	6.7	6.9
	中央政府占比	40.8	38.8	23.0	27.1	2.3	10.5	7.7	7.0
	地方政府占比	59.2	61.2	77.0	72.9	97.7	89.5	92.3	93.0
其他支出	总占比	18.3	18.3	17.9	17.9	16.6	15.2	15.1	15.1
	中央政府占比	38.4	38.8	35.0	23.7	12.0	21.7	23.0	23.0
	地方政府占比	61.6	61.2	65.0	76.3	88.0	78.3	77.0	77.0

资料来源:根据《中国统计年鉴》历年数据整理。

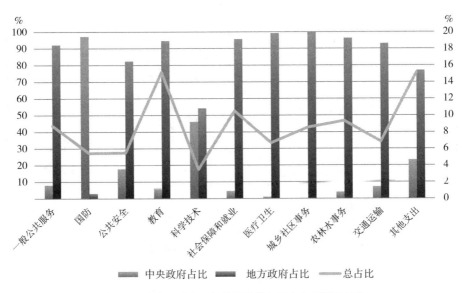

图3-2 中央和地方一般公共预算主要支出项目(2014)

表 3-8 中央及地方政府公共支出责任划分

项目		承担现状		
		中央承担	中央地方共同承担	地方承担
应由中央全额承担	国防	现役部队经费、预备役部队的标准经费、民兵的装备购置		民兵事业费、农村民兵和预备役人民训练误工补助,预备役团以下部队和现役部队县级人民武装部营房和训练设施建设费
	外交外事支出	凡涉及外交和对外援助的支出		地方政府的一般性外事活动经费
	武警部队　内卫部队	除支队以下机关部队的基建经费以外的经费		支队以下机关部队的基建经费
	武警部队　边防部队	除负担的部分地区公安任务的支出由地方负担外的经费		负担的部分地区公安任务的支出
	武警部队　警卫部队	人员经费和行政经费由中央财政负担,地市级以上的警卫机关和部队的基建经费	业务经费分级分担	
	武警部队　黄金部队	正常经费,地质工作专项经费、矿产资源补偿费	基建经费暂按原渠道安排	
	武警部队　森林部队	武警森林指挥部本部经费	各总队的正常和基建费,中央财政负担75%,地方负担25%;防火、灭火业务费和装备器材费仍由中央和地方共同承担	
	武警部队　水电部队	中央财政只对其军事性经费给予补助		其余经费
	武警部队　交通部队	中央财政只对其军事性经费给予补助		
	武警部队　消防部队	人民经费和行政经费,支队以上机关部队的基建经费	业务经费分级分担	
	优抚安置	中央安排专款补助		组织、管理
	养老保险		中央补助地方	部分地区省级统筹,其他地区实行县级统筹

续表

项目		承担现状		
		中央承担	中央地方共同承担	地方承担
应由中央与地方分担	农业	重点地区生态环境保护、贫困地区援助	农业科研和推广体系建设、食品安全、农业灾害救治、大江大河的治理、天然林保护	农田水利等基础建设
	基建	跨地区、跨流域及对经济和社会发展全局有重大影响的项目		地区性项目
	粮食	调控粮食市场,确保国家粮食安全		负责当地市场,实现当地粮食的供求平衡
	农业综合开发		中央承担70%,地方承担30%	
	交通	铁路、民航		公路、机场、港口建设
	行政	中央政府的行政经费		地方政府的行政经费
	公检法	反恐、禁毒、打击走私	跨区域的流窜作案、涉案金额较大的经济类犯罪	地方治安、交通管理等
	教育	高等教育教育部所属高校经费		地方院校高等教育和经费、义务教育
	科学	中央科研(科普)机构、国家科学基金、科技计划		地方科研机构基础设施、地方科普工作
	文化	中央文化部门经费支出、扶持中西部困难地区发展文化事业		基层文化经费收入
地方全额承担	卫生医疗服务	中央安排专款补助		组织、管理
	失业保险		中央补助70%,地方承担30%	组织、管理
	医疗保险	中央安排专款补助		组织、管理
	社会救济和社会福利	中央安排专款补助		组织、管理

资料来源:李萍等:《中国政府间财政关系图解》,中国财政经济出版社2006年版,第155—157页。

(2)中央与地方政府间公共支出责任划分

我国当前中央与地方政府间公共支出责任的划分,主要由1994年的分税制财政体制改革的框架框定,虽然财政管理体制几经调整,但中央与地方政府间的支出责任划分无太大的变化,省、市、县、乡级政府的公共支出责任没有具体的界定,采取的是"下管一级"的办法,即由上级政府决定下级政府的支出责任划分,而下级政府的支出责任几乎是上级的翻版。表3-8是目前我国中央及地方政府公共支出责任的大致划分情况,表3-9是省以下公共支出责任划分的概况。

(3)中央政府与地方政府公共支出占比

为了较全面地进行考察,本书选取了新中国成立后不同时期中央和地方政府的公共支出数据,并列出中央和地方政府的公共收入情况进行对比分析。根据表3-10和图3-3可以看出,各时期公共支出的变化与财政政策调整方向保持一致,权力集中过程中中央政府公共支出比例提高,分权过程中地方公共支出比例提高。相对来讲,计划经济时期中央公共支出比重较高,各年均接近或超过50%;市场化取向阶段中央公共支出和收入均呈下降趋势,公共支出比重从约50%降到约30%,地方公共支出比重则上涨到约70%,地方公共收入比重在20世纪80代中期以后也维持在60%—70%,这段时间地方政府的公共支出和公共收入比较匹配;分税制改革开始后,初始阶段中央公共支出比重变化不大,中央政府和地方政府支出比例整体上稳定在3:7,中央公共收入比重大幅度提升,大部分年份超过50%;2003年开始中央公共支出比重呈下降趋势,目前降到了约15%,地方公共支出比重则达到约85%,2007年以后中央公共收入呈现一定下降趋势。整体上看,分税制改革以后,地方政府以50%左右的公共收入维持着全国百分之七八十的公共支出,地方政府的公共收入与支出越来越不匹配,尽管有中央的财政转移支付支持,但地方财力仍捉襟见肘,比较困难。

表3-9 省及以下政府公共支出责任划分

级别	支出项目
省级财政	基本建设投资;直属企业挖潜改造基金;地质勘探费;科技三项费用;行政管理费;公检司法支出;社会保障支出;政策性补贴支出;支援不发达地区支出;本级农业支出、林业支出、水利和气象支出、教育支出、医疗卫生支出、科学支出、文体广播事业费、工业交通和流通部门事业费;其他支出

续表

级别	支出项目
地市财政	基本建设投资；直属企业挖潜改造基金；科技三项费用；行政管理费；公检司法支出；社会保障支出；政策性补贴支出；城市维护费；支援不发达地区支出；本级农业支出、林业支出、水利和气象支出、教育支出、医疗卫生支出、科学支出、抚恤和社会福利救济费、文体广播事业费、工业交通和流通部门事业费；其他支出
县级财政	基本建设投资；企业挖潜改造基金；科技三项费用；行政管理费；公检司法支出；社会保障支出；政策性补贴支出；城市维护费；支援不发达地区支出；县（市）本级农业支出、林业支出、水利和气象支出、教育支出、医疗卫生支出、科学支出、抚恤和社会福利救济费、文体广播事业费、工业交通和流通部门事业费；其他支出

资料来源：谢旭人：《中国财政改革三十年》，中国财政经济出版社2008年版，第98—99页。

表3-10　中央和地方公共支出比重

年份	公共支出（亿元）			公共收入（亿元）			公共支出比重（%）		公共收入比重（%）	
	全国	中央	地方	全国	中央	地方	中央	地方	中央	地方
一五时期	1320.52	966.85	353.67	1291.07	1003.22	287.85	73.2	26.8	77.7	22.3
二五时期	2238.18	1047.15	1191.03	2108.64	736.56	1372.08	46.8	53.2	34.9	65.1
1963—1965	1185.81	701.34	484.47	1215.1	335.8	879.3	59.1	40.9	27.6	72.4
三五时期	2510.60	1530.07	980.53	2528.98	790.09	1738.89	60.9	39.1	31.2	68.8
四五时期	3917.94	2123.64	1794.30	3919.71	576.43	3343.28	54.2	45.8	14.7	85.3
五五时期	5282.44	2625.34	2657.10	5089.61	904.32	4185.29	49.7	50.3	17.8	82.2
六五时期	7483.18	3725.64	3757.54	7402.75	2583.02	4819.73	49.8	50.2	34.9	65.1
七五时期	12865.67	4420.27	8445.40	12280.60	4104.41	8176.19	34.4	65.6	33.4	66.6
1991	3386.62	1090.81	2295.81	3149.48	938.25	2211.23	32.2	67.8	29.8	70.2
1992	3742.20	1170.44	2571.76	3483.37	979.51	2503.86	31.3	68.7	28.1	71.9
1993	4642.30	1312.06	3330.24	4348.95	957.51	3391.44	28.3	71.7	22.0	78.0
1994	5792.62	1754.43	4038.19	5218.10	2906.50	2311.60	30.3	69.7	55.7	44.3
1995	6823.72	1995.39	4828.33	6242.20	3256.62	2985.58	29.2	70.8	52.2	47.8
1996	7937.55	2151.27	5786.28	7407.99	3661.07	3746.92	27.1	72.9	49.4	50.6
1997	9233.56	2532.50	6701.06	8651.14	4226.92	4424.22	27.4	72.6	48.9	51.1
1998	10798.18	3125.60	7672.58	9875.95	4892.00	4983.95	28.9	71.1	49.5	50.5

续表

年份	公共支出(亿元)			公共收入(亿元)			公共支出比重(%)		公共收入比重(%)	
	全国	中央	地方	全国	中央	地方	中央	地方	中央	地方
1999	13187.67	4152.33	9035.34	11444.08	5849.21	5594.87	31.5	68.5	51.1	48.9
2000	15886.50	5519.85	10366.65	13395.23	6989.17	6406.06	34.7	65.3	52.2	47.8
2001	18902.58	5768.02	13134.56	16386.04	8582.74	7803.30	30.5	69.5	52.4	47.6
2002	22053.15	6771.70	15281.45	18903.64	10388.64	8515.00	30.7	69.3	55.0	45.0
2003	24649.95	7420.10	17229.85	21715.25	11865.27	9849.98	30.1	69.9	54.6	45.4
2004	28486.89	7894.08	20592.81	26396.47	14503.10	11893.37	27.7	72.3	54.9	45.1
2005	33930.28	8775.97	25154.31	31649.29	16548.53	15100.76	25.9	74.1	52.3	47.7
2006	40422.73	9991.40	30431.33	38760.20	20456.62	18303.58	24.7	75.3	52.8	47.2
2007	49781.35	11442.06	38339.29	51321.78	27749.16	23572.62	23.0	77.0	54.1	45.9
2008	62592.66	13344.17	49248.49	61330.35	32680.56	28649.79	21.3	78.7	53.3	46.7
2009	76299.93	15255.79	61044.14	68518.30	35915.71	32602.59	20.0	80.0	52.4	47.6
2010	89874.16	15989.73	73884.43	83101.51	42488.47	40613.04	17.8	82.2	51.1	48.9
2011	109247.79	16514.11	92733.68	103874.43	51327.32	52547.11	15.1	84.9	49.4	50.6
2012	125952.97	18764.63	107188.34	117253.52	56175.23	61078.29	14.9	85.1	47.9	52.1
2013	140212.10	20471.76	119740.34	129209.64	60198.48	69011.16	14.6	85.4	46.6	53.4
2014	151785.56	22570.07	129215.49	140370.03	64493.45	75876.58	14.9	85.1	45.9	54.1

资料来源:根据历年《中国财政年鉴》数据整理,其中"一五"到"七五"时期为各时期内的比重。

(三)现行公共经济责任机制状况

1. 决策、执行、监督问责机制

长期以来,我国的公共经济责任履行中呈现出党委决策、人大通过、政府执行、监督乏力的特点,决策、执行、监督事实上合为一体。

从公共经济责任的决策和执行来看,决策和执行结构是纵横交错的一种网络结构,如图3-4所示①。根据我国宪法,横向上公共经济责任的决策机构

---

① 张立荣:《当代中国政府决策与执行的结构解析》,《华中师范大学学报》2004年第5期。

是各级人民代表大会及其常委会,执行机构是各级人民政府,各级人民政府又是各级公共经济责任的决策机关,其所属工作部门是执行机关;纵向上,我国有五级行政区划,人民代表大会及其常委会和人民政府有五个级次,相应的公共经济责任的决策和执行有五个层次。

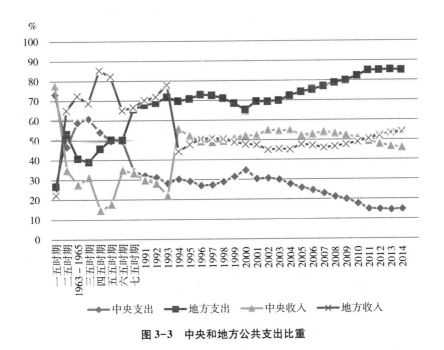

图3-3　中央和地方公共支出比重

在实际中,由中国共产党在政治、社会生活中的特殊地位所决定,各级党委是公共经济决策和执行的核心,并与宪法规定的结构有机联系在一起,形成多位一体的决策和执行机制。横向上,中国共产党代表大会和各级党的委员会制定方针、政策并推荐各级政府的领导人,各级人民代表大会及其常委会将其转换成法律、法规并进行任命,在法律上监督各级政府的行为;各级人民政府执行党代会及各级党委会、常委会作出的决定,并进行反馈;各级人民政府的下属单位,执行具体的公共经济责任,并向本级党委和政府进行反馈。纵向上,党中央拥有最高决策权,上下级组织之间,上级组织进行决策,下级组织必须执行上级组织的决定;下级组织提出请示和建议,并有适度的决策权;在各级地方政府当中,省级政府较多地参与中央决策的制定和执行,自身也肩负较多的自主决策责任,由本级政府或下级政府执行;地市级和县级政府更多的是执行省级政府的决策。

近些年来,我国逐步建立起了决策和执行的报告、评估制度体系,增强了公共经济责任决策、执行的科学性和合理性。对政策责任评价后,评价主体若是发现某些政策主体在决策、执行过程中存在导致不良结果的行为,就需要有一套完善的问责机制来对政策执行主体的过失行为进行追究,政策责任评价与责任政府的对接在于政策问责机制的完善。

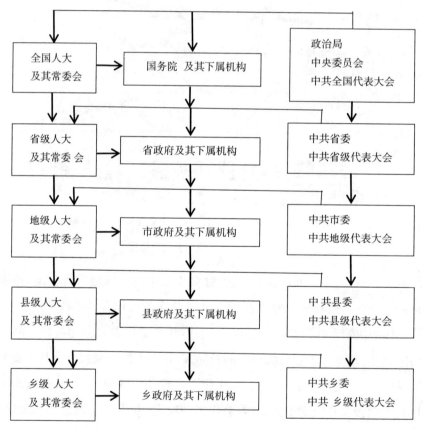

图3-4 当代中国公共经济责任决策与执行的实际结构

在监督、问责上,根据我国宪法和相关法律、法规,各级政府组织实行首长负责制,横向上同级人大、政协及纪检、司法部门负有监督责任,并接受上级相关部门及纪检、司法部门监督,另外还有人民群众和社会的监督。2009 年中共中央政治局审议通过了《关于实行党政领导干部问责的暂行规定》,使监督、问责制有了专门的制度规定。

党的十八届三中全会指出:"优化政府机构设置、职能配置、工作流程,完善决策权、执行权、监督权既相互制约又相互协调的行政运行机制。"①进一步指明了公共经济责任运行机制的改革方向,而公共经济责任在纵向各级政府及横向同级政府所属部门间的清晰划分,是其实现的前提。

2. 激励和协调机制

激励机制是公共经济责任得到有效履行的重要因素之一,公共物品的有效提供和政府运行效率的提升须臾离不开激励机制的作用。计划经济时期,我国政治上高度集中,经济上高度集权,下级政府及公务人员必须严格执行国家制定的计划,公共经济运行中的激励主要是借助政党原则、组织规程和习俗惯例等,以满足人的道德荣誉心为主的精神激励,讲究"一大二公,克己奉公",但这种精神激励也存在质和量方面的不足,难以真正调动大部分人的积极性,发挥的作用有限。改革开放以后,中央对地方放权让利,地方获得一定自主权,有了地方利益和部门利益,因而出现了追求政绩的激励;在公务人员的激励方面,《国家公务员法》的颁布和实施使得对公务人员的激励走上了制度化的轨道,但是当前的激励仍以政治激励、道德激励和工资激励为主,公务人员的考核重视经济指标,公务人员的职务实行常任制,长官意志在公务人员晋升中起决定作用。

在协调机制上,随着政府职能的转变和政府机构的不断调整,需要进行协调的公共事务领域和对象也在不断变化,因此协调的内容和手段也在不断调整。计划经济时期政府直接组织生产经营活动,按产品划分专业经济管理部门,产生了负责审批事务的大量机构,由于机构设置的层级、环节较多且存在职能交叉,衍生出许多协调性的非常设机构,各种"领导小组""协调委员会"林立,虽多次进行削减,但不久后便又恢复。改革开放以后,各种议事协调机

---

① 《中共中央关于全面深化改革若干重大问题的决定》,人民出版社 2013 年版。

构呈现"精简—膨胀—再精简—再膨胀"的怪圈,以国务院议事协调机构为例,"从 1982 年到 2013 年,议事协调机构一共经历了 6 次膨胀和 5 次精简,明显地展示出'大增大减'的变迁轨迹。"①2008 年后国务院议事协调机构数量比较稳定,没有出现明显增长。

---

① 叶托:《国务院议事协调机构的变迁及其逻辑》,《中国行政管理》2015 年第 12 期。

第四章 我国公共经济责任体系运行
有效性评估:实证分析

在原有公共经济责任体系和机制的基础上,以分税制财政体制改革为基础和核心,经过不断调整形成了我国当前相对合理的公共经济责任体系框架和发展方向,公共经济责任机制也得到了完善。但改革还远未完成,仍需根据公共经济责任体系的运行效果不断进行改进。本部分即对当前公共经济责任体系运行的整体有效性及公共支出结构安排的有效性进行评估,为今后的改革提供一定的实证依据。

一、公共经济责任体系运行整体有效性评估

公共经济责任体系运行的整体有效性是政府治理能力的体现,包括运行的效率、效果、直接产出、间接产出等,具体可通过一系列的经济社会发展指标来反映,国内外学者、政府组织及国际组织等从国家治理、政府绩效等角度提出了许多不同的指标体系,每个指标体系各有特点,但总体上这些指标体系都包括经济、社会、环境、行政效率等方面的内容。本书借鉴维托·坦齐(Vito Tanzi,2000)对政府绩效的分析框架,从经济、社会、环境、政府治理业绩等指标出发,对公共经济责任运行的有效性进行全方位考察。尽管这些指标的实现程度并不完全由公共经济责任体系运行决定,而是跟一国的历史文化传统、资源禀赋条件、国际环境背景等因素也有很大关系,但无疑公共经济责任体系运行会对这些指标产生重要的影响,从公共部门角度来看这些指标的改善也主要应通过完善公共经济责任体系和机制的顶层设计来实现。

（一）经济指标

经济增长、失业、通货膨胀等是现代市场经济体制下的重要社会经济现象,经济增长率、通货膨胀率以及失业率是当今世界各国政府重要的宏观经济考量指标,这些指标的大小一定程度上反映公共经济责任运行的有效性。

1. 经济增长

现代经济增长理论越来越注意到制度是发展中国家落后的原因,政府在制度建设中发挥着重要的主导作用,因此经济的增长离不开政府的积极作为。早在 1955 年刘易斯就曾指出,国家越落后,政府的作用范围就越大;科尔奈(Kornai,1995)在对社会主义国家的低效率进行分析时也指出,社会主义国家的本质,不是短缺也不是软预算约束,而是官僚协调机制;李晓(1996)的研究表明后发展国家经济增长和经济发展的绩效不仅与政府职能的力度或强度相关,更在于其是否具备较高的政府质量。张弘、王有强(2013)根据世界银行的治理指数(WGI)数据具体测算了政府治理能力与经济产出的关系,从分析结果看(表4-1),治理能力与经济产出的相关性程度与收入阶段存在显著的关系,较高收入阶段时期相关性明显高于较低的阶段,又根据考夫曼和卡拉伊(Kaufmann and Kraay,2002)的研究两者间的主要作用方向是政府治理水平促进了经济产出;他们进而提出中国已经步入了上中等收入阶段,治理能力将产生明显的作用,在我国未来的发展中,政府治理能力亟需有效地提升。

表4-1　经济产出与治理能力的相关系数(按两个收入阶段划分)

	腐败控制	政府绩效	监管质量	法治水平
较高收入阶段	0.804	0.848	0.820	0.838
较低收入阶段	0.256	0.440	0.367	0.364

从我国的实际来看,新中国成立时经济基础薄弱,1950 年中国人口占世界的22%,但 GDP 只占世界的5%;公共资源严重不足,铁路的总里程只相当

于印度的40%，人口中80%以上是文盲，人均受教育年限仅1.6年[1]。高度集中的计划经济时期，政府为经济发展不计成本地组织了大量的人力、物力资本投入，1952年到1978年经济增长出现了明显的加速；但这是一种相当粗放的增长，社会成员的自主性也未得到充分发挥，相当多的年份里投入成本大于收益，而且由于大规模的政治运动，增长缺乏稳定性（如图4-1所示），并曾发生过经济增长的停滞和负增长，严重制约了经济的实质性增长速度。

中共十一届三中全会后，在政府主导下我国经济的市场化程度不断增强，经济增长活力上升；在评价公共经济责任绩效的过程中，逐步出现经济指标化的特征，各级政府对经济指标的高度重视也进一步促使了经济的快速增长。根据世界银行网站统计数据，如图4-1所示，改革开放以后我国的GDP长期处于高速正增长状态，1978—2015年间仅有两个年份GDP增长率低于5%，16个年份增长率在10%以上，明显高于世界平均增长率及中高收入国家增长率。1979年至1984年以家庭联产承包责任制为代表的市场化改革，激发了农民等市场主体的生产积极性，农业生产快速发展，促进了整体经济的较快增长。1985—1991年间，严重的通货膨胀使中央政府被迫采取紧缩的经济政策，经济增长速度放缓。1992年之后，社会主义市场经济体制不断建立和完善，经济保持较平稳的增长，但受制于两次金融危机的影响，期间部分年份经济增长速度略有下降；近年来受边际效用递减、结构调整、环境保护、国际环境等多重因素的影响，经济增长速度逐步放缓。

2. 失业

失业率反映宏观经济运行效果和社会运行质量，失业率偏高会使整个社会和政治面临压力，因此解决失业问题、保障就业是政府的重要职责，也是政府进行决策的重要依据。在失业率指标测算上，我国当前有城镇登记失业率和调查失业率两种，城镇登记失业率统计口径较窄、未能涵盖全部待业人员，调查失业率是调查人员直接入户在样本地区进行调查，因此调查失业率高于登记失业率且数据更为准确，但调查失业率公布时间较短，还未能形成系列数

---

[1]　杨德才：《中国经济史新论(1949—2009)》，经济科学出版社2009年版，第2—6页。

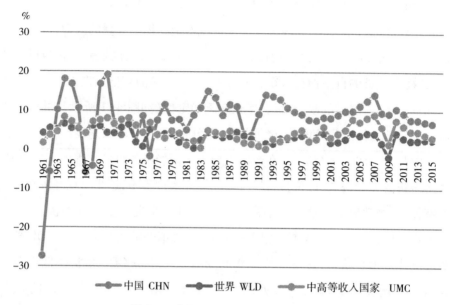

图 4-1　中国及世界 GDP 增长率情况

数据来源:世界银行网站。

据,因此本书采用城镇登记失业率进行分析。尽管城镇登记失业率广受诟病,但作为唯一可在较长时间段进行分析的指标,亦可以大致反映我国失业变动的整体状况。

　　计划经济时期,我国理论上信奉社会主义制度完全可以解决就业问题,实践中在二元经济社会体制下,城镇实行统分统配的就业政策,而在农村农民拥有土地,因此当时认为不存在失业问题,也没有建立失业统计的必要。实际上新中国成立以后我国城镇一直存在就业的压力,尤其"文化大革命"结束后,随着 1978 年知青上山下乡政策的结束及返乡知青的冲击,城镇待业人员比例攀升,集中爆发了非常严峻的就业危机,正是在这种背景下我国开始建立失业统计。根据中国统计局网站公布数据,如图 4-2 所示,1979 年我国城镇登记失业率达到 5.4%,是所有统计年份中的最高值。

　　1979 年以后城镇登记失业率呈现先下降后上升又趋于稳定的趋势。1979年到 1989 年间,我国城镇登记失业率呈明显下降趋势,1985 年达到谷底,失业率为 1.8%。1988—1991 年在连续进行了三年的经济治理整顿后,城乡失业人口不断增加,登记失业率开始攀高,1989 年从上年的 2.0%猛增到 2.6%,1992 年下降到 2.3%的谷底。1992 年到 2003 年,受深化体制改革、经济结构调整以及农村劳动力向城镇大规模迁移等因素的影响,城镇登记失业率稳步上升,其中 2000—2003 年出现快速增长,2003 年年底城镇登记失业率达到 4.3%。这一阶段登记失业率稳步上升,侧面说明我国的经济体制改革已初见成效,同时也带来日趋严重的失业问题。2003 年之后,城镇登记失业率变化不大,仅有一些小幅波动,2003 年到 2007 年登记失业率出现小幅下降,从 2003 年的 4.3%降至 2007 年的 4%,伴随国际金融危机 2008 年出现小幅上升,2009 年达到 4.3%,2010 年又下降到 4.1%,之后各年基本维持在 4.1%的水平。

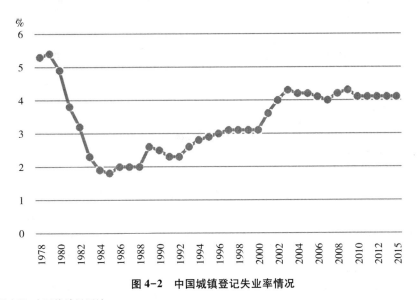

图 4-2　中国城镇登记失业率情况

数据来源:中国统计局网站。

3. 通货膨胀

通货膨胀同样是受政府影响的重要经济变量,许多学者的研究表明,经济的膨胀与收缩都与政府的政策直接相关,如张旭(1996)提出通货膨胀产生的根源、诱发机制及本质是政府行为的必然结果,包括政府行为的延续、失误以及价格和分配政策改革的失误等。严重的通货膨胀会扰乱经济秩序,对社会生产、消费、分配产生深远的影响,因此应确保政府行为的科学性,实现低通货膨胀和价格的小幅波动。从我国的实际来看,根据世界银行网站、中国统计局网站公布的数据,纵观建国以后的历史,我国的通货膨胀呈现比较明显的波动性特征,如图4-3、4-4所示。

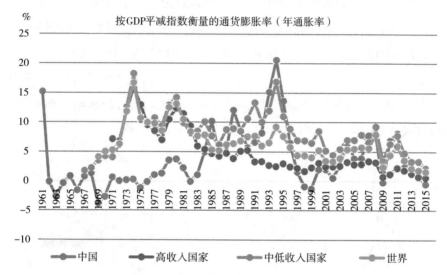

图4-3 中国及世界通货膨胀率情况

数据来源:世界银行网站。

图4-4 中国通货膨胀率情况

数据来源:中国统计局网站。

计划经济时期有四次通货膨胀的波峰。第一次是新中国成立初期,新中国百废待兴,受货币过度发行、物资供应不足等因素的影响,通货膨胀问题严重,1951 年统计数据显示 CPI 为 112.5。第二次是 1953 年,1952 年经济状况有了根本性好转,全国物价稳定,1953 年我国开始第一个五年计划,由于急躁冒进、盲目决策,大量的基建投资使预算执行出现赤字,物价相对上涨。第三次是 1956—1957 年,1953 年的通货膨胀到年底基本止住,此后继续下降,1956 年达到一五计划期间的最低点,但同时冒进思想又开始抬头,导致 1957年出现通货膨胀。第四次是 1958—1962 年,1958 年进入"二五"计划时期,不遵循客观规律的浮夸风盛行,由于过度追求经济的高速增长,公共支出增长速度大大超过公共收入增长速度,再加上农业连续三年歉收,流通中货币过多,出现严重的通货膨胀。

改革开放后,我国经济持续高速增长,物价水平也水涨船高,通货膨胀不时出现,发生的频率远远高于西方发达国家。第一次波峰是在 1980 年,这次波峰的产生主要有三个方面的原因:一是计划经济时期多年凭票凭证供应造成的隐蔽性通货膨胀转为现实通货膨胀,二是 1978 年在未经充分论证和综合平衡的情况下盲目增加基建投资和外汇支出,三是 1979 年提高农副产品的收购价格和大幅度调高职工工资引起收入膨胀。第二次波峰在 1984—1985 年,这次波峰的产生首先来自投资失控,在 1982 年提出的"翻两番"战略目标的指导下,各级政府投资热情高涨、竞相攀比,固定资产规模大幅增加,全民所有制的基建投资、集体所有制企业投资、私营经济的发展,都一定程度上依靠银行拨款或贷款,驱使银行发行了更多的货币,同时带来了财政赤字和银行贷款的失控;其次来自消费需求的猛增,消费品零售额、居民消费水平都大幅增长。第三次波峰是 1987—1989 年,这次通货膨胀受多重因素的影响,包括前期不断积累的投资和消费需求膨胀(在 1984—1985 年紧缩政策尚未见效的情况下,1986 年国家的经济政策又开始全面松动,导致投资规模继续扩大),也包括经济发展中的结构失衡以及通胀预期等,因此这次通货膨胀更加严重,1988年 CPI 达到 118.8,突破了两位数。第四次波峰是 1992—1995 年,1992 年邓小平发表著名的"南方谈话",掀起新的投资热潮,各级地方政府都积极划开发区、铺基本建设摊子,社会集资规模和银行资金规模高速扩张;另外由于市场发育程度较低,产业结构和产品结构的失衡导致有效供给不足,尤其关键性产品短缺也带动了物价上涨;1994 的 CPI 创造了改革开放以来最高纪录,达到 124.1。第五次波峰出现在 2003—2008 年,2002 年我国正式加入世贸组织,与世界经济联系越来越紧密,通货膨胀的变化开始与世界水平紧密联系。第六次波峰出现在 2010—2011 年,主要原因是市场中流通的货币量大,消费需求快速上涨,投资规模不断扩张。

（二）社会指标

对社会指标体系的研究,最早始于 20 世纪六七十年代的指标运动,"社会指标"一词则是由鲍尔和比德曼等人在 1966 年出版的《社会指标》一书中提出;随后许多国家政府、国际组织从不同角度建立了大量社会指标体系,由于国情、偏好等方面的差异,未形成统一的标准;我国学术界和各级政府也提出和制定了一些指标体系。如联合国开发计划署在《1990 年人文发展报告》中提出了由预期寿命、教育和人均收入构成的综合指数,即人类发展指数（HDI）;1996 年联合国从可持续发展角度提出的社会指标,涉及平等、健康、教育、住房、安全和人口等方面;由我国中央编译局与清华大学 2012 年联合发布的"中国社会治理评价指标体系",包括人类发展、社会公平、公共服务、社会保障、公共安全和社会参与等方面;齐心（2015）从社会建设结果和社会建设能力两个方面构建了包括居民生活质量、社会结构运行、公共服务水平、社会管理能力在内的指标体系。本书在借鉴各指标体系的基础上选取比较具有代表性的健康、教育、收入分配、社会稳定等几个基本问题进行分析。

1. 健康与教育

人口健康及受教育状况通常被作为衡量某一国家或地区社会经济发展状况的重要指标,由产品属性及促进社会公平决定,提供良好的教育和保障公民的健康,长期以来都被认为是政府的根本任务应包含的内容,因此健康与教育应是衡量公共经济责任履行有效性的重要指标。世界银行发展报告也曾提出:"政府—及其所代表的社会—常常把改进健康和教育状况作为一种公共责任。在这方面它们得到国际社会签署的'千年发展目标'的支持。"①

新中国成立以后,伴随经济发展及医疗卫生事业的发展,我国人口的健康水平有了极大的提高,根据世界银行网站统计数据,如表 4-2 及图 4-5、4-6 所示,新中国成立以后中国人口出生时的预期寿命有大幅度增加,从 1960 年的 43.4 岁增加到了 2014 年的 75.8 岁;婴幼儿死亡率有大幅度下降,新生婴儿死亡率从 1969 年的 84.1‰降到了 2015 年的 9.2‰。从数据的变化情况看,20 世纪 50—70 年代变化的比率较大。跟其他国家进行对比可以发现,中国不仅实现了预期寿命的持续增长和新生婴儿死亡率的持续下降,并且能够做到远远超出低收入国家及中等收入国家,达到跟高收入国家相近的水平,这反映出我国在促进健康方面取得重大成就。一方面可能源于中国在医疗卫生方面的制度安排,如实行合作医疗、对欠发达地区进行卫生转移支付等;另一方面可能源于医疗卫生事业运行方面的高效率以及技术进步等。

表 4-2 中国及不同类型国家的健康和教育指标

项目	年份	中国	高收入国家	中等收入国家	低收入国家
出生时的预期寿命(岁)	1960	43.4	68.5	47.7	39.1
	2014	75.8	80.6	70.6	61.3
每千名新生婴儿死亡率	1969	84.1	24.8	124.4	154.5
	2015	9.2	4.6	31.4	54.7
医疗卫生总支出占 GDP 的百分比	1995	3.5	9.2	4.9	4.5
	2014	5.6	12.3	5.8	5.8
15 岁以上人口识字率	1990	77.8	—	71.4	69.7
	2010	95.1	—	84.4	82.3
小学师生比例	1972	27.4	19.1	31.1	40.4
	2014	16.2	14.1	24.0	42.5
高等教育入学率	1970	0.1	25.4	6.2	2.3
	2014	39.4	73.7	31.7	7.5

数据来源:世界银行网站

不可否认中国在健康和医疗卫生领域还存在许多有待改善的问题,其中

---

① 世界银行:《2004 年世界发展报告:让服务惠及穷人》,中国财政经济出版社 2004 年版,第 32 页。

比较突出的包括健康和医疗卫生资源分配不均衡,城乡之间、地区之间、不同人群之间差距较大;医疗卫生投入相对不足,医疗卫生总费用占比较低,甚至低于低收入国家的平均水平,政府公共卫生支出投入力度也不够等等。这些问题是今后改革需要关注的重点,改革中应注意,在不可避免地引入市场机制的同时,要充分发挥政府的作用,通过设计良好的卫生政策和具备协调性的管制手段,以及对医疗卫生领域中的市场行为进行有效的监督等,进一步提高医疗卫生领域的运行效率,促进居民健康水平再次大幅度地提升。

多年来我国政府在教育方面投入了很大力量,我国的教育在整体上得到显著改善,教育事业发展得到加快,全体人口的教育水平得到提升。如表4-2及图4-8、4-9、4-10的数据所示,经过不懈努力,我国的文盲半文盲率明显下降,15岁以上人口识字率2010年达到了95.1%,比1990年高出17个百分点,高于同期中等收入国家及低收入国家水平;小学师生比有了明显下降,2014年为16.2,已比较接近同期高收入国家的水平,低于中等收入国家,远低于低收入国家;高等教育入学率有非常显著的增长,从1970年的0.1%增加到了2014年的39.4%,高于中等收入国家,远远高于低收入国家,但跟高收入国家还有不小差距,2014年高收入国家的高等教育入学率比我国高34个百分点。

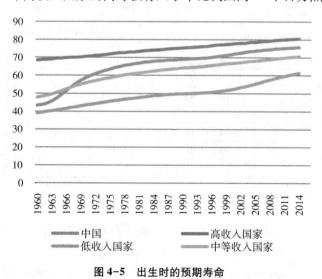

图4-5 出生时的预期寿命

数据来源:世界银行网站。

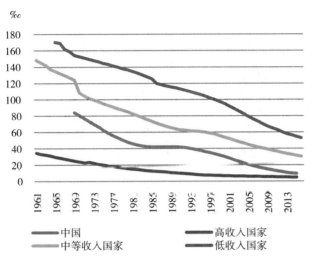

图 4-6 每千名新生婴儿死亡率

数据来源:世界银行网站。

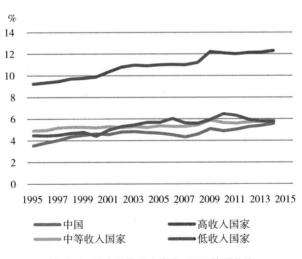

图 4-7 医疗卫生总支出占 GDP 的百分比

数据来源:世界银行网站。

尽管我国的教育有了长足的进步,但仍未能从根本上改变教育水平、文化科技水平较低的局面,而且还存在教育的地区及城乡差异、教育财政投入的社会收益水平低等问题,因此需要对教育相关制度设计继续进行改进。

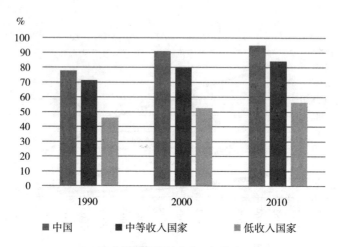

图4-8　15岁以上人口识字率

数据来源:世界银行网站。

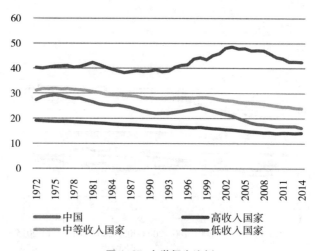

图4-9　小学师生比例

数据来源:世界银行网站。

2. 收入分配

一般认为在计划经济时期,由于经济基础薄弱,且国家统一实行平均主义的分配方式,收入分配差距不大;也有研究认为,在计划经济时期为实现优先发展重工业的战略目标,国家以"剪刀差"形式从农业汲取了大量剩余价值,使得

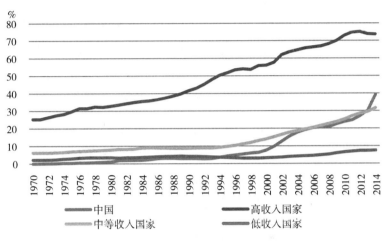

图 4-10　高等教育入学率

数据来源:世界银行网站。

城乡居民收入差距悬殊,且这种差距长期维持在一个较高的水平上,计划经济时期的平均主义实际是工农内部的平均主义掩盖了工农之间的巨大差别①。

改革开放以后,我国开始逐步建立社会主义市场经济体制,原有的收入分配体制被打破,经济出现高速增长,人们的收入水平不断提升;但由于制度调整缓慢,收入分配格局问题突出,收入分配不公明显,对和谐社会构建形成巨大的阻碍。

从国民收入两次分配来看,一次分配没有明确国家、企业、居民的合理分配比例关系,二次分配没有明确财政用于社会保障及转移支付的比例。在分配结果上,政府和企业占有国民收入的比重过大,居民劳动报酬占 GDP 的比重偏低。例如 2010 年我国财政收入占 GDP 比重大约为 24% 左右,企业收入占 GDP 比重大约为 30%,居民收入占 GDP 比重在 36% 左右,而发达国家居民收入占 GDP 比重一般超过 60%,印度也达 50% 左右,显然我国居民收入分配比例偏低②。我国居民的收入分配差距具体体现在城乡、地区、行业、高管和

<hr />

①　周志太等:《计划经济时期城乡收入差距悬殊的实证研究》,《西安交通大学学报(社会科学版)》2014 年第 9 期。

②　左小蕾:《合理切分蛋糕,推进收入分配制度改革》,《中国证券报》2010 年 7 月 7 日。

普通职工之间等多个层面,每个层面的收入分配差距都比较悬殊。

国际上比较流行的衡量收入差距的指标为基尼系数,尽管在基尼系数的测算上存在多种不同的结果,但整体来看改革开放以来我国的基尼系数是不断增加的,如表4-3所示,20世纪80年代我国的基尼系数大致在0.3以内,90年代以后超过了0.3,2000年以后则超过了0.4,超过了世界银行基尼系数的警戒线(0.40),2005年达到最高点0.485。最近几年来我国的基尼系数有小幅下落的趋势,但仍处于较高的水平,2015年为0.462。同其他国家进行比较,如表4-4所示,我国属于世界上收入分配差距较大的国家,基尼系数仅仅低于同为发展中国家的巴西、阿根廷。

表4-3 1980—2015 中国基尼系数

年份	1980	1985	1990	1995	2000	2005	2010	2013	2014	2015
基尼系数	0.291	0.277	0.324	0.355	0.418	0.485	0.481	0.473	0.469	0.462

数据来源:世界银行、中国统计局。

表4-4 世界主要国家 2012 年基尼系数

国家	美国(2013)	法国	挪威	瑞士	英国	阿根廷	巴西	中国
基尼系数	0.411	0.331	0.259	0.316	0.326	0.425	0.527	0.422

数据来源:世界银行网站。

泰尔指数是另一种衡量收入差距的重要指标,根据德克萨斯大学"不平等研究计划"的测算结果,如图4-11所示,1987年至2012年,我国的五类泰尔指数,即总体泰尔指数、省际间的泰尔指数、省内的泰尔指数、行业间的泰尔指数、行业内的泰尔指数均呈现明显上升态势,2004年省际间的泰尔指数开始略有下降,2009年总体泰尔指数、省内的泰尔指数、行业间的泰尔指数、行业内的泰尔指数开始略有下降,但与1987年相比各类指数都仍然处于较高的水平。

收入分配的改善主要借助于两种类型的公共政策,首先是那些能够提高贫困群体生产潜力的支出政策,第二种类型的政策是试图通过直接的收入再

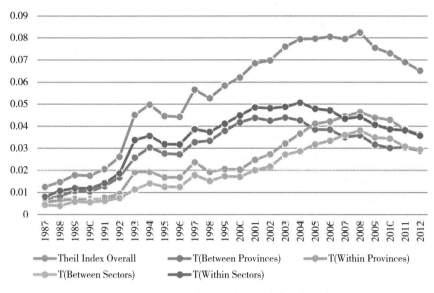

图 4-11 1987—2012 年中国泰尔指数

数据来源:http://utip.lbj.utexas.edu/data.html。

分配来改善收入分配的状况,理论上讲税收和转移支付能实现这一目标,但实际上税收和转移支付对收入分配状况没有多少改善①。我国收入分配状况的改善则与新农村建设、公共服务均等化以及近些年来社会保障制度的加速发展相契合。

3. 社会稳定

社会稳定是各国政府都极力追求的社会目标之一,新中国成立以后,我国党和政府也高度重视社会稳定工作,制订了一系列维护社会稳定的法律、制度和政策,确保了我国社会的基本稳定,但同时也还存在并不断新增一些影响社会稳定的因素。体制转轨、结构转型、城市化发展、对外开放不可避免地会带来一定范围内的社会冲突,而且我国的转型速度快、范围广,又面临人口规模庞大的现实,这些因素使得我国的各种矛盾冲突逐步常态化。社会矛盾的形式虽然千变万化,但其实质不外乎两类:一类是合法形式的社会矛盾,如民间

---

① [美]维托·坦齐等:《20 世纪的公共支出》,胡家勇译,商务印书馆 2005 年版,第 118 页。

纠纷、劳动争议等,一类是非法形式的社会矛盾,如非法群体性事件、治安事件、犯罪活动等①。本书根据中国统计局网站数据,选取几个代表性指标进行分析,如图 4-12 到图 4-15 所示。

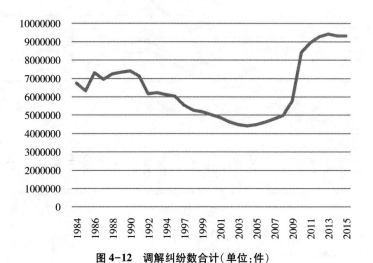

图 4-12　调解纠纷数合计(单位:件)

数据来源:中国统计局网站。

图 4-13　当期劳动争议案件受理数(单位:件)

数据来源:中国统计局网站。

---

①　胡联合等:《影响社会稳定的社会矛盾变化态势的实证分析》,《社会科学战线》2006 年第 4 期。

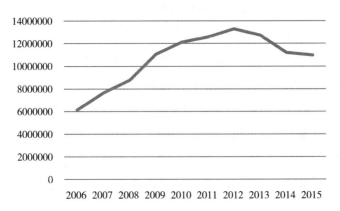

图4-14　公安机关查处治安案件数合计（单位：起）

数据来源：中国统计局网站。

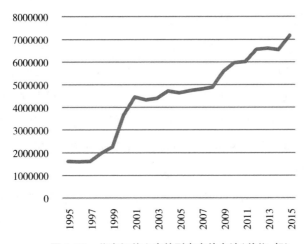

图4-15　公安机关立案的刑事案件合计（单位：起）

数据来源：中国统计局网站。

　　一是民间纠纷加速上升。民间纠纷，包括邻里纠纷、婚姻家庭纠纷、房屋、宅基地纠纷、损害赔偿纠纷等，改革开放以来整体上呈现先下降后上升的趋势。1984年我国民间纠纷总数量为6748583件，1984年至1990年间波动性小幅上升，1990年达到7409220件，此后基本呈下降趋势，2004年降至最低点4414233件，2005年开始逐步迅速上升，近几年保持在9300000件左右。在民间纠纷的形式上，随着改革开放的不断深入，呈现出多样性和复杂性的特点，包括利益冲突、公众法制观念淡薄导致的纠纷,也包括法制建设滞后、政府基层组织建设不健全、政府履责机制不完善导致的纠纷。

二是劳动争议案件大幅度增加。2000 年到 2015 年,劳动争议案不断增加,案件数量从 2000 年的 135206 件增加到 2015 年的 813859 件,年平均增长率达 31.4%,远远高于 GDP 的年平均增长率,其中 2008 年出现了急剧上升。劳动争议案件数量增多,一方面跟劳动者法律意识和维权意识增强有关,另一方面跟用人单位用工不规范有关,更重要的原因可能在于在复杂多变的经济形势下,由企业转型、企业经营困难引发的矛盾,如 2008 年金融危机对实体经济造成冲击,许多企业出现经营困难,同期的劳动争议案件即出现急剧上升。

三是社会治安案件数量近年有所下降。治安事件包括扰乱单位秩序、扰乱公共场所秩序、寻衅滋事、阻碍执行职务、非法携带枪支、弹药、管制刀具、故意伤害、盗窃、敲诈勒索、损毁公共设施等非法行为,2006—2015 年公安机关查处治安案件数呈现先上升后小幅下降的趋势。2006 查处的治安案件为 6153699 件,此后逐步上升,2012 年达到 13310741 件,六年间增长了一倍,2013 年开始有所下降,2015 年降到 10971620 件。社会治安问题是经济、政治、文化等多个层面消极因素的综合体现,因此要做好治安工作必须完善法律法规、完善体制机制,进行体系化的改进。

四是公安机关立案的刑事案件持续上升。1995 年至 2015 年间,公安机关立案的刑事案件数量呈持续上升趋势,从 1995 年的 1621003 件上升到 2015 年的 7174037 件,年均增长 16.3%,大大超过人口增长率,表明人民之间矛盾的加深、社会矛盾的加剧,同时我国也成为世界上刑事犯罪率较高的国家之一。

(三)环境指标

地球上可供人类消费的资源有限,环境的自我恢复能力有限,并且许多自然资源是不可再生的,因此环境直接制约人类的生存和发展。但现实中,随着人类经济活动范围的不断扩张、人口规模的不断膨胀,生态环境不断恶化已成为当前人类面临的最大挑战,因此环境保护也日益成为各国政府关注的重要问题。

我国由计划经济体制向社会主义市场经济体制转轨,政府集中力量进行经济建设,目前已成长为世界第二大经济体。同时政府也将保护生态环境、提高生态环境效益作为重要目标,提出要走集约型发展道路,出台了大量的环境类法律、法规和政策,逐层建立了各级环境保护机构,并投入了大量资金,但从结果来看发挥的作用有限。中国经济的高速增长仍然是以资源和环境快速损耗为代价的粗放型经济发展方式,粗放的经济发展方式不仅造成了大量资源的浪费,也使中国面临严重的环境挑战,水污染、空气污染、土壤污染等环境问题不断出现,状况不断恶化。

由环保部发布、多部门共同编制的 2015 年《中国环境状况公报》显示,2015 年全国 338 个地级以上城市中城市环境空气质量超标的占 78.4%,5118个地下水水质监测点中较差级和极差级的分别占 42.5% 和 18.8%,2591 个县域生态环境质量评估中"较差"和"差"的占了 30.6%,全国平均气温较常年偏高 0.95℃,为 1961 年以来最暖的一年。图 4-16 是我国与世界其他主要国家的二氧化碳排放量(人均公吨数)情况,可以看出改革开放以前我国的二氧化碳排放量在基数较小的基础上呈缓慢增长趋势,改革开放后至 20 世纪初仍保持了较低的增长速度,2003 年开始出现快速上升,2012 年达到 7.6 公吨/人。跟其他国家对比,美国历年的二氧化碳排放量远远超出我国,英国和日本在很长一段时间里也超出我国,近年美国、英国的排放量有一定下降趋势;我国的碳排放量要超出同为发展中国家的印度和巴西。

在能源利用效率上,根据世界银行网站数据,如图 4-17 所示,1990—2014年间我国的能源利用率在不断上升,单位能源消耗带来的收入从 1994 年的1.99 美元/千克石油当量上升到 2014 年的 5.70 美元/千克石油当量,增长了1.86 倍。但跟同期其他几个主要国家相比,我国的能源利用率是最低的;英国、巴西、日本的能源利用率较高,且英国、日本的能源利用率呈明显的上升趋势,巴西稳定在较高的水平上;印度、美国的能源利用率也高于我们国家;至2014 年,观测国家中能源利用率最高的为英国,单位能源消耗带来的收入是

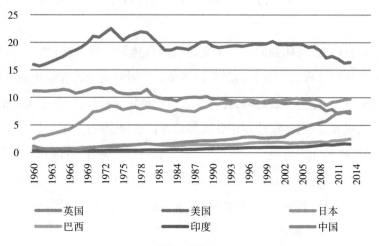

图 4-16　二氧化碳排放量（单位：人均公吨数）

数据来源：世界银行网站。

我国的 2.4 倍。随着工业化、城市化的快速发展，我国对能源的需求会日益增长（如图 4-18），能源供给和需求的矛盾会更加突出，进而引发的环境问题会愈发严重。

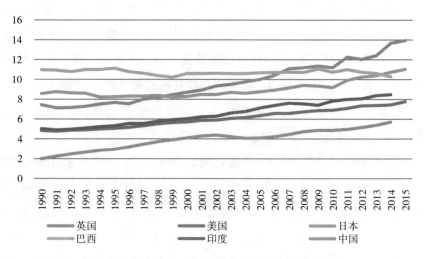

图 4-17　单位能源的 GDP（单位：美元/千克石油当量）

数据来源：世界银行网站。

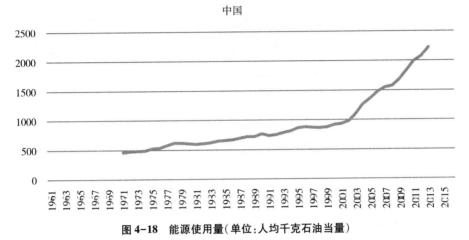

图 4-18 能源使用量(单位:人均千克石油当量)

数据来源:世界银行网站。

导致环境问题的因素复杂多样,发展理念、发展阶段、体制安排、人口状况、技术水平、国际环境等都可能在一定程度上导致环境破坏。从我国实际来看,缺乏科学的整体性规划、各相关部门职能交叉与权责不明、地方保护和部门利益、行政人员玩忽职守、公众作用难以发挥等都对环境问题的产生有重要影响,因此进行有效的环境治理是一项系统性工程,需要在良好顶层设计的基础上,形成政府、社会、公众共同治理的合力。

(四)治理业绩指标

本书借鉴维托·坦齐(2000)对不同类型国家治理业绩的考察,选取行政管理效率和经济规制效率作为一级指标对我国政府的治理业绩进行分析,其下又可分为司法效率、腐败、繁文缛节、影子经济、每10万人专利申请量等了指标。

行政管理效率是衡量行政管理是否奏效的尺度,行政管理效率的高低决定一个国家或组织的正常运转,因此提高行政管理效率对整个国家有着战略性的意义。经过多次行政管理体制改革,我国的行政管理效率有了一定程度的提升,但仍然存在许多问题,改革的任务依然艰巨。

法治是人类文明的重要成果,要实现国家的长治久安、市场经济的良性运转,最根本的还是要依靠法治,我国也已确立了"全面推进依法治国"战略目标,其中司法系统的高效率是建设法治国家的重要保证。廉政是衡量国家治理水平的重要内容,与之相反的腐败则会扭曲政府治理、扰乱经济秩序、破坏社会公平正义。繁文缛节会加大行政管理成本支出,造成公共资源的浪费,并且形成经济高效运行的制约因素以及腐败的温床。

从我国的现实来看,这些领域都需要改进。根据世界银行公布的法律权利力度指数①,如图 4-19 所示,在观测的各年份中我国保持在 4 的水平,日本与我国相当;美国为 11,接近最高指数;英国和印度也有较高的法律权力度指数,各年分别保持在 7 和 6 的水平;巴西的指数低于我国,各年均维持在 2 的水平;世界平均水平高于我国,而且呈现上升趋势。我国的司法效率也有待提高,当前看存在司法难以独立、司法腐败严重、裁决执行率低、裁判不公等问题。改革开放以来伴随着经济的发展,腐败问题在我国也愈演愈烈,近年来我国的反腐败工作取得了很大的成绩,但要从根本上防治腐败还需要进一步建立健全相关法律和约束制度。繁文缛节在我国也表现得比较突出,各种会议过多、报告总结过多,审批环节过多、批文拖拉等,常常遭到诟病。

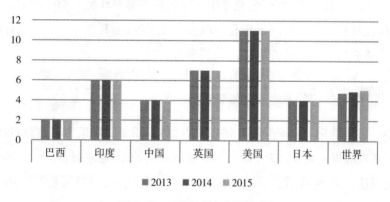

图 4-19　法律权利力度指数对比

数据来源:世界银行网站。

_____

① 法律权利力度指数衡量的是担保品法和破产法通过保护借款人和贷款人权利而促进贷款活动的程度。指数范围由 0 至 12,数值越高表明担保品法和破产法越有利于获得信贷。

不科学的经济规制会促使经济主体从事一些非正式经济活动,形成影子经济①,目前影子经济的规模在我国已占一定比重,根据大部分学者的测算结果,我国影子经济的规模约在 GDP 的 10%—20% 之间②,这要求政府应根据实际情况加强或调整现有的经济规制手段。科学的经济规制所营造的环境会使创新的知识产权得到保护,提升国家的创新能力,因此知识产权情况可用来作为衡量规制效果的指标。根据世界银行网站数据,如图 4-20 所示,我国每 10 万人的专利申请数量,呈明显的上升趋势,高于同期其他国家。1995—2015 年间每 10 万人申请数从 5.7 件上升到 115.9 件,其中 2000 年以后出现迅速增长,2011 年增长速度开始变得缓慢。专利申请数量的变化,说明我国的经济规制在一段时间里发挥了非常重要的作用,但今后也需要根据实际情况不断进行改进。

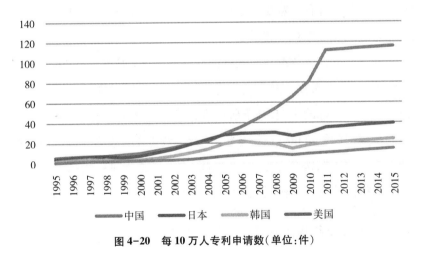

图 4-20　每 10 万人专利申请数(单位:件)

数据来源:世界银行网站。

---

①　影子经济又称地下经济,一般是指逃避政府的管制、税收和监察,未向政府申报和纳税,其产值和收入未纳入国民生产总值的所有经济活动。

②　朱敏:《如何看待我国地下经济》,《中国经济时报》2013 年 3 月 28 日。

二、公共支出结构的有效性评估

公共支出是政府提供公共物品、履行公共经济责任的关键条件和基本前提,在公共经济责任体系运行中居于十分重要的地位。政府在使用公共支出资金提供公共物品时,首先要在横向上同级政府不同部门之间及纵向上不同级次政府之间对资金进行配置。公共支出资金的配置及使用在一定程度会影响公共经济责任的履行,并在一定程度上反映公共经济责任运行的有效性,如当某项公共支出的效应与一般判断有差距、表现不理想时,说明相应该项公共物品的提供可能在某些环节存在问题,如决策不合理、执行有偏差、资金使用主体配置不当、资金的具体投入项目欠科学等。也有学者提出我国公共物品供给相对短缺问题在很大程度上是由公共支出结构配置不合理造成的①。因此本部分对公共支出结构配置的有效性进行评估。

本书对公共支出结构配置有效性的评估从运行效应和运行绩效两个方面考察,运行效应主要考察公共支出结构(包括横向配置和纵向配置)对主要社会经济发展衡量指标的影响,基于研究视角的偏好本书选择全要素生产率作为社会经济发展的衡量指标进行分析;运行绩效主要从投入—产出角度考察,本书选取教育、科技、医疗卫生、社会保障、农业等指标进行投入—产出分析,并进一步分析公共支出结构配置对绩效的影响。

(一)公共支出结构效应评估

1.研究框架

当前我国经济发展已步入"新常态",人口结构也发生了较大变化,资本、劳动等要素对经济增长的贡献逐步减弱,全要素生产率(包含人力资本)成为经济增长主要的、可持续的驱动力。从世界经济增长和发展的历史启示及我国经济发展新常态的特殊要求出发,为全面建成小康社会目标

---

① 参见李永友:《我国财政支出结构演进及其效率》,《经济学(季刊)》2009 年第 10 期。

的实现,为人民幸福水平的不断提升,应把全要素生产率(包含人力资本)作为创新发展的重要抓手和衡量标准,显著提高全要素生产率对经济增长的贡献份额。

全要素生产率主要来自技术进步、资源配置效率的提高(主要体现为体制的不断完善)和随机因素等,这些因素的优化很大程度上有赖于政府的公共投资和公共服务等公共经济活动,可以把公共投资和公共服务等公共经济活动作为现代经济增长的内生因素来看待①。因此本节把全要素生产率(包含人力资本)作为一个重要衡量指标,分析公共支出的横向和纵向配置结构对全要素生产率增长率的影响。

2. 变量说明

(1)全要素生产率

测算全要素生产率(total factor productivity,简称 TFP)有不同的方法,本书使用的全要素生产率数据是在张军、施少华(2003)研究的基础上,对所选年份的基础数据,进行调整以后计算得出的②。

根据柯布—道格拉斯生产函数:$Y = AK^{\alpha}L^{1-\alpha}$

全要素生产率水平可表示为:$TFP_t = A = Y/(K^{\alpha}K^{1-\alpha})$

则第 t 年的全要素生产率增长率为:$tfp_t = TFP_t/TFP_{t-1} - 1$

根据张军、施少华对 1952 到 1998 年相关数据的测算,$\alpha = 0.609$,因此本书的全要素生产率计算中 α 值取为 0.609。计算 TFP 及其增长率所需要的基础数据是产出、资本投入和劳动投入的时间序列数据,文中产出数据为按 1990 年不变价格进行换算的国内生产总值;资本投入为直接或间接构成生产

---

① 宋丙涛(2015,2016)提出英美的政府为市场经济发展提供了强有力的支持,而且这一判断在学界正在取得越来越多的共识。他提出从经济学的角度来看,英国工业革命的真正基础并不是所谓以蒸汽机为主要表现形式的机器大工业,而是 17 世纪开始的预算革命及其建立的现代政府职能;美国政府职能支持现代经济发展的途径主要体现在基础设施建设上,美国的政府公信力支撑的资本市场的发展与公司治理结构的改善带来了 19 世纪美国基础设施的改善与经济的快速追赶与超越。

② 参见张军,施少华:《中国经济全要素生产率变动:1952—1998》,《世界经济文汇》2003年第 2 期。

能力的资本总存量,在贺菊煌(1992)研究成果的基础上根据各年的全社会固定资产投资总额进行推算得出;劳动投入数据根据可得性采用历年社会劳动者人数表示。全部数据都采用统计年鉴中的最新修正数据,据此测算得出1992—2014 年的全要素生产率及其增长率。

（2）公共支出结构变量的选择

在我国不同种类的公共物品整体上由不同级次政府及同级政府各组成部门分别提供,各级政府及同级政府所属部门对相应公共物品的提供都可以借由政府公共支出(即公共物品成本)活动得到体现。横向上,对各类公共物品的公共支出由同级政府的各组成部门负责,一定程度上各类公共物品公共支出所占比例大小是相应部门承担公共经济责任大小的反映;纵向上,中央政府和地方政府对各类公共物品的公共支出占比反映中央和地方政府承担公共经济责任的大小。因此公共支出的横向配置会直接影响政府部门间横向公共经济责任运行,中央和地方政府间公共支出责任的纵向配置则影响纵向公共经济责任的运行。在特定的经济发展阶段,外部环境变化不大时,分析各类公共物品的公共支出效果可为公共支出横向配置的调整提供一定的依据,分析中央和地方政府间的公共支出配置可为中央和地方责任关系的调整提供一定的依据,通过公共支出横向和纵向配置的调整可进一步优化公共经济责任体系运行的效果。本节从横向配置出发考察不同种类公共物品的公共支出占比对全要素生产率增长率的影响,从纵向配置出发考察中央和地方政府之间公共支出配置对全要素生产率增长率的影响。

从数据的可得性和支出项目重要性出发,根据 2007 年政府预算收支科目调整后的支出项目与 2007 年以前的相应项目对应的情况,本书在预算支出科目中选取教育、科技、医疗卫生、社会保障、一般公共服务、支农支出六项,分别考察这六项支出在公共总支出中的占比对全要素生产率增长率的影响,以及这六项的地方公共支出分别在六项总公共支出中的占比对全要素生产率增长率的影响,研究变量的表示方法如表4-5 所示。

表 4-5　公共支出结构与 TFP 增长率研究变量指标体系

公共支出横向配置的指标体系			公共支出纵向配置的指标体系	
序号	指标名称	指标编码	指标名称	指标编码
1	TFP 增长率	TFPz	TFP 增长率	TFPz
2	教育支出占比	eduj	地方教育支出占比	edu
3	科技支出占比	scij	地方科技支出占比	sci
4	医疗卫生支出占比	helj	地方医疗卫生支出占比	hel
5	社会保障支出占比	ssej	地方社会保障支出占比	sse
6	一般公共服务支出占比	admij	地方一般公共服务支出占比	admi
7	支农支出占比	agrj	地方支农支出占比	agr

3. 数据描述

本书基础数据来源于中国国家统计局发布的相关年度《中国统计年鉴》、财政部发布的相关年度《中国财政年鉴》、科技部发布的相关年度《中国科技统计年鉴》,样本区间为 1992—2014 年。

全要素生产率测算中采用的国内生产总值、固定资产投资总额、社会劳动者人数,来自《中国统计年鉴》。国内生产总值、固定资产投资总额按 1990 年不变价格进行换算,进而得出产出和资本的数值;产出值为当年 GDP 价格指数比上 1990 年 GDP 价格指数(1978 年 = 100),再乘以 1990 年固定资产投资额;资本数值采用由戈德史密斯(Goldsmith)于 1951 年开创的永续盘存法计算,等于上年全社会资本存量扣减 5% 折旧后,加上按 1990 年不变价格计算的当年固定资产投资值。

教育、医疗卫生、社会保障、行政管理、支农支出数据来自各年《中国财政年鉴》,科技支出数据来自《中国科技统计年鉴》(2014)。其中教育支出 2007 年前为"教育事业费支出",2007 年及以后为一般公共预算主要支出项目中的"教育支出";科技支出为"国家财政科技拨款";医疗支出 2007 年前为"卫生事业费",2007 年及以后为"医疗卫生与计划生育支出";社会保障 2007 年前为抚恤和社会福利救济费、社会保障补助支出、某些年份的社会保障基金、行政事业单位离退休经费、部分年份的就业补助之和,2007 年后为"社会保障和就业"(含社会保险基金补助支出、行政事业单位离退休支出、就业补助支出、城市居民最低生活保障支出、农村最低生活保障支出、自然灾害生活救助支出);行政管理支出 2007 年前为"行政管理费",2007 年及以后为"一般公共服务支出";农业支出 2007 年前为"支农支出",2007 年后为"农林水支出"。

　　根据基础数据及必要运算得出各变量数值后,为了数据和方程的平稳性并消除回归过程中可能存在的异方差,对各变量数值进行处理,对所有变量乘100 并取其自然对数,采用处理后的数据进行计量分析。

　　4. 计量经济方法

　　传统的经济计量分析通常需要以经济理论为基础,事先确定内生变量与外生变量。但由于变量之间常常存在相互影响,经济理论又常常不足以对变量之间的动态联系进行明确的区分,使内生变量与外生变量的识别十分困难。为了解决这些问题,西姆斯(Sims,1980)将向量自回归模型(Vector Auto-re-gression,记为 VAR)引入到经济学中,用于研究多变量时间序列变量之间的动态关系,从而将单变量自回归模型推广到由多元时间序列变量组成的"向量"自回归模型,其基本结构如式(1)所示。

$$y_t = A_1 y_{t-1} + \cdots + A_p y_{t-p} + BX_t + \varepsilon_t \tag{1}$$

　　VAR 模型常用于预测相互联系的时间序列系统,分析随机扰动对变量系统的动态冲击,从而解释各种经济冲击对经济变量形成的影响。因此,本书选用 VAR 模型对公共支出的横向和纵向配置与 TFP 增长率之间的关系进行实证分析。选用 stata12 作为模型的计量经济分析工具。

　　5. VAR 模型分析过程

　　本书的实证检验包括六个步骤:第一步对序列的平稳性进行检验,即对各变量的时间序列进行单位根检验,保证研究变量在一定程度上克服伪相关问题的存在;第二步确定最优滞后期数,合理确定最优滞后期数是构建 VAR 模型的基础,通常以 AIC 信息准则、HQIC 信息准则、SBIC 信息准则等作为确定最优期数的标准;第三步为 VAR 模型的参数估计,根据确定的滞后期数和相关变量,对方程进行拟合,并确定相关参数,本书侧重脉冲响应和方差分解分析,根据 sims(1980,1992)等人的观点,模型分析采用原数据,不进行协整检验;第四步对模型的稳定性进行检验;第五步为 VAR 模型的脉冲响应分析;第六步为方差分解分析。

(1)公共支出的横向配置效应

①变量单位根检验

检验序列是否平稳的通常做法是利用单位根检验中的 ADF(Augmented Dickey Fuller)检验。平稳性就是对随机过程经过 n 次差分后,变换成一个平稳的 ARMA 过程,称此过程具有 n 阶单整性。该检验中一般用 AIC 标准来判断检验的滞后阶数,用麦金农(MacKinnon)临界值来判断是否具有单位根。本小节各组模型涉及多个研究变量,各研究变量的半稳性检验结果如表4-6所示,其中"Δ"表示原变量的一阶差分。

通过表4-6的分析数据可以看出,七个变量的 ADF 值的绝对值均小于 10%临界值,所以各项指标均非平稳,具有单位根;但是其一阶差分序列 ADF 值的绝对值均大于 1%或 10%显著性水平上的临界值,具有平稳性,因此各原时间序列变量都是一阶单整的,可以进行进一步的统计分析。

表4-6　TFP 增长率与各公共支出项目占比关系变量的平稳性检验

变量	t 统计量	1%临界值	5%临界值	10%临界值	p 值	稳定性结论
lntfpz	−1.974	−3.750	−3.000	−2.630	0.2980	不平稳
lneduj	−1.018	−3.750	−3.000	−2.630	0.7467	不平稳
lnscij	−2.288	−3.750	−3.000	−2.630	0.1757	不平稳
lnhelj	0.432	−3.750	−3.000	−2.630	0.9827	不平稳
lnssej	−1.600	−3.750	−3.000	−2.630	0.4835	不平稳
lnadmij	−1.588	−3.750	−3.000	−2.630	0.4897	不平稳
lnagrj	−0.458	−3.750	−3.000	−2.630	0.8999	不平稳
△lntfpz	−4.787*	−3.750	−3.000	−2.630	0.0001	平稳
△lneduj	−4.182*	−3.750	−3.000	−2.630	0.0007	平稳
△lnscij	−4.937*	−3.750	−3.000	−2.630	0.0000	平稳
△lnhelj	−2.333	−2.660	−1.950	−1.600	0.0000	平稳
△lnssej	−2.832***	−3.750	−3.000	−2.630	0.0539	平稳

续表

变量	t统计量	1%临界值	5%临界值	10%临界值	p值	稳定性结论
△lnadmij	−4.347*	−3.750	−3.000	−2.630	0.0004	平稳
△lnagrj	−4.579*	−3.750	−3.000	−2.630	0.0001	平稳

* 表示在1%显著性水平上拒绝有单位根的原假设，*** 表示在10%显著性水平上拒绝有单位根的原假设。

②对VAR模型的阶数识别

在建立VAR模型之前确定最优滞后阶数，是有效使用VAR模型的重要前提，通过增加滞后阶数可以消除误差项中存在的自相关，但滞后阶数太大又会导致自由度减小，影响被估参数的有效性。对于滞后阶数的选择有多种判断准则，包括LR统计量、赤地信息准则（AIC）、信息准则（HQIC）、以及施瓦茨准则（SC）等。这里根据AIC、HQIC、SBIC值进行综合判断，将各统计量的最小值比较集中的阶数作为最优滞后阶数。

表4-7分别给出了六个方程的滞后阶数，教育支出占比模型、社会保障支出占比模型、医疗卫生支出占比模型滞后阶数均为1，科技支出占比模型滞后阶数均为2，一般公共支出占比模型、支农支出占比模型滞后阶数均为4。

表4-7 TFP增长率与各公共支出项目占比关系滞后阶数判断

	Lag	LL	LR	df	p	FPE	AIC	HQIC	SBIC
教育支出	0	13.7395			.000996	−1.23574	−1.21892	−1.13633	
	1	37.5891	47.699	4	0.000	.000124*	−3.32517*	−3.27469*	−3.02692*
	2	38.5472	1.9163	4	0.751	.000174	−3.00497	−2.92085	−2.5079
	3	44.7741	12.454*	4	0.014	.000144	−3.23938	−3.1216	−2.54347
	4	49.3077	9.0672	4	0.059	.00015	−3.29554	−3.14412	−2.40081
科技支出	0	23.9051			.000342	−2.3058	−2.28898	−2.20639	
	1	43.1782	38.546	4	0.000	.000069	−3.9135	−3.86302	−3.61526
	2	52.9688	19.581*	4	0.001	.000038*	−4.52303*	−4.43891*	−4.02596*
	3	56.3515	6.7655	4	0.149	.000043	−4.45806	−4.34028	−3.76215
	4	57.2058	1.7085	4	0.789	.000065	−4.12692	−3.9755	−3.23219

续表

	Lag	LL	LR	df	p	FPE	AIC	HQIC	SBIC
医疗卫生支出	0	−1.5003				.004956	.368453	.385278	.467868
	1	33.7113	70.423*	4	0.000	.000186*	−2.91698*	−2.86651*	−2.61874*
	2	34.674	1.9253	4	0.749	.000262	−2.59726	−2.51314	−2.10019
	3	38.0227	6.6974	4	0.153	.000294	−2.52871	−2.41093	−1.83281
	4	41.8077	7.5699	4	0.109	.00033	−2.50607	−2.35465	−1.61134
社会保障支出	0	−12.2701				.015399	1.50212	1.51894	1.60153
	1	15.4042	55.349*	4	0.000	.001281*	−.989912*	−.939437*	−.691668*
	2	17.112	3.4157	4	0.491	.001663	−.748631	−.664507	−.251558
	3	18.1744	2.1248	4	0.713	.002376	−.439412	−.321638	.25649
	4	20.6986	5.0483	4	0.282	.003042	−.284061	−.132637	.610671
一般公共服务支出	0	3.64912				.002882	−.173592	−.156767	−.074177
	1	20.3564	33.415	4	0.000	.00076	−1.5112	−1.46073	−1.21296*
	2	21.9313	3.1498	4	0.533	.001001	−1.25593	−1.1718	−.758856
	3	25.0483	6.2339	4	0.182	.001152	−1.16297	−1.0452	−.467072
	4	34.1901	18.284*	4	0.001	.000735*	−1.70422*	−1.55279*	−.809486
支农支出	0	−.878306				.004642	.30298	.319804	.402394
	1	25.6651	53.087	4	0.000	.000435	−2.07001	−2.01953	−1.77176*
	2	29.6722	8.0142	4	0.091	.000443	−2.07076	−1.98663	−1.57368
	3	32.2215	5.0987	4	0.277	.000542	−1.91806	−1.80028	−1.22215
	4	42.6233	20.804*	4	0.000	.000303*	−2.59193*	−2.4405*	−1.69719

③VAR 模型的参数估计

本书的 VAR 模型采用 stata12 作为计量分析工具,将代表 TFP 增长率的变量分别与代表各项公共物品支出占比指标的变量建立方程,进行 VAR 模型参数估计,估计结果如表 4-8 所示。

表4-8　TFP增长率与各支出项目占比 VAR 模型回归结果

教育支出		社会保障支出		医疗卫生支出	
lntfpz		lntfpz		lntfpz	
L.lntfpz	0.653*** (4.14)	L.lntfpz	0.618*** (3.64)	L.lntfpz	0.612*** (3.99)
L.lneduj	−0.621* (−1.97)	L.lnssej	0.0481 (1.00)	L.lnhelj	−0.338* (−2.35)
_cons	2.258** (2.63)	_cons	0.650 (1.95)	_cons	1.222** (3.21)
科技支出		一般公共服务支出		支农支出	
lntfpz		lntfpz		lntfpz	
L.lntfpz	0.570* (2.52)	L.lntfpz	1.096*** (5.84)	L.lntfpz	0.654*** (4.66)
L2.lntfpz	−0.0262 (−0.12)	L2.lntfpz	−0.389 (−1.57)	L2.lntfpz	−0.531*** (−3.37)
L.lnscij	0.395 (0.44)	L3.lntfpz	0.403 (1.67)	L3.lntfpz	0.345* (2.00)
L2.lnscij	−1.104 (−1.31)	L4.lntfpz	−0.461 (−1.88)	L4.lntfpz	−0.374* (−2.17)
		L.lnadmij	−0.626** (−2.69)	L.lnagrj	0.0651 (0.24)
		L2.lnadmij	0.725* (2.42)	L2.lnagrj	0.360 (1.22)
		L3.lnadmij	0.261 (0.99)	L3.lnagrj	0.439 (1.60)
		L4.lnadmij	−0.524** (−2.66)	L4.lnagrj	−1.450*** (−5.72)
_cons	1.919** (2.66)	_cons	1.033** (3.25)	_cons	2.825*** (5.97)

通过表4-8的系数可以看出:(1)教育支出占比、医疗卫生支出占比对TFP 增长率呈现负向影响,对 TFP 的增长有抑制作用。(2)科技支出占比一期滞后的影响为正,二期滞后的影响为负。(3)社会保障支出占比对 TFP 增长率呈现微弱的正向影响,对 TFP 的增长起到促进作用。(4)一般公共服务支出占比一期滞后呈现负向影响,二、三期转为正向影响,四期又呈现负向影

响。(5)支农支出占比一期滞后、二期滞后、三期滞后都呈现正向影响,四期滞后转为负向影响。

④模型的稳定性检验

如果被估计的 VAR 模型所有根的模的倒数都小于1,即位于单位圆内,则模型是稳定的。根据表4-9和图4-21可以看出,TFP 增长率与各支出项目占比组成的六个 VAR 模型,特征根的模的倒数基本都小于1,都基本位于单位圆内,因此可以认为六个 VAR 模型是稳定的。

表 4-9　TFP 增长率与各支出项目占比 VAR 模型稳定性检验

	Eigenvalue	Modulus		Eigenvalue	Modulus
教育支出	.7600812+.2667107i	.805517	科技支出	.7628478 +.2927531i	.817093
	.7600812-.2667107i	.805517		.7628478-.2927531i	.817093
				-.246337+.2958372i	.38497
				-.246337-.2958372i	.38497
	Eigenvalue	Modulus		Eigenvalue	Modulus
医疗卫生支出	.8337219+.1697373i	.850825	社会保障支出	.8654787	.865479
	.8337219-.1697373i	.850825		.6725625	.672563
	Eigenvalue	Modulus		Eigenvalue	Modulus
一般公共服务支出	.8878897+.350781i	.95467	支农支出	.9800611 +.3012207i	1.02531
	.8878897-.350781i	.95467		.9800611-.3012207i	1.02531
	.1996267+.7730296i	.798389		-.6011956 +.5587942i	.820784
	.1996267-.7730296i	.798389		-.6011956-.5587942	i.820784
	-.2855062+.6523055i	.712051		-.1791604 +.756088i	.777025
	-.2855062-.6523055i	.712051		-.1791604-.756088i	.777025
	-.5982086	.598209		.376829 +.592763i	.702402
	.4334261	.433426		.376829-.592763i	.702402

⑤脉冲响应分析

对 VAR 模型的结果进行分析,常常是通过观察系统的脉冲响应函数和方

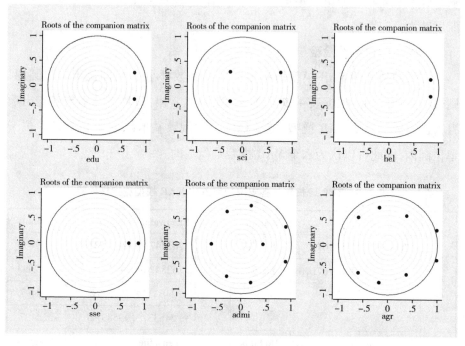

图 4-21   TFP 增长率与各支出项目占比 VAR 模型稳定性检验

差分解情况。脉冲响应函数描述一个内生变量的冲击给其他变量带来的影响,对某变量在扰动项上加一个标准差大小的冲击,会直接影响这个变量的当前值和未来值,并且通过 VAR 模型的动态结构,将这种冲击传导给其他的内生变量。

对前文数据进行脉冲响应处理,可以得到 TFP 增长率与各支出项目占比模型的 VAR 脉冲响应图(如图 4-22 所示)。从图 4-22 可以看出,TFP 增长率在分别受到各支出项目占比一个标准差单位的正冲击后,会产生不同的反应。

从教育支出占比对 TFP 增长率的脉冲响应函数图可以看出,在本期给教育支出占比一个正向冲击后,对 TFP 增长率产生负向的冲击,在第三期时达到最大值,之后负向冲击逐渐减小。说明教育支出占比增加对 TFP 增长率的影响是负面的,可能的原因是教育支出的收益期比较长,当期投入教育的公共资金不仅不能发挥效应,还会挤占其他能够促进全要素生产率增长的资金,随

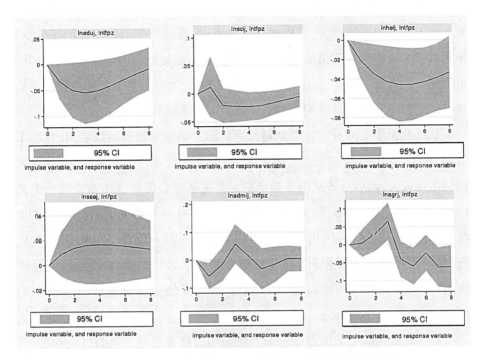

图 4-22 TFP 增长率与各支出项目占比 VAR 模型脉冲响应结果

着时间的延长,教育支出的作用逐步发挥,这种负面效应逐步减小。

从科技支出占比对 TFP 增长率的脉冲响应函数图可以看出,在本期给科技支出占比一个正向冲击后,TFP 增长率在第一期是正向响应,之后正向响应减小并出现负向响应,第二期至第五期维持较高的负向响应,之后负向响应逐步减小。说明科技支出占比增加在第一期会使 TFP 增长率上升,之后出现下降并产生抑制作用。可能的原因在于政府科技投入对研发等活动是一种外部刺激,尤其我国注重应用领域的科研投入,短期内会对研发等活动产生一定的刺激,资金使用完毕效应即停止,并出现负向的刺激,而企业科技投入能有效提高企业的生产效率,因此后期随着企业生产效率的提高,企业也会投入一定的资金用于研发活动。

从医疗卫生支出占比对 TFP 增长率的脉冲响应函数图可以看出,在本期给医疗卫生支出占比一个正向冲击后,TFP 增长率呈现负向响应,第四期负向响应最大,第四期以后负向冲击逐步减弱。这表明医疗卫生支出占比的一个正向冲击传递给 TFP 增长率的是负面影响,在第四期时负面影响最大,也就是医疗卫生支出占比越大,TFP 增长率越小,并且这一作用有一定的持续性。原因可能为医疗卫生支出是一种纯消费性支出,能促进人的健康水平的提升,进而提高人力资本水平,但健康的改善需要较长的时间,因此短期内作为纯消费性支出医疗卫生支出对 TFP 增长率是负向冲击。

从社会保障支出占比对 TFP 增长率的脉冲响应函数图可以看出,在本期给社会保障支出占比一个正向冲击后,对 TFP 增长率产生正向效应,并在第四期达到最大,之后逐步减小并趋向稳定。说明社会保障支出占比的一个正向冲击传递给 TFP 增长率,产生的是正面影响,社会保障支出占比越高,TFP 增长率越大,并且这种作用有一定的持续性。原因可能在于社会保障支出能促进社会稳定,使公众安心于生产建设和技术研发等活动,而且社会保障支出有一定的刚性,有比较稳定的预期,因此能使全要素生产率水平不断提升。

从一般公共服务支出占比对 TFP 增长率的脉冲响应函数图可以看出,在本期给一般公共服务支出占比一个正向冲击后,对 TFP 增长率产生负向效应,在第一期达到最大,之后负向效应逐步减小并转为正向效应,第三期正向效应最大,第三期之后正向响应逐步减小又变为负向响应,第五期之后负向效应逐步减小,第七期之后趋于稳定。可以看出一般公共服务支出占比增加对 TFP 增长率的影响比较复杂,先是负向影响,然后出现正向影响,最终稳定在较低水平的负向影响状态。一般公共服务也是消耗性支出,但一般公共服务支出增加有利于政府效率的提升、促进各种政策和制度的制定,因此在一定时期促进 TFP 增长率的增加,但整体来看则是不利影响。

从支农支出占比对 TFP 增长率的脉冲响应函数图可以看出,在本期给支农支出占比一个正向冲击后,TFP 增长率出现正向响应,并随着期数增加正向响应逐步增大,在第三期达到最大值,之后正向响应逐步减小并变为负值,在第五、六期出现一定的波动,第七期以后趋向稳定。表明对支农支出占比的一个正向冲击传递给 TFP 增长率的也是一个正向冲击,并在第三期达到最大,即短期内支农支出分权度越高 TFP 增长率越大,但从长期来看,影响逐步由正变负,并趋向稳定。财政支农支出的增加,短期内会促进农业生产的积极性和效率的提升,但各种类型的农业补贴不能发挥长期作用,农业生产效率的提升最终还应靠农业自身的积累。

⑥方差分解

脉冲响应函数是追踪系统对一个变量的冲击效果,而方差分解相反,是将系统的均方差分解成变量冲击所做的贡献,具体来讲是通过将一个变量冲击的均方误差分解成系统中变量的随机冲击所做的贡献,计算出变量冲击的相对重要性,也就是变量冲击的贡献占总贡献的比例。表4-10和图4-23是TFP增长率与各支出项目占比VAR模型的方差分解结果,反映各支出项目占比冲击对TFP增长率的均方差所做的贡献。

表4-10　TFP增长率与各支出项目占比VAR模型的方差分解

预测期	教育支出	科技支出	医疗卫生支出	社会保障支出	一般公共服务支出	支农支出
1	0	0	0	0	0	0
2	.029259	.00404	.013341	.00201	.170867	.002021
3	.085424	.015811	.047259	.006177	.166056	.084073
4	.14596	.028951	.094804	.011671	.210724	.325984
5	.190827	.042289	.138925	.017569	.199951	.388512
6	.214377	.052463	.16797	.02317	.221714	.492196
7	.222002	.05708	.181995	.028082	.223311	.497208
8	.221571	.058213	.186213	.032174	.216658	.563574

从表4-10和图4-23可以看出,教育支出占比对TFP增长率的解释程度在前三期较低,影响较小,第四期开始解释程度逐步增加,第八期达到22%。科技支出占比、社会保障支出占比的解释程度随期数增加有所增大,但整体解释程度较低。医疗卫生支出占比的解释程度在前四期都不明显,随着期数的增加逐步增强,在第八期时达到18.6%。一般公共服务支出占比的解释程度有波动,第六期以后都在20%以上。支农支出占比前两期的解释程度都不明显,以后各期明显增强,第八期解释程度达到56%。

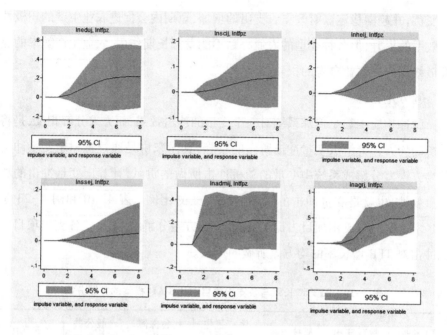

图 4-23　TFP 增长率与各支出项目占比 VAR 模型的方差分解

（2）公共支出的纵向配置效应

①变量单位根检验

通过表 4-11 的分析数据可以看出，七个变量 ADF 值的绝对值均小于 10%临界值，所以各项指标非平稳，具有单位根；但是其一阶差分序列 ADF 值的绝对值均大于 1%或 10%显著性水平上的临界值，具有平稳性，因此各原时间序列变量都是一阶单整的，可以进行进一步的统计分析。

表 4-11　TFP 增长率与各项目地方支出占比关系变量的平稳性检验

变量	t 统计量	1%临界值	5%临界值	10%临界值	p 值	稳定性结论
lntfpz	-1.974	-3.750	-3.000	-2.630	0.2980	不平稳
lnedu	-1.369	-3.750	-3.000	-2.630	0.5972	不平稳
lnsci	-0.447	-3.750	-3.000	-2.630	0.9019	不平稳
lnhel	-0.769	-3.750	-3.000	-2.630	0.8280	不平稳
lnsse	-2.101	-3.750	-3.000	-2.630	0.2442	不平稳
lnadmi	-1.745	-3.750	-3.000	-2.630	0.4079	不平稳

续表

变量	t 统计量	1%临界值	5%临界值	10%临界值	p 值	稳定性结论
lnagr	−0.326	−3.750	−3.000	−2.630	0.9218	不平稳
△lntfpz	−4.787*	−3.750	−3.000	−2.630	0.0001	平稳
△lnedu	−4.759*	−3.750	−3.000	−2.630	0.0001	平稳
△lnsci	−5.541*	−3.750	−3.000	−2.630	0.0000	平稳
△lnhel	−2.923***	−3.750	−3.000	−2.630	0.0428	平稳
△lnsse	−5.309*	−3.750	−3.000	−2.630	0.0000	平稳
△lnadmi	−4.493*	−3.750	−3.000	−2.630	0.0002	平稳
△lnagr	−4.940*	−3.750	−3.000	−2.630	0.0000	平稳

* 表示在1%显著性水平上拒绝有单位根的原假设,*** 表示在10%显著性水平上拒绝有单位根的原假设。

②对 VAR 模型的阶数识别

表4-12 分别给出了六个方程的滞后阶数,教育支出地方占比方程、社会保障支出地方占比方程、一般公共支出地方占比方程、支农支出地方占比方程滞后阶数均为1,科技支出地方占比方程滞后阶数均为2,医疗卫生支出地方占比方程滞后阶数均为4。

表4-12　TFP 增长率与各项目地方支出占比关系滞后阶数判断

	Lag	LL	LR	df	p	FPE	AIC	HQIC	SBIC
教育支出	0	56.4567				.000011	−5.73229	−5.71546	−5.63287
	1	75.1195	37.326	4	0.000	2.4e-06*	−7.27573*	−7.22526*	−6.97749*
	2	76.3922	2.5454	4	0.637	3.2e-06	−6.98865	−6.90453	−6.49158
	3	82.7146	12.645*	4	0.013	2.7e-06	−7.23311	−7.11534	−6.53721
	4	86.9586	8.488	4	0.075	2.8e-06	−7.2588	−7.10737	−6.36406
科技支出	0	4.66036				.002591	−.280038	−.263213	−.180623
	1	33.1884	57.056	4	0.000	.000197	−2.86194	−2.81146	−2.56369*
	2	38.0975	9.8182*	4	0.044	.000183*	−2.95763*	−2.87351*	−2.46056
	3	40.4861	4.7772	4	0.311	.000227	−2.78801	−2.67024	−2.09211
	4	42.9373	4.9024	4	0.297	.000293	−2.62498	−2.47356	−1.73025

	Lag	LL	LR	df	p	FPE	AIC	HQIC	SBIC
医疗卫生支出	0	72.4292				2.1e−06	−7.4136	−7.39677	−7.31418
	1	91.5832	38.308	4	0.000	4.2e−07	−9.00876	−8.95828	−8.71051*
	2	95.3835	7.6007	4	0.107	4.4e−07	−8.98774	−8.90361	−8.49067
	3	100.879	10.99	4	0.027	3.9e−07	−9.14511	−9.02734	−8.44921
	4	105.903	10.049*	4	0.040	3.9e−07*	−9.25294*	−9.10152*	−8.35821
社会保障	0	19.9546				.000518	−1.88996	−1.87313	−1.79054
	1	33.1417	26.374*	4	0.000	.000198*	−2.85702*	−2.80654*	−2.55877*
	2	33.3927	.50209	4	0.973	.0003	−2.46239	−2.37827	−1.96532
	3	37.5244	8.2635	4	0.082	.00031	−2.47626	−2.35848	−1.78036
	4	39.1416	3.2343	4	0.519	.000437	−2.22543	−2.07401	−1.3307
一般公共服务支出	0	29.3479				.000193	−2.87872	−2.8619	−2.77931
	1	41.1709	23.646	4	0.000	.000085*	−3.7022*	−3.65173*	−3.40396*
	2	43.6178	4.8938	4	0.298	.000102	−3.53871	−3.45459	−3.04164
	3	48.4319	9.6282*	4	0.047	.000098	−3.62441	−3.50664	−2.92851
	4	50.3077	3.7517	4	0.441	.000135	−3.40081	−3.24939	−2.50608
支农支出	0	39.8386				.000064	−3.98301	−3.96618	−3.88359
	1	63.3967	47.116	4	0.000	8.2e−06*	−6.04176	−5.99129	−5.74352*
	2	66.5156	6.2378	4	0.182	9.2e−06	−5.94902	−5.86489	−5.45194
	3	68.8334	4.6355	4	0.327	.000011	−5.77194	−5.65416	−5.07604
	4	76.7161	15.765*	4	0.003	8.4e−06	−6.18064*	−6.02921*	−5.28591

③VAR 模型的参数估计

通过表 4-13 的系数可以看出:(1)教育支出地方占比对 TFP 增长率呈现正向影响,对 TFP 的增长有促进作用。(2)科技支出地方占比一期滞后的影响为负,二期滞后的影响为正,三期滞后为负,四期滞后又转为正。(3)医疗卫生支出地方占比一期滞后的影响为负,二期滞后的影响为正。(4)社会保障支出地方占比、一般公共服务地方占比对 TFP 增长率呈现负向影响,对

TFP 的增长起到抑制作用。(5)支农支出地方占比一期滞后有较强的正向影响,二阶滞后正向影响快速下降,三、四阶则为逐步增强的负向影响。

表 4-13　TFP 增长率与各项目地方支出占比 VAR 模型回归结果

教育支出		社会保障支出		一般公共服务支出	
lntfpz		lntfpz		lntfpz	
L.lntfpz	0.631*** (3.41)	L.lntfpz	0.709*** (4.23)	L.lntfpz	0.399* (2.13)
L.lnedu	0.592 (0.21)	L.lnsse	−0.626 (−1.53)	L.lnadmi	−1.444* (−2.29)
_cons	−1.968 (−0.16)	_cons	3.387 (1.88)	_cons	7.681* (2.50)
科技支出		医疗支出		支农支出	
lntfpz		lntfpz		lntfpz	
L.lntfpz	1.010*** (5.44)	L.lntfpz	0.722** (3.17)	L.lntfpz	0.762*** (3.91)
L2.lntfpz	−0.248 (−1.35)	L2.lntfpz	−0.417 (−1.72)	L2.lntfpz	−0.328 (−1.40)
L.lnsci	−1.548*** (−3.44)	L3.lntfpz	0.497* (2.11)	L3.lntfpz	0.393 (1.59)
L2.lnsci	1.506** (3.26)	L4.lntfpz	−0.116 (−0.49)	L4.lntfpz	−0.454* (−2.17)
		L.lnhel	−19.40 (−1.23)	L.lnagr	5.222 (1.83)
		L2.lnhel	21.63 (0.87)	L2.lnagr	0.205 (0.06)
		L3.lnhel	−34.52	L3.lnagr	−1.924
			(−1.42)		(−0.60)
L4.lnhel	11.11 (0.69)	L4.lnhel		L4.lnagr	−5.866* (−1.97)
_cons	0.669 (1.28)	_cons	97.75 (1.60)	_cons	11.82 (1.58)

④模型的稳定性检验

对上述六个 VAR 模型进行稳定性检验,可知六个模型特征根的模的倒数都小于 1,如表 4-14,即所有特征根的模的倒数都位于单位圆内,如图 4-24 所示,表明六个 VAR 模型的结构都是稳定的。

表 4-14　TFP 增长率与各项目地方支出占比 VAR 模型稳定性检验

	Eigenvalue	Modulus		Eigenvalue	Modulus
教育支出	. 8442682	. 844268	科技支出	. 9454712	. 945471
	. 609017	. 609017		. 499204 +. 366351i	. 619207
				. 499204 -. 366351i	. 619207
				-. 1565608	. 156561
	Eigenvalue	Modulus		Eigenvalue	Modulus
一般公共服务支出	. 6808187	. 680819	社会保障支出	. 6401837+. 2769393i	. 697517
	. 4871616. 487162			. 6401837-. 2769393i	. 697517
	Eigenvalue	Modulus		Eigenvalue	Modulus
医疗卫生支出	. 9360904. 3289819i	. 992217	支农支出	. 9524502 +. 2012235i	. 973474
	. 9360904-. 3289819i	. 992217		. 9524502-. 2012235i	. 973474
	. 3671999+. 8186115i	. 897196		. 2066238+. 8025949i	. 828765
	. 3671999-. 8186115i	. 897196		. 2066238-. 8025949i	. 828765
	-. 2116965. 767801i	. 796451		-. 2975231+. 7091214i	. 769008
	-. 2116965-. 767801i	. 796451		-. 2975231-. 7091214i	. 769008
	-. 7042291	. 704229		-. 6927834	. 692783
	. 3539082	. 353908		. 2417006	. 241701

⑤脉冲响应分析

对前文数据进行处理,可以得到 TFP 增长率与各支出项目地方占比模型的 VAR 脉冲响应图(如图 4-25 所示),横轴表示冲击作用的响应期数,纵轴表示各变量的变化百分比。从图 4-25 可以看出,TFP 增长率分别受到各支出项目地方占比一个标准差单位的正冲击后,产生不同的效应。

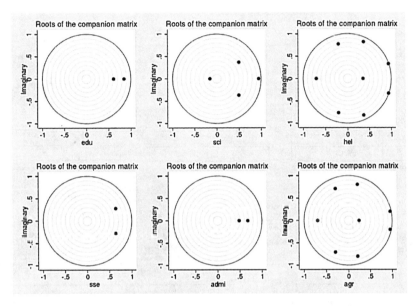

图4-24 TFP 增长率与各项目地方支出占比 VAR 模型稳定性检验

从教育支出地方占比对 TFP 增长率的脉冲响应函数图可以看出,在本期给教育支出地方占比一个正向冲击后,对 TFP 增长率产生非常微弱的正向的冲击,并且随着期数的增加逐步消失。说明教育支出地方占比增加对 TFP 增长率的影响不明显,可能的原因是地方政府在现有体制下热衷于经济建设,缺乏发展教育的积极性,本应用于教育的投入可能挪作他用。

从科技支出地方占比对 TFP 增长率的脉冲响应函数图可以看出,在本期给科技支出地方占比一个正向冲击后,TFP 增长率在第一期是非常强烈的负向响应,之后负向响应逐步减小,第五期后又呈现微弱的正向响应,并逐步趋于稳定。说明科技支山地方占比增加在第一期会使 TFP 增长率下降,之后下降幅度逐步减弱,直至出现微弱的增长并趋于稳定。可能的原因在于科技投入需要的资金量大,而发挥作用却需要经历较长的时间,而且地方政府对科技资金的使用效率可能较低,投入的地区结构和项目结构也欠科学。

从医疗卫生支出地方占比对 TFP 增长率的脉冲响应函数图可以看出,在本期给医疗卫生支出地方占比一个正向冲击后,TFP 增长率在第一期是负向

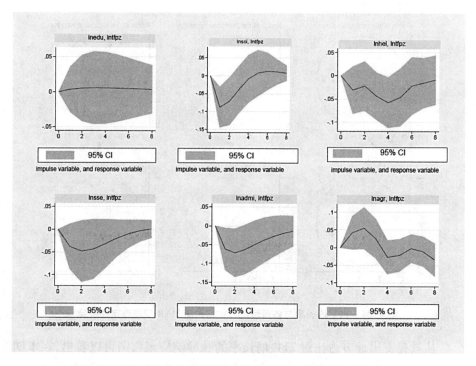

图 4-25　TFP 增长率与各项目地方支出占比 VAR 模型脉冲响应结果

响应,第二期负向响应减小,第三期负向冲击再加大,于第四期达到最大值,第四期以后负向冲击逐步减弱,第八期时基本消失。这表明医疗卫生支出地方占比的一个正向冲击传递给 TFP 增长率的是负面影响,这一负面影响存在一定的波动,在第四期时负面影响最大,也就是医疗卫生支出地方占比程度越高,TFP 增长率越小,并且这一作用有一定的持续性。说明地方政府对公共医疗卫生缺乏投入的激励,会以牺牲公共医疗卫生供给为代价追求地方经济增长。

从社会保障支出地方占比对 TFP 增长率的脉冲响应函数图可以看出,在本期给社会保障支出地方占比一个正向冲击后,对 TFP 增长率产生负向效应,在第二期负向效应达到最大,之后负向效应逐步减小并趋向稳定。说明社会保障支出地方占比的一个正向冲击传递给 TFP 增长率产生的是负面影响,社会保障支出地方占比程度越高,TFP 增长率越小,并且这种作用有一定的持续性。说明地方政府对社会保障也缺乏投入的积极性,整体社会保障水平较低,现实中社会保障资金挪作他用的情况时有发生。

从一般公共服务支出地方占比对 TFP 增长率的脉冲响应函数图可以看出,跟社会保障支出地方占比类似,在本期给一般公共服务支出地方占比一个正向冲击后,对 TFP 增长率产生负向效应,并在第二期达到最大,之后负向效应逐步减小并趋向稳定。同样说明一般公共服务支出地方占比的一个正向冲击传递给 TFP 增长率,产生的是负面影响,一般公共服务支出地方占比程度越高,TFP 增长率越小,并且这种作用有一定的持续性。可能原因在于地方政府在一般公共服务资金的使用中比较随意,缺乏有效的制度约束,铺张、浪费比较严重,效率较低。

从支农支出地方占比对 TFP 增长率的脉冲响应函数图可以看出,在本期给支农支出地方占比一个正向冲击后,TFP 增长率出现正向响应,并在第二期达到最大,之后正向响应逐步减小并变为负值,在第四期时负向响应减小,第六期时又增大,第九期以后趋向稳定。表明支农支出地方占比一个正向冲击传递给 TFP 增长率产生的是正向效应,并在第二期达到最大,即短期内支农支出地方占比越高 TFP 增长率越大,但从长期来看,影响逐步由正变负。现实中我国地方政府对支农资金的使用往往缺乏长远考虑,许多是临时补助性质,短期内会有一定的正向影响,但长期来看带来的是负面影响。

⑥方差分解

表 4-15 和图 4-26 是 TFP 增长率与各支出项目地方占比 VAR 模型的方差分解结果,反映各支出项目地方占比冲击对 TFP 增长率的均方差所做的贡献。

从表 4-15 和图 4-26 可以看出,教育支出地方占比对 TFP 增长率的影响较小,解释程度较低。科技支出地方占比的解释程度逐步增强,第四期达到 28%,此后呈比较稳定的解释状态。医疗卫生支出地方占比、社会保障支出地方占比的解释程度在前期都不明显,随着期数的增加逐步增强,在第六期时分别达到 19.4% 和 13.4%,此后比较稳定。一般公共服务支出地方占比的解释程度整体较高,第五期以后达到 30% 多。支农支出地方占比第一期的解释程度不明显,以后各期逐步增强,第六期达到 15%。

表 4-15 TFP 增长率与各项目地方支出占比 VAR 模型的方差分解

预测期	教育支出	科技支出	医疗卫生支出	社会保障支出	一般公共服务支出	支农支出
1	0	0	0	0	0	0
2	.000293	.197022	.030467	.033826	.108584	.058687
3	.000815	.263072	.044616	.077122	.215096	.134765
4	.001419	.280457	.092343	.109878	.281949	.130588
5	.002001	.28138	.153691	.127414	.318706	.141707
6	.002507	.282169	.193995	.133878	.33787	.150686
7	.00292	.284407	.198417	.13511	.347567	.150456
8	.003243	.286171	.19524	.134887	.35237	.152631

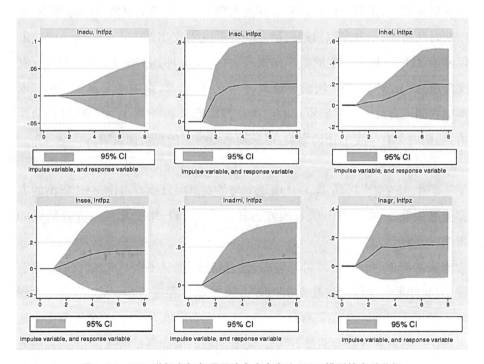

图 4-26 TFP 增长率与各项目地方支出占比 VAR 模型的方差分解

（二）公共支出结构绩效评估

1.研究框架

根据数据可得性,本书选取教育、科技、医疗、社会保障、农业等项目,从投入—产出角度分别分析不同年份政府对各项目的财政投入—产出效率,并采用加权平均的办法对选取的所有支出项目总的投入—产出效率进行分析;在此基础上进一步考察不同项目在财政总支出中的占比及不同项目地方支出占比对其效率的影响,为公共支出资金分配的调整、进而公共经济责任划分的调整提供一定的实证依据。

2.指标选取和数据说明

（1）指标选取

在研究方法上,本书采用非参数的DEA模型,由于DEA模型是利用决策单元的投入及产出指标数据对决策单元的相对有效性进行评价,因此绩效评价的指标体系由投入指标和产出指标两大部分构成。本书选取教育、科技、医疗卫生、社会保障、支农支出的预算内财政支出作为研究的投入变量;产出指标由教育、科技、医疗卫生、社会保障、支农五个一级指标组成,并根据研究目的与指标选取原则分别细化得到二级子指标。

我国由财政资金支持的教育项目主要包括初等、中等和高等教育,本书在教育产出指标上选取小学、初中、高中、普通高校师生比等要素,作为衡量公共支出在教育方面的绩效成果;科技方面将技术市场成交合同金额、专利申请受理数量作为产出指标;医疗卫生方面选取每千人口卫生技术人员数、医疗卫生机构床位数作为产出指标;社会保障选取年末参加养老保险人数、年末参加生育保险人数、年末参加失业保险人数作为产出指标;农业方面选取灌溉区有效灌溉面积、农村居民人均生活消费支出、单位面积粮食作物产量、农林牧渔业总产值作为产出指标。

（2）数据来源及处理

本书分别把选取的各支出项目作为决策单元（DMU）,考察1992—2014年各项目的财政支出效率的差异情况和变动趋势,投入的数据来自各年的

《中国财政年鉴》,产出数据来自《中国统计年鉴》。

由于各项目的投入变量和产出变量有不同的单位和不同的变异程度,本书对所有子指标进行了标准化处理,即使之除以各自历年的平均值,正规化后的子指标的均值为1;对于涉及价格因素的变量,则首先对其用CPI定基指数进行处理再标准化。在对各子指标进行标准化处理以后,对各项目下的分指标的标准化值赋予相同的权重,通过加权平均得到各项目的综合产出指标数值。

在对选取的所有项目的投入、产出进行综合分析时,投入和产出数值的确定,则是在对各指标进行标准化处理后,根据各项目财政支出在所有项目支出总和中的占比进行加权平均,将加权平均的总投入和总产出进行DEA分析。

3.绩效评估方法

本书采用的数据包络分析方法(data envelopment analysis,DEA),由法里尔(Farrell)开创,查内斯等人(Charnes,et al)对其进行了发展和推广,近30年来迅速发展并被广泛应用。DEA是基于"相对效率",主要采用线性规划法,测算具有多种投入、多种产出的"部门"或"单位"(决策单元Decision Making Unit,简记DMU)绩效和相对效率的核算方法,过程如下。

假设有n个决策单元DMU,这n个DMU都是具有可比性的,每个决策单元都有m种输入和s种输出,用X_j表示输入,用Y_j表示输出,则

$$X_j = (x_{1j}, x_{2j}, \ldots, x_{mj})^T, Y_j = (y_{1j}, y_{2j}, \cdots, y_{sj})^T, j = 1, 2 \cdots n, x_{ij} > 0, y_{rj} > 0 (i = 1, 2 \cdots m, r = 1, 2 \cdots s)$$

其中,x_{ij}表示第j个决策单DMU$_j$的第i项输入量;y_{rj}表示第j个决策单元DMU$_j$的第r项输出量,则第j个决策单元效率的计算就转化成了线性规划问题。用(X_j,Y_j)表示第j个DMU的整个行为结果活动,那么通过对每个DMU进行线性规划,第j个DMU的效率结果为:

$$\max h_j = \frac{\sum_{r=1}^{s} u_r y_{rj}}{\sum_{i=1}^{m} v_i x_{ij}}$$

s.t.

$$\frac{\sum_{r=1}^{s} u_r y_{rj}}{\sum_{i=1}^{m} v_i x_{ij}} \leqslant 1 ; u = (u_1, u_2, \cdots, u_s)^T \geqslant 0 ; v = (v_1, v_2, \cdots, v_s)^T \geqslant 0 。$$

用 DEA 方法可以将外部环境设定为规模报酬不变(CRS)和规模报酬可变(VRS),可以从输入或者输出,或者不考虑输入、输出来核算效率。本书研究在可变规模报酬情况下不考虑输入、输出角度,测量 DMU 的 DEA 的效率。DEA 效率最大值为 1,效率越接近 1 表示效率越高。

4. 运用 DEA 模型评价结果

本书运用 MAXDEA 软件,运行 DEA 模型,得到所选各支出项目的 DEA 评价结果(即 DEA 有效性系数),通过加权平均办法对相关数据进行处理最后得到总效率值,所得结果如表 4-16 和图 4-27 所示。

从总效率值来看,1994—1998 年呈下降趋势,1999—2000 年出现了短暂上升,2001—2003 年又出现下降,2003 年以后基本呈上升趋势,2013—2014年,DEA 有效性系数都为 1,为 DEA 有效。1994—1998 年的下降可能跟财税体制改革和经济过热有关;之后呈现的总体上升趋势,说明通过政府加强预算绩效管理等措施,我国公共支出效率在不断提升。从分项支出来看,不同支出项目的 DEA 有效性系数差异显著,变化趋势也有不同,但 2013—2014 年,所有项目的 DEA 有效性系数都为 1,都为 DEA 有效。

表 4-16　各支出项目投入产出效率(1992—2014)

年份	各支出项目效率					总效率
year	教育 (eduscore)	科技 (sciscore)	医疗卫生 (helscore)	社会保障 (ssescore)	支农 (agrscore)	zscore
1992	1.0000	0.8640	1.0000	—	0.9911	—
1993	1.0000	0.8284	0.9788	—	1.0000	—
1994	0.9500	0.9094	0.9933	1.0000	0.9291	0.9469
1995	0.8924	1.0000	1.0000	1.0000	1.0000	0.9529
1996	0.8509	1.0000	0.9962	1.0000	1.0000	0.9342
1997	0.8233	0.9212	1.0000	1.0000	1.0000	0.9171

续表

年份	各支出项目效率					总效率
1998	0.8164	0.9526	0.9939	0.9367	1.0000	0.9102
1999	0.8602	0.8099	0.9902	1.0000	0.9921	0.9257
2000	0.9120	0.8960	0.9834	1.0000	1.0000	0.9563
2001	0.9246	0.8219	0.9705	0.9379	0.9872	0.9305
2002	0.9390	0.7585	0.9075	0.8441	0.9811	0.8916
2003	0.9680	0.7730	0.8872	0.8759	0.9972	0.9126
2004	0.9960	0.8167	0.9311	0.8772	0.9879	0.9328
2005	1.0000	0.8125	0.9413	0.8672	1.0000	0.9322
2006	1.0000	0.7588	0.9498	0.9038	1.0000	0.9376
2007	0.9796	0.7458	0.9142	0.9177	0.9837	0.9297
2008	0.9874	0.7602	0.9403	0.9468	1.0000	0.9508
2009	1.0000	0.6957	0.8929	0.9725	0.9918	0.9473
2010	0.9957	0.6949	0.9240	0.9743	0.9742	0.9448
2011	0.9570	0.8463	0.8905	0.9758	0.9873	0.9478
2012	0.9428	0.9290	0.9680	1.0000	0.9927	0.9671
2013	1.0000	1.0000	1.0000	1.0000	1.0000	1.0000
2014	1.0000	1.0000	1.0000	1.0000	1.0000	1.0000

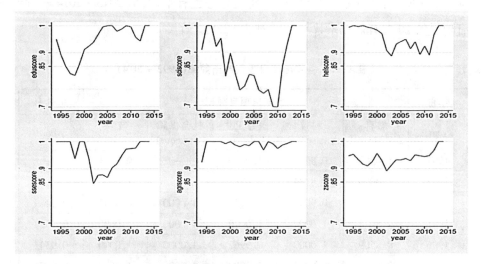

图4-27　各支出项目投入产出效率趋势图

教育支出,1992—1993 年 DEA 有效性系数都为 1,为 DEA 有效,1994—1998 年出现明显下降,1998 年下降至 0.8164 的低点,此后 1999—2005 年呈明显上升趋势,2005 年和 2006 年 DEA 有效性系数均为 1,2007—2012 年波动性小幅下降,此后上升为 1。1994 年我国开始实行分税制财政体制改革,政府的教育责任分散到中央和地方,并以地方管理为主,财权上收使得地方政府收不抵支,且在不合理的政府官员考核和激励机制下,地方政府多重视生产性领域投资的规模和效率,而忽视教育等非生产性领域的支出效率,使得教育支出的效率水平出现下降。其后随着教育管理体制改革的不断深化、教育基本公共服务均等化的推进、教育信息化的发展等,包括 2010 年《国家中长期教育改革和发展规划纲要(2010—2020 年)》的颁布,教育支出的效率水平开始不断上升。

科技支出,1992—1996 年 DEA 有效性系数整体呈上升趋势,其中 1995—1996 年 DEA 有效性系数都为 1,1997—2010 年呈现明显的波动性下降趋势,2010 下降至 0.6949 的低点,2010 年以后明显上升,2013—2014 年 DEA 有效性系数都为 1。分税制财政体制改革以后,与教育类似国家对科技发展重视不够,财政科技投入比例不断下降,财政科技投入决策、管理欠科学,科研项目经费投入分散、使用效率低下,科研项目市场化产业化程度低,这些因素都导致科研支出 DEA 有效性系数下降;随着《国家中长期科学和技术发展规划纲要(2006—2020 年)》的实施,以及科技支出绩效管理的不断加强,科研支出 DEA 有效性系数出现回升。

医疗卫生支出,1992—1997 年 DEA 有效性系数整体上为 1,为 DEA 有效,1998—2003 年呈现下降趋势,2003 年达到 0.8872 的低点,2004—2006 年小幅上升,2007—2011 年波动性小幅下降,之后回升至 1。在医疗卫生支出的安排上,地方政府更具有信息优势,能够较详细地了解地方居民的要求和医疗卫生事业发展出现的问题,因此信息优势一定程度上会抵消分税制后不合理激励机制的负面影响,医疗卫生支出 DEA 有效性系数相对较高,但随着地方政府财政支出不足及完成绩效考核压力的加大,政府医疗卫生支出的效率下降幅度不断增加;近些年医疗卫生体制改革不断推进,医疗卫生支出 DEA 有效性系数出现回升。

社会保障支出,1994—2000 年之间,除 1998 年出现一个较低值外,各年的 DEA 有效性系数均为 1,为 DEA 有效,2001—2002 有明显下降,2002 年下降到 0.8441 的低点,之后基本呈上升趋势至 DEA 有效性系数为 1。养老保险、医疗保险是社会保障支出的主体,其中尤其是医疗保险较为复杂,由地方负责更具信息优势,一定程度上能促进效率的提升;但社会保障同样不能在短期内提升官员政绩,一定时期内成为政府工作中的边缘项目,效率出现下降;随着中央对社会保障工作重视力度的加大,新型农村医疗保险、新型农村养老保险等陆续推出,并于 2008 年通过部门调整组建了中国人力资源与社会保障部,地方政府对社会保障工作的重视程度也相应提升,一定程度上促进了社会保障支出效率的提高。

支农支出,DEA 有效性系数除 1994 年为 0.9291 外,各年都保持在较高的水平,DEA 有效性系数为 1 或接近 1。一直以来我国对农业都比较重视,中央财政负责全国性农业财政政策的制定以及重要农业财政专项资金管理制度的制定,能够从宏观上对支农支出进行把握,而地方作为财政支农资金的主体具有一定的信息优势,这些都有利于保证支农支出的效率,但不可否认我国的支农资金涉及主管部门较多、监督机制不健全,因此支农资金在预算决策、审批拨付、项目执行中存在许多问题。

5. 公共支出结构对绩效的影响

本节第一阶段运用非参数方法测算得到了所选支出项目的效率值;在第二阶段运用 VAR 模型分别分析所选各项目在财政总支出中的占比及地方支出占比对效率值的影响。分析过程及所需支出项目数据同上,首先对各模型中的变量进行单位根检验,然后对各模型的阶数进行识别,进而进行回归和模型的稳定性检验,最后进行脉冲响应和方差分解分析。经检验各原时间序列都是一阶单整的,可以进行进一步统计分析,由于侧重应用脉冲响应和方差分解进行分析,这里只列出方程稳定性检验、脉冲响应和方差分解的结果。

(1)公共支出的横向配置对各支出项目绩效的影响

本部分分析所选支出项目在财政总支中的占比对其绩效的影响,所选项目的占比数值采用该项目预算内支出占财政总支出的比重,项目绩效采用前述测算得到的 DEA 有效性系数值。通过 VAR 模型对各组变量进行回归分析,得出的主要结果如图 4-28、图 4-29、图 4-30 所示和表 4-17 所示。

由图 4-28 可以看出,教育、科技、医疗卫生、社会保障、支农等各支出项目效率与其在财政总支出中的占比情况组成的五个 VAR 模型,特征根都位于单位圆内,因此可以认为五个 VAR 模型是稳定的。

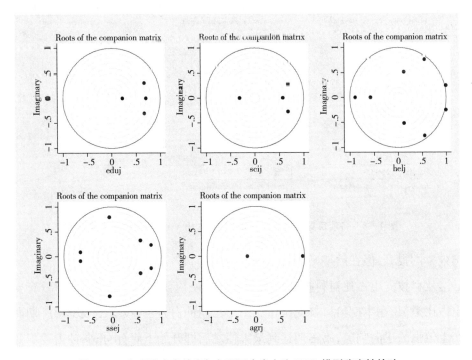

图 4-28　各项目支出效率与各项目支出占比 VAR 模型稳定性检验

图 4-29 是各 VAR 模型的脉冲响应图,可以看出各项目的效率分别受到各项目支出占比一个标准差单位的正冲击后,会产生不同的反应。

从教育支出占比对教育支出效率的脉冲响应函数图可以看出,在本期给教育支出占比一个正向冲击后,初始对教育支出效率产生的是不断增强的正向冲击,第三期达到最大值之后即开始下降,第六期之后变为负向冲击。说明教育支出占比增加对教育支出效率在前期产生的是正面影响,会促进教育支

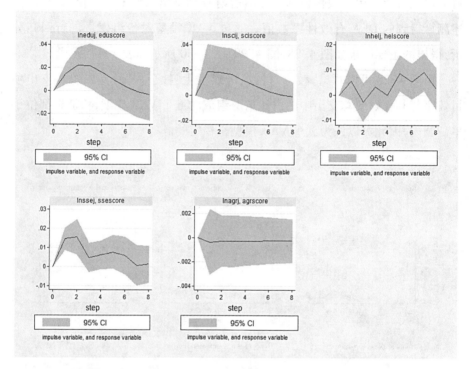

图4-29　各项目支出效率与各项目支出占比 VAR 模型的脉冲响应

出效率的提升,但在后期则变弱,并有一定负面影响。

从科技支出占比对科技支出效率的脉冲响应函数图可以看出,与教育支出占比类似,在本期给科技支出占比一个正向冲击后,科技支出效率第一期即产生较强的正向响应,第三期达到最大值之后即开始下降,由正向冲击逐步变为负向冲击。说明科技支出占比增加会迅速提升科技支出的效率,随着时间的延长,作用逐步减弱。

从医疗支出占比对医疗支出效率的脉冲响应函数图可以看出,在本期给医疗支出占比一个正向冲击后,医疗支出效率在第一期呈现正向响应,第二期变为负向响应,第三期之后又变为波动性的正向响应。说明医疗支出占比增加整体上对医疗支出效率产生的是正面影响,会促进医疗支出效率的提高。

从社会保障支出占比对社会保障支出效率的脉冲响应函数图可以看出,在本期给社会保障支出占比一个正向冲击后,社会保障支出效率在第一期和第二期均产生较强的正向响应,第三期正向响应下降,之后正向响应小幅波动继续下降,第七期之后趋于稳定。说明社会保障支出占比增加开始会对社会保障支出效率产生较强的正面影响,促进社会保障支出效率的提升,之后随着时间延长正面影响逐步减小。

从支农支出占比对支农支出效率的脉冲响应函数图可以看出,在本期给支农支出占比一个正向冲击后,支农支出效率在第一期呈微弱的负面响应,之后响应几乎消失。说明支农支出占比增加对支农支出效率的影响不大,农业生产效率的提升更多来自其他方面。

从表4-17和图4-30方差分解情况,可以看出教育支出占比对教育支出效率的解释程度逐步增加,第六期开始基本维持在43%的水平,有较高的解释程度。科技支出占比对科技支出效率的解释程度也逐步增加,第六期开始基本维持在15%的水平。医疗支出占比对医疗支出效率的解释程度在前五期较弱,第六期迅速增加,第八期达到26%。社会保障支出占比对社会保障支出效率的解释程度第二期即达到较高的水平,第三期又有小幅上升,之后保持在48%左右。支农支出占比对支农支出效率的解释程度不明显。

表4-17 各项目支出效率与各项目支出占比 VAR 模型的方差分解结果

预测期	教育支出	科技支出	医疗卫生支出	社会保障支出	支农支出
1	0	0	0	0	0
2	.185676	.065431	.046645	.428385	.000499
3	.315954	.102762	.057058	.508872	.000817
4	.385954	.13256	.069357	.493279	.001136
5	.41976	.148103	.066692	.479436	.001432
6	.432163	.153849	.156254	.48437	.001709
7	.433996	.154323	.185248	.492752	.001968
8	.432993	.153302	.260007	.492457	.002211

(2)公共支出的纵向配置对绩效的影响

本部分分析所选项目的地方财政支出占比对其绩效的影响,各项目地方

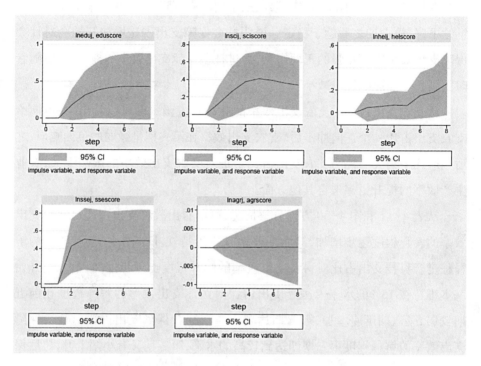

图 4-30 各项目支出效率与各项目支出占比 VAR 模型的方差分解

支出占比数值采用该项目地方预算内支出占该项目预算内总支出的比重,各支出项目总的地方占比数值通过加权平均法得到,项目绩效采用前述测算得到的 DEA 有效性系数值。确定各数据指标后,通过 VAR 模型对各组变量进行回归分析,得出的主要结果如表 4-18、图 4-31、图 4-32、图 4-33 所示。

由图 4-31 可以看出,各项目支出效率以及其总效率与地方支出占比情况组成的六个 VAR 模型,特征根都位于单位圆内,因此可以认为六个 VAR 模型是稳定的。

图 4-32 是各 VAR 模型的脉冲响应图,各项目的效率分别受到各项目地方支出占比一个标准差单位的正冲击后,会产生不同的反应。

从教育支出地方占比对教育支出效率的脉冲响应函数图可以看出,在本期给教育支出地方占比一个正向冲击后,教育支出效率在第一期是比较微弱的正向响应,之后正向响应逐步减小,第三期到第五期正向响应逐步增强,第

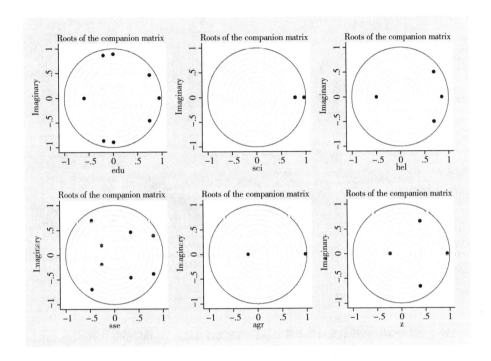

图 4-31　各项目支出效率与各项目地方支出占比 VAR 模型稳定性检验

五期到第七期逐步下降。说明教育地方占比提高对教育支出效率的影响虽然有波动,但整体呈现正向影响。

从科技支出地方占比对科技支出效率的脉冲响应函数图可以看出,在本期给科技支出地方占比一个正向冲击后,科技支出效率呈现逐步增强的负向响应,第四期以后逐步稳定。说明科技支出地方占比提高对科技支出效率产生的是负向影响。

从医疗卫生支出地方占比对医疗卫生支出效率的脉冲响应函数图可以看出,在本期给医疗卫生支出地方占比一个正向冲击后,医疗卫生支出效率在第一期是正向响应,之后正向响应逐步减小并变为负向响应,在第六期负向响应达到最大,第八期以后逐步稳定。说明医疗卫生支出地方占比提高短期内有利于医疗卫生支出效率的提高,但从长期来看,带来的则是负面影响。

从社会保障支出地方占比对社会保障支出效率的脉冲响应函数图可以看

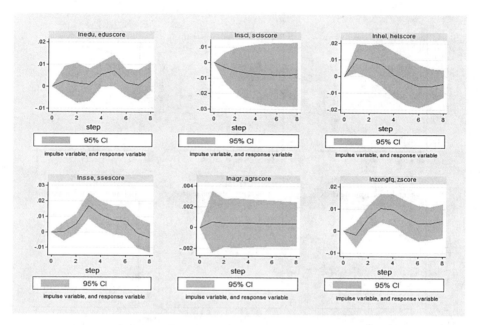

图 4-32　各项目支出效率与各项目地方支出占比 VAR 模型的脉冲响应

出,在本期给社会保障支出地方占比一个正向冲击后,对社会保障支出效率产生的是正向冲击,并在第三期达到最大,之后正向冲击逐步降低并变为负向冲击,逐步趋于稳定。说明社会保障支出地方占比提高短期内有利于社会保障支出效率的提高,但从长期来看,带来的则是负面影响。

从支农支出地方占比对支农支出效率的脉冲响应函数图可以看出,在本期给支农支出地方占比一个正向冲击后,支农支出效率有极微弱的正向响应,之后响应趋近于 0。说明支农支出地方占比提高对支农支出效率的影响不明显。

从各项目总的地方占比对总的效率的脉冲响应函数图可以看出,在本期给总地方支出占比一个正向冲击后,总的效率第一期呈微弱负向响应,之后转为正向响应,第三期达到最大,第三期以后正向响应下降,第六期以后逐步稳定。说明地方财政支出比重提高开始可能带来效率的小幅降低,但长期来看对效率则是正向影响。

表 4-18 和图 4-33 是各支出项目效率与各项目地方支出占比 VAR 模型

的方差分解结果,反映各项目地方支出占比冲击对各项目支出效率的均方差所做的贡献。

表4-18 各项目支出效率与各项目地方支出占比 VAR 模型的方差分解结果

预测期	教育支出	科技支出	医疗支出	社会保障支出	支农支出	各分项支出加总
1	0	0	0	0	0	0
2	.00838	.001924	.124279	.000133	.000195	.014968
3	.009982	.006138	.154363	.0553	.00032	.139324
4	.01003	.012174	.176761	.376039	.000445	.372188
5	.035424	.01943	.176612	.321398	.000562	.486464
6	.074881	.027345	.18125	.30203	.000672	.520129
7	.076258	.035479	.198293	.299705	.000775	.521394
8	.076389	.043532	.215868	.286418	.000872	.524993

从表4-18和图4-33可以看出,教育支出地方占比对教育支出效率前期的影响较小,解释程度较低,但呈逐步增强趋势,第八期达到7.6%。科技支出地方占比的解释程度比教育支出地方占比更低,第八期解释程度为4.4%。医疗卫生支出地方占比对医疗卫生支出效率的解释程度不断增强,第八期达到22%。社会保障支出地方占比的解释程度在前期不明显,第四期迅速增加至38%,之后略有下降,并趋于稳定。支农支出地方占比对支农支出的效率解释程度不太明显,趋近于0。所选各支出项目总的地方占比前两期解释程度不明显,第三期以后大幅增加,第八期达到52%,并逐步趋于稳定。

(三)主要结论及启示

1. 主要结论

本章第一部分运用基于 VAR 模型的动态经济计量分析方法,选取 TFP 增长率作为目标指标,对公共支出横向和纵向配置的效应进行了分析,根据数据的可得性和重要性分别选取了1992—2014年教育支出、科技支出、医疗支出、社会保障支出、一般公共服务支出、支农支出等样本数据,先后进行了单位

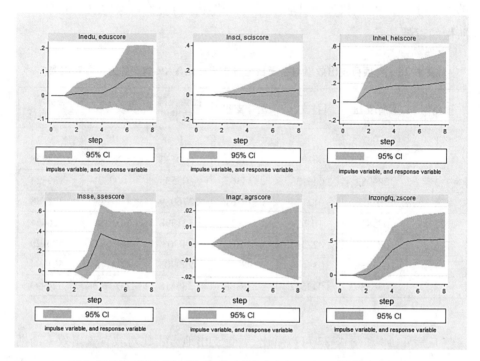

图 4-33　各项目支出效率与各项目地方支出占比 VAR 模型的方差分解

根检验、阶数识别、参数估计、模型稳定性检验、脉冲分析、方差分解等实证检验,得到 TFP 增长率与公共支出的横向和纵向配置关系的基本结论。在公共支出的横向配置上,教育、医疗、行政管理支出在总支出中的占比增加对 TFP 增长率产生负向冲击,社会保障支出占比增加对 TFP 增长率初始产生正向冲击,科技、农业支出占比增加对 TFP 增长率初始产生正向冲击,之后又变为负向冲击;方差分解显示,支农支出、一般公共服务支出、教育支出、医疗支出占比对 TFP 增长率有较高的解释程度,科技支出、社会保障支出占比的解释程度不明显。在公共支出的纵向配置上,科技、医疗卫生、社会保障、农业支出地方占比增加初始均对 TFP 增长率产生负向冲击,教育支出地方占比增加对 TFP 增长率影响较小,支农支出地方占比增加对 TFP 增长率初始是正向冲击;方差分解显示,一般公共服务支出地方占比、科技支出地方占比、医疗支出地方占比对 TFP 增长率的解释程度较高,社会保障支出地方占比及支农支出地方占比对 TFP 增长率也有一定的解释程度,教育支出地方占比对 TFP 增长率的解释程度不明显。

本章第二部分运用非参数的 DEA 模型对公共支出的横向和纵向配置绩效进行评价,根据数据可得性选取 1992—2014 年教育、科技、医疗、社会保障(1994—2014 年)、支农支出五项进行投入—产出分析,并在此基础上进一步通过建立 VAR 模型,分析公共支出的横向和纵向配置对效率的影响。从所得的 DEA 有效性系数来看,教育、科技、医疗、社会保障支出的效率均呈现出先下降后上升的趋势,只是变化的时间和幅度有所不同,支农支出基本保持有效性系数较高的状态,加权平均的总效率值也呈现一定的先下降后上升趋势,其中 1999 年出现波动性上升。从 VAR 分析结果看,教育、科技、医疗、社会保障支出在总支出中的占比增加对各项目绩效初始均产生正向冲击,后期逐步减弱,其中医疗卫生支出占比增加的冲击中间有多次波动,支农支出占比增加对支农效率的冲击不明显;从方差分解结果看,教育、社会保障支出占比对绩效结果有较高的解释程度,科技、医疗卫生支出占比对绩效结果也有一定的解释程度,支农支出的解释程度不明显。教育、医疗、社会保障、总支出地方占比增加整体上对各项目绩效产生正向冲击,科技支出地方占比增加产生负向冲击,支农支出地方占比增加的冲击不明显;从方差分解结果看,地方总支出占比对加权平均效率的解释程度较高,医疗、社会保障支出地方占比也有较高的解释程度,教育支出地方占比的解释程度较弱,科技、支农支出地方占比的解释程度不明显。

2. 启示

(1)不同的公共支出配置会产生不同的影响

政府公共经济责任的履行很大程度上依赖公共支出,对不同的公共物品可以给予不同的财政支持力度,各类公共物品的支出责任可以由不同级次的政府承担,支出安排不同会直接影响公共物品提供的有效性。有的公共支出项目应由中央政府承担较多的公共支出责任,有的应主要由地方负责,有的公共支出项目在公共总支出中应占较高的比例,有的项目则应更加注重资金使用效率的提升。

（2）公共支出配置应适当进行调整

根据前文 VAR 模型分析结果，可对我国当前公共支出的横向和纵向配置进行适当的调整。在公共支出的横向配置上，从分析结果看可加大教育、科技、医疗、社会保障支出的比例，各项分析结果都显示加大社会保障支出的正向效应明显，因此尤其应当加大社会保障支出的比例，这也符合我国当前社会保障水平相对较低的现实情况。在公共支出的纵向配置上，可适当增加中央政府在科研、社会保障和一般公共服务上的支出责任；医疗、支农支出的责任可主要由地方政府负责，但也不应过度干预，应注重资金使用方向和管理方式的选择；教育支出责任可适当考虑由地方政府负责，中央政府也应高度重视做好统筹规划和制度设计。

（3）加强公共经济责任机制建设促进公共物品有效提供

在对公共支出的横向和纵向配置安排进行调整的基础上，还应重视公共资金使用过程中的效率。从分析结果看，有些公共支出项目的效应不太理想，说明资金在使用中可能存在决策、执行、监督、激励、协调不合理的问题等，因此应加强预算管理制度建设，完善公共资金使用过程中的决策、执行、监督问责、激励、协调等机制，保证公共资金的使用方式科学，杜绝铺张、浪费和使用的随意性，使有限的公共资金发挥最大的效用。

（4）通过综合调整提升公共经济责任运行的有效性

公共支出是政府履行公共经济责任的重要基础，但只是公共经济责任履行过程的一个方面。从实证分析中的公共支出实际效果与预期之间的差异可以看出，公共经济责任的履行效果会受到许多因素的共同影响，提高公共经济责任运行的有效性是一项系统性工程。首先要转变发展理念，树立正确的政绩观，政府各部门要更多地关注民生；其次要合理划分各级政府和各政府部门的责任，适当缩小委托—代理链条，强化宏观调控职能，通过合理的制度安排充分发挥中介组织和社会团体的作用，并调动市场主体的积极性；再次应加强公共物品提供的信息化、公开化、民主化建设，提升公共选择的有效性。

总之，通过前述的分析可以看出，我国不断调整的公共经济责任体系在运行中取得了十分卓越的成绩，经济发展水平显著提升、人民生活状况不断改善、社会保持相对稳定。但不可否认我国公共经济责任体系本身及其运行结果仍存在一系列的问题,如许多公共物品的提供主体不明、执行效率不高,地方政府承担相对较多的责任,一些重要公共物品(如法律法规、社会保障)仍提供不足,公共物品提供中的轻重缓急安排不当、铺张浪费时有发生,等等。对存在的这些问题应在深入分析的基础上,继续不断予以调整和矫正。

第五章 我国现行公共经济责任体系 与机制的主要缺陷及成因

通过一系列的改革,我国的公共经济责任体系与机制具有了许多新的内涵,同级政府所属部门及不同级次政府间的公共物品提供责任及相应的公共支出配置不断调整优化,公共经济责任机制也不断完善,为促进社会经济的发展做出了积极贡献。但改革总体还远未到位,同级政府所属部门间横向公共物品提供责任配置不科学,不同级次政府间公共经济责任划分不清晰,公共经济责任机制建设不健全,公共支出结构配置不合理,相关法律法规建设滞后,这些都远不适应社会主义民主政治、服务型政府和现代国家治理体系建设的要求,引致了许多社会矛盾和问题。本章将在上一章定量分析的基础上,对我国现行公共经济责任体系与机制的主要缺陷进行内容更为广泛的定性分析,并对问题产生的原因进行剖析。

一、现行公共经济责任体系的主要缺陷

我国现有法规体系和政府相关决定当中已有不少关于公共经济责任配置的规定,但无论法律法规还是决定和文件,对公共经济责任的划分都比较笼统、粗略,缺乏规范、可操作的具体规定,责任划分的变动也主要依靠各级领导的协商谈判和行政性公文,随意性较大,这是公共经济责任不清的根本制度性原因,导致了各级政府及各政府部门对公共物品提供的随意性和不规范性。

（一）政府间纵向公共经济责任划分不尽合理、有欠清晰

一是在立法层次上，全国人民代表大会及地方各级人民代表大会责任划分不清。如蔡定剑教授所说："全国人民代表大会与地方各级人民代表大会之间，没有上下级的领导与被领导关系。地方各级人大应当遵循和服从本行政区域内人民的意志和利益。这是宪法所规定的一切权力属于人民的原则在地方的体现。"[1]地方人大除遵守和执行宪法、法律、行政法规及上级人大的决议、决定，并接受上级人大的监督指导外，上级人大不得干预地方人大的具体事务。但从我国的实际情况看，全国人代会、省人代会等高层人代会都存在对地方人大发号施令的问题，时常讨论县和乡镇公共经济管理上的具体事务，提出关于基层公共事务的建议，一定程度上削弱了代议制的有效性。

二是在行政层次上，各级政府在管理经济社会事务方面的责任划分不明确、不合理。很多应该由上级乃至中央政府负责的事务却要求下级政府承担一定的责任，如国防、外交、跨区域污染、食品安全等典型应由中央政府负责统筹的事务，都存在地方政府承担部分甚至主要责任的问题；再比如养老保险，从促进劳动力流动来讲，应由中央政府负责资金统筹，但当前的统筹层次还比较低。应该由地方政府负责的事务，如地方基础设施、村容村貌等属于典型的地方性事务，实际中却存在上级乃至中央政府的干预。各级政府共同承担的事务，如教育、卫生等，哪些事情由上级政府负责，哪些事情由下级政府负责，没有明确的规定。现实中还存在打破纵向分工，上级政府指派干部到基层做帮扶工作的情况，产生许多无谓损失。

另外，在现有体制下上级政府还会利用资源配置的权力在行政、人事、财政等方面对下级政府进行控制，并将各种人力、物力资源向城市集中，忽略农村的发展，导致地方尤其是基层政府缺乏自主性，无法因地制宜地履行自身的职能，难以优质、高效地提供公共物品，使城乡二元结构进一步加剧。

三是与职责分工不清相联系，各级政府的公共支出责任划分也不清晰。

---

① 蔡定剑：《全国人大与地方人大是什么关系》，《人民日报》2002 年 3 月 6 日。

一方面地方和基层财政承担了部分上级政府的事项,如预备役部队、民兵训练、海关支出等,许多模糊不清的支出责任也借助政治集权压给地方和基层政府,如基础教育和公共卫生等外溢性较强的公共物品多由县乡财政支出。另一方面,上级财政负责下级政府的一些支出项目,如中央给予地方工资、地方基础设施的专项补助,给予企业的大量财政补贴等。

四是上级政府的垂直管理,使地方政府的职能被削弱。对某些重要的部门实行垂直管理,实现了管理责任的集中,能够一定程度上解决地方管理失控问题。但同时由于丧失了参与部分管理的机会,地方政府职能被削弱,在工作中难以协调各部门的关系,不利于地方根据当地实际情况进行社会经济管理,其能动性不能充分发挥,也因此地方政府拥有了不作为的理由,公共经济运转效率必然降低。

五是在司法层次上,上下级司法机关职能交叉错位,层级隶属关系色彩浓厚。我国宪法规定人民法院上下级之间为监督关系而非领导关系,人民检察院上下级之间为领导关系。但实际上我国法院上下级之间形成了领导与被领导的关系,各级法院内部形成了院长负责的科层结构。检察机关根据"检察一体"原则,上下级之间的行政属性符合其运行规律,但由于外部制约不足,长期以来我国检察机关的行政属性过强,上级检察机关滥用指令,干扰办案的事件常有发生。

(二)同级政府所属部门间横向公共经济责任配置不科学

现代国家治理的复杂性对同级政府所属部门间的分工与合作提出了更高的要求,经济的运行越来越需要部门之间的协调配合,从而同级政府所属部门间横向公共经济责任配置在现代国家治理中的作用越来越重要。我国的同级政府所属部门间横向公共经济责任划分沿袭计划经济时期的安排,还存在不少问题,主要表现在以下方面。

一是立法机关、司法机关行政化倾向明显。人大作为立法机关,主要职责是由人大代表对重大公共经济事项进行立法、决策和监督。按照"议行合一"原则,相当一部分人大代表来自行政部门,因此不可避免地会存在对具体行政事务干预的倾向;同时由于人大的立法职能未充分发挥,行政部门立法或授权行政部门立法长期居于主导地位,使立法和行政职能混淆。另外我国的司法机关也有较浓厚的行政化色彩,法官存在官阶划分,法院层级越高,法官行政级别越高,这种等级划分使司法独立难以实现。立法机关和司法机关的行政化倾向,不利于政府公共经济责任的合理分工和配置,妨碍公共经济的有效运行,如目前很多监管型机构与行政型机构的机制设计没有什么差别,从而使得其监管职能很难充分发挥。

二是同级行政部门之间公共经济责任交叉。我国的同级行政部门可分为业务主管部门、环节管理部门和要素管理部门,业务主管部门与环节管理部门职责交叉,与要素管理部门各自为政,导致多头决策、执行不力等问题①。由于对责任认识不足,权力缺乏约束,各行政部门缺乏大局观念,多从部门利益出发争取更多的预算、管理权、审批权等,对有利可图的事务互相争夺,对成本大于收益的事务如环境保护、社会保障等,则倾向于互相推脱。现实中很多由多个主体共同提供的公共物品,存在重复提供、提供漏洞和协调成本增加等问题;公民在办理某个事项时,常需要经若干部门同意,手续繁琐,严重影响政府服务质量;出现问题后各部门之间又互相推诿,使问题得不到及时解决。

一些重点领域影响较大的问题,很大程度上是由于部门权责不清导致的,如食品安全问题,涉及的监管部门包括质检、工商、卫生、农业、工信、公安等,多头管理使得协调难度大,而且尽管管理部门众多,在某些事项上仍存在管理空白,出现问题各部门互相推诿。

三是党委与政府职能交叉,界线模糊。党委应当主要负责领导性和方向性的工作,主要解决价值观、道德、信念、发展路径等方面的问题,政府则应主要负责具体的事务性、管理性工作。从公共经济的角度来讲,党委主要解决公共经济的发展方向问题,政府负责公共经济运行的具体事务。但从现实来看,党委将大量精力用在具体的事务上,与政府事务大量重叠。党委和政府职责不清,不利于对公共经济进行有效的顶层设计,影响公共经济发展的全局。

①　薛刚凌:《中央政府权力结构的改革与转型》,《中国焦点》2014年第1期。

四是司法机关受制于行政机关,司法机关内部职责交叉混同。我国宪法明确规定,人民法院依法独立行使审判权,人民检察院依法独立行使检察权,不受行政机关、社会团体和个人的干涉,突出了司法机关不同于立法、行政机关的权力属性。但现实中我国的司法机关常受制于行政机关,司法活动往往受到行政机关的干预,司法活动难以独立,司法公正难以实现,如在司法机关的人事管理上,各级行政机关有决定性的权力,司法机关所需财务均由同级行政机关保障等。司法机关内部,公安机关、检察机关、法院、司法行政机关之间司法职权配置交叉混同、相互配合不足,如公安机关对刑事犯罪的侦查与司法行政机关对刑罚执行职能的相互交叉混同,人民法院作为审判机关的裁判职能与司法行政机关的生效裁判执行职能的交叉混同等,这种裁判与执行的合一,往往成为司法不公、司法腐败的根源。

(三)公共经济权力配置与公共经济责任划分脱节

责任与权力保持一致应当作为政府管理活动的一项基本原则,其在理论上不存在争议,但现实中责任与权力脱节普遍,并成为国家治理、社会问题百出的一般根源。

我国政府在对社会经济事务的管理中长期存在部门分割、条块分割、地区分割,导致了公共经济责任建设中责、权严重分离的情况,有的部门承担了繁重的公共物品提供责任,但没有与之匹配的公共经济权力来调配履行责任需要的各类资源,导致公共物品提供责任不能有效履行;有的部门承担的责任少、掌握的权力多,再加上权力缺乏约束,加剧了权力滥用、权钱交易等现象;存在合作的部门之间责、权不一致情况同样存在;实践中也天然存在着权力的扩张性和责任的收缩性,使责任和权力脱节。过多关注权力的分配,缺乏责任体系的建设,使责任主体不清、责任追究虚置,严重束缚着公共经济的有效运转及社会主体自主性、创造性的发挥。

(四)公共支出责任下移,财力、财权配置与公共经济责任划分不匹配

政府要履行公共经济责任、提供公共物品,必须要有充足的财力作支撑,

财力不足,公共物品的有效提供无从谈起。一般来讲,公共物品的提供责任应与公共支出责任保持一致,财权、财力应与公共支出责任相匹配,财权、财力相对不足,则不能保证责任的履行,财权、财力相对过多,又会造成浪费。当通过拥有的财权获得的财力不能保证公共支出需要时,可通过纵向或横向的转移支付来满足。我国在公共物品的提供责任划分不清晰的情况下,各级政府及同级政府所属部门的公共支出责任很难有明确的界限,即使责任划分清楚,也存在政治压力下支出责任下移的问题。

　　纵向上,分税制体制改革以后在责任和财力关系上,主要表现为地方政府承担了较多的责任,而财力并不充足,部分地区甚至存在严峻的财政困难。我国是政治上集权的单一制国家,由于在法律制定、人事任免及财力分配上具有先天的优势,中央政府对全国性的事务具有决定性的权力,地方政府"下管一级",下一级政府对上一级政府负责,接受上级政府的指令、指导、监督和检查。在这种政治集权的情况下,上级乃至中央政府不愿承担以及在各级政府间存在交叉重叠的公共物品提供责任往往压给下级乃至基层政府,如教育、医疗、环境保护等国际上大都由中央政府负责并承担支出责任,但我国却将其提供责任下放给了地方政府,由地方政府承担主要的支出责任。

　　地方政府承担过多的公共物品提供及公共支出责任,理应有相应的财力做支撑,但我国地方税制体系还不健全,再加上省以下财政收入划分不明确,地方尤其基层政府可自主支配财力有限,于是便出现了地方政府承担的责任与自身拥有的财力不匹配的情况。通常这种情况下财力的不足可通过中央或上级政府的转移支付来弥补,但由于政府责任划分不清,转移支付难以有效发挥财力调节作用,事实上地方承担了许多超出范围的支出责任,却没有得到足够的转移支付资金的补助。而且在下级政府向上级政府争取补助的过程中,形成大量的人力、物力、财力损失,大大降低了公共物品的提供效率。财力不足造成地方财政困难,甚至自身难以正常运转,引起地方政府行为的缺位和变异,一方面地方政府在对公共物品的提供上严重欠账,另一方面在地方政府寻求其他资金来源过程中,出现了许多问题,如地方债务急剧攀升、土地财政大行其道、乱收费屡禁不止等,引发了一定的财政风险和政治风险。

横向上,存在财政管理分散化及部门可支配财力与责任不匹配的问题。在各部门间职责不清的情况下,财政资金在各部门分割使用,各部门又设各类基金自主支配,财政调控乏力,无法对各部门支出进行有效的管理。在这种情况下,财力充裕部门的资金被随意使用,奢侈浪费严重,而急需资金的部门又捉襟见肘,不能满足提供公共物品的需要,强化了公共支出结构的扭曲和财政资金使用的低效率。

二、现行公共经济责任机制存在的主要弊端

(一)公共经济责任决策机制不科学

决策实质上是对公共资源的配置、调整和再分配的决定,是公共经济责任履行的核心环节,决策能力的高低直接影响到国家治理能力。尽管我国的公共经济责任决策机制随着市场经济体制的逐步完善在不断优化,但决策系统仍缺乏科学性,还未实现从个人决策到组织决策、从非程序决策到程序决策的转变,还存在许多需要进一步完善的问题。

一是各级政府、各政府部门决策范围过宽。政府职能应是政府决策的依据和范围所在,超越政府职能的决策则属于政府的越位行为。随着市场经济体制的初步确立,我国政府职能也由经济建设为主转向提供公共物品和公共服务为主,相应的政府决策应限于公共物品领域。但从现实来看,政府不仅直接对水、电、气等垄断性公共投资直接进行决策,也参与大量一般竞争性领域的投资决策。事实上政府对垄断性公共投资只应承担规制和监管责任,对一般竞争性领域则应完全退出,政府对这些领域进行决策,往往会由于自利性和掌握信息的有限性产生很大的风险。

二是决策责任机制缺失。政府决策科学化需要决策者有较强的责任意识和较高的决策素质,根本上还需要有有效的决策责任机制。我国当前的政府决策责任机制建设还存在许多不明确的方面,如:决策责任主体不明确,在"集体决策,集体负责"中,由集体中的党委还是政府负责、主管领导还是分管

领导负责,没有明确的界定,出现决策失误后无人承担实际责任;对决策失误如何进行追究和惩处,也缺乏严格的规定。

三是决策程序不规范,缺乏系统性。决策程序的完整和严谨性是科学决策的特征和关键,一般来讲现代化的决策系统应包括信息调查、咨询和论证、定选方案、反馈和修正等几个环节,经过多年的发展我国也建立了一些相关的制度,如民主集中制制度、听证制度、公示制度、专家咨询制度、决策评估制度等,但在执行中缺乏系统性和规范性,难以对决策过程形成较强的约束力。现实中许多决策没有经过深入的调查和充分论证,往往凭感觉,体现主管领导的意志,甚至被论证推翻的决策也照样通过,或以"论证"为借口推卸责任,决策试运行的情况也不能得到及时反馈或没有反馈;另外由于政府级次较多,存在信息上报不及时和信息失真,也导致一些决策的失误和延误。

四是立法机关在决策中发挥作用有限,决策民主化程度不高。我国宪法明确规定,国家的重大决策要由各级人民代表大会及其常务委员会作出或得到其批准,国务院及各级政府负责执行,但现实中各项决策基本由国务院及各级政府主导作出,然后由人大通过即可,人大未能充分发挥最高权力机关应有的作用。即使由人大进行决议的问题也多是政府内部提出,方案单一,人大代表的提案未能得到应有的重视。由于缺乏参与渠道,普通公众很难参与到政府的决策过程中,决策的民主化程度较低。

(二)公共经济责任执行机制低效率

执行是将决策结果转化为现实的过程,是履行公共经济责任的重要环节。政策执行中容易出现执行难、乱执行、执行效率低等问题,导致公共政策的失败和政府的无效率,为确保公共决策执行的优质高效,防止或消除执行中的偏差,需要有良好的执行机制设计。我国已经构建了政策执行的基本机制,执行程序和环节也在不断完善,但总体上执行机制仍存在一些问题。

一是执行主体单一,"官本位"思想严重。我国政府决策的执行主要依赖于各级政府组织及相关公务人员,非政府组织和社会公众发挥的作用有限,由于缺乏外部的竞争,常常造成政策执行过程中执行人员的以权谋私行为,即执行人员借助政策执行为自己谋取私利;另外还存在政策执行人员执行方式简单机械、执行粗暴等问题,因此政策执行中常常遇到来自社会公众的阻力和质疑,政策执行效率较低。

二是执行中信息沟通机制不健全。一方面上下级政府信息沟通不畅,由于政府级次较多,执行责任在逐层向下传递过程中可能会失真,出现执行人员对政策理解的偏差,甚至出现选择性执行等问题,下级政府在向上级汇报执行情况时也会对信息进行选择,隐瞒实际情况;另一方面政府政策执行情况缺乏公开性,公众不能及时了解政府政策的执行信息,无法对政策执行进行反馈。

三是执行流程不规范、操作性不强。一般完整的执行流程应包括执行计划的制定、执行任务的解释宣传、执行所需人财物的确定、执行的反馈等步骤,现实中许多政策的执行没有参照严格的执行流程,往往因执行者主观意志、人情关系、固有观念等非制度性因素,影响政策的有效性。一些例行的事务在执行中,相关部门不断制定和实施各种规章,程序繁琐,导致民怨频发以及社会运行的低效率。

(三)公共经济履责协调机制不规范

公共经济责任在同级政府所属部门及各级政府间划分清晰,运行机制上决策、执行和问责各环节相互分开,势在必行。但也要避免走入误区,认为分得越开越好,从而使各相关机构和各运行环节互不相干。各层级政府和政府各部门缺乏合作和协调,同样会使公共物品的提供效率和效果下降,尤其我国当前还存在中央政府控制乏力、各部门各自为政、责权划分较模糊等问题,因此在明晰责任划分的同时,还应当注意责任体系和运行机制整体上的协调统一,建立起有效的各政府机构和各运行环节间的协调机制。我国当前已建立起了数量庞大的协调机构,但整体效率比较低,实际效果不理想。

一是协调机制缺失。在公共物品的提供责任上,我国各部门和各地区的协作能力整体上比较强,但在环境保护、安全生产、食品安全等方面,协调机制缺失问题比较突出,例如在假冒伪劣产品的治理上,工商、公安、质监等部门分别负责一些事项,在一些职责存在交叉的方面有责任空隙,找不到具体负责的部门。在运行过程上,决策、执行和问责等各环节都存在协调缺乏的问题,由于各级政府和各政府部门间缺乏沟通和协商,导致了决策结果存在冲突、政策目标难以执行等问题的出现。

二是协调方式单一,随意性大。我国现有的政府纵向和横向协调机制,一般采用行政手段由各部门领导参与和主导,虽然有灵活性和权威性,但由于缺乏制度和法律性手段等正式规则,局限性和随意性很大。协调部门常常是在出现突发事件或涉及某部门利益时临时设立,部门间主动协调配合少,部门领导如果发生调整,协作可能就会结束,或者工作完成协调即结束,协作有不可持续性。另外由于缺乏制度和法律规范,部门间不合作的行为也无法得到有效的监管,协调到何种程度具有不确定性。行政主导的协调方式,助长了各级政府和各政府部门之间的讨价还价,并使政府治理趋向碎片化。由于协调机构设置的随意性比较大,一些由于现有机构责任划分不清、本可以通过现有机构之间的沟通解决的问题,也重新另设了协调机构,进一步促使机构膨胀和效率降低。

三是协调目标不科学。各级政府及各政府部门在协调中往往重视本部门的利益,缺乏全局意识,多从本部门利益而不是公共物品有效提供的角度进行讨论和协商,达不到协调机制应有的目的。

(四)公共经济履责激励机制不健全

根据委托—代理理论,当委托人和代理人存在利益冲突和信息不对称时,应设计合理的契约实现对代理人的激励,减少代理人的机会主义倾向,达到两者的共赢。监督问责可以对代理人形成一定的约束,但即便是健全的监督问责机制也只能使代理人被动地按委托人的意愿行事,不能调动其积极性和主动性,因此应建立有效的、正面的激励机制,激发代理人工作的热情,减少其消极行为。当前我国政府工作人员在履行公共经济责任过程中的低效率、官僚主义等行为,与不健全的激励机制有很大的关系。

首先,考核方式单一,未能做到激励相容。根据财政分权理论,政府和政府官员都是经济人,应设计一套有效的机制对其进行激励,使其个体目标与社会目标一致,实现社会福利的最大化,而考核是对政府及政府公职人员进行激励的重要方式。我国当前的考核机制主要是自上而下的内部考核,缺乏公众等的外部监督,考核指标设计也不够细致。因此形成了具体公共经济责任履行不是以公众利益为中心、不是充分考虑公众的满意水平,而是以上级政府命令为中心,甚至出现为了完成上级命令,不惜损害公共利益的情况。实践中上层公务人员闭门制定政策,中层公务人员单纯传达命令,基层公务人员刻板执行命令,各层级公务人员的积极性得不到充分发挥,效率较低。

其次,薪酬分配不合理,激励效果不佳。按照当前公共部门的薪资分配政策,国家公职人员的基本工资实行全国统一标准,津贴补贴根据各地、各部门自身财力安排。从实际情况看,基本工资所占比重过小,影响公职人员工作的积极性。中国劳动学会副会长兼中国劳动学会薪酬专业委员会会长苏海南说:"我国公务员基本工资的比重约在23%至30%之间,而各类津补贴要占到60%至70%,这是任何国家都没有过的现象。"①中国社会科学院中国廉政研究中心副秘书长高波也指出,从公务员制度比较健全的国家情况看,基本工资与津补贴的比例大致为7∶3或8∶2,工资比例失衡既不利于勤政,也不利于廉政。由于发达地区和不发达地区、"权力部门"和"非权力部门"部门自有财力差距较大,不同地区和部门的公务人员收入差距较大,基层公务人员与上层公务人员工资差距较大,较大的收入差距严重挫伤了低收入公务人员工作的积极性和创造性,出现了玩忽职守、消极怠工等不良现象。

再次,职务晋升中的竞争激励缺失。传统上职务晋升是激励公务人员尽职尽责履行公共经济责任的重要手段,但从当前实践来看,职务晋升的激励作用没有充分发挥出来。当前的职务晋升制度缺乏科学、明确的标准,没有严格的程序,缺乏公开的民主监督,在初始条件大体相同的情况下,"长官意志"则起了主要作用,出现职务晋升中的腐败。而且"领导干部终身制"、晋升空间狭窄、论资排辈等问题,形成职务晋升中的激励黑箱,为公务人员带来一些负

---

① 人民网:《媒体称公务员基本工资与补贴为3∶7结构不合理》,2014年9月11日,见 http://leaders.people.com.cn/n/2014/0911/c58278-25638218.html。

面影响,部分公务人员或对前途迷茫或安分保守。

最后,非利益激励发挥作用有限。单纯跟利益相关的激励不能完全满足公务人员的需求,斯蒂格利茨(1999)曾指出:"有时,非经济激励作用非常强大,以至于看起来似乎可以从根本上取代经济激励,它是经济激励的补充而非完全替代物。"①美国社会心理学家艾森伯格于 20 世纪 80 年代中期也提出,当员工感受到来自于组织方面的支持(如感觉到组织对其关心、支持、认同)时,会受到鼓舞和激励,从而在工作中就会有好的表现。我国当前对公务人员的激励主要是利益相关方面的激励,虽然公务员法也提出了精神激励,但一直未被重视,公务人员的心理感受、职业目标、价值观沟通等方面的激励还比较缺乏。

(五)公共经济监督、问责机制不严格

问责制在我国推行的时间较短,主要被作为事后惩罚的手段,缺乏科学的制度设计,防范功能不足,责任评估和监督机制作为问责的基础也存在许多问题,在政府大力加强廉政建设的背景下,应重新分析和认识问责制体系中存在的问题,使问责制的完善更具有针对性。

在评估机制方面,我国尚未对公共经济责任评估机制的问责功效给予足够的重视,尚未建立起完善的责任评估体系,存在评估指标不科学、评估主体单一、公众参与不足、评估结果作用发挥有限等问题。评估是问责的重要依据,而评估机制不健全,一方面使得评估涵盖的领域有限,不能做到全面评估,另一方面不能保证评估结果的准确性,因此我国当前的评估还未能成为保障问责客观和公正的依据。

从监督控制机制来说,总体上我国已形成了立法机关、行政机关、司法机关、民主党派、社会公众、新闻媒体等多主体的监督体系,但看似庞大的监督体系发挥的作用有限,在机制设计上还存在很多问题。一是各种监督形式的内

---

① [美]约瑟夫·E.斯蒂格利茨:《社会主义向何处去——经济体制转型的理论与证据》,吉林人民出版社 1998 年版,第 90 页。

容过于笼统,存在不同监督环节的交叉重复和相互扯皮,也存在部分监督环节的虚置,最终使监督工作难以落到实处。二是监督主体缺乏独立性,难以真正发挥作用。如我国相关法律规定人大作为立法机关有最高权力、对政府各项工作进行监督,但人大没有调查取证的权力和直接处理事务的权力,而且政府官员占据人大代表的席位较多,因此其监督行为缺乏约束力;行政部门内部的监督受人事、财政等因素影响,往往流于形式,并且监督的手段方式单一,监督职能也不能充分发挥;司法机关缺乏相对的独立性,根据现有法律规定司法机关的监督仅限于违法案件,对一般公共经济责任履行过程的监督则受到限制,有时党委、政府甚至干预司法机关行使职权;社会公众和新闻媒体在政府活动缺乏透明度的情况下,更难以发挥有效的监督作用。

从问责机制来说也存在一些问题,如问责主体、问责客体、问责内容、问责程序都不太明确;缺乏关于问责的相关法律,问责弹性较大,人治性较强;现实中多是对公共行为产生严重不良后果的问责,不带有普遍性。

三、现行公共经济责任体系存在问题的成因

(一)政府与市场的职责边界模糊

新中国成立以后我国实行的是高度集中的计划经济体制,政府包揽一切,统一安排各项社会经济活动,改革开放以后政府将经济建设任务逐步推向市场,市场在资源配置中的基础性作用得到了一定程度的发挥,但政府行为仍带有浓厚的计划经济时代的痕迹,政府与市场的关系仍需进一步调整。也就是说,现阶段我国仍处于市场经济体制的建设过程中,市场经济的基本制度和规则还不完善,市场发育还不健全,政府对市场的直接介入和干预仍较普遍,政府职能比较复杂,政府职能的复杂化直接导致公共经济责任安排的不合理性。

目前矛盾比较突出的是,在以经济建设为中心的指导下,在不健全的干部考评体系及部门利益驱动下,政府有强烈的投资冲动,税制设计也鼓励地方政府从事较多的生产建设性活动。现实中,各级政府以 GDP 为中心,不仅大量

投入基础设施建设,并直接介入一般的市场性竞争活动,如进行普遍的"招商引资",企业合资合作、资金周转困难也由政府出面协调,给予各类企业大量不合理的财政补贴,建立各种应由民办或自筹经费的民间社团等,做了许多本应交给市场的事情。政府过多介入市场活动不仅容易导致经济的非理性波动,也造成政府行为的扭曲,使得攫取经济利益成为各级政府行为的动机,直接导致公共经济责任的混乱。在财政资源有限的情况下,对市场的过度介入又挤占了其它公共物品所需的资金,最终使得财政资金的使用效率低下。另外,各级政府拥有生产建设的审批权,审批范围和自由裁量权过大,审批程序复杂,也限制了某些行业的发展,降低了市场运行的效率。

随着社会经济的发展,公众对政府治理的有效性和公共物品的数量、质量提出了更高的要求,由于信息不对称,政府难以完全准确地掌握公众的需求信息,再加上政府财力有限,单纯依靠政府已经无法提供令公众满意的公共物品。在这种情况下,可向不断壮大的市场和社会组织转移部分公共物品提供职能,减轻政府的压力,如许多行政管理事务,完全可以由民间的各种协会、委员会等组织、团体提供。但是由于市场经济体制还不完善,我国的社会自治组织还不发达,许多组织仍依附于政府存在,而且根据当前的制度设计,私人部门、第三部门及非盈利组织等进入公共物品提供领域有诸多的限制,因此其提供公共物品的范围和数量有限,在公共物品有效提供中发挥的作用有限。

(二)理论认识不到位,公共经济体制顶层设计缺欠

我国的市场经济体制改革是分步走的渐进式改革,具有非均衡的特征,公共部门的改革一直滞后,无法适应经济环境的变化,随着改革的深入出现了错综复杂的利益矛盾和冲突,迫切需要通过公共经济体制的顶层设计进行调节,但当前各社会阶层对公共经济理论的认识还很不足,公共经济体制顶层设计缺欠,公共经济责任无法得到全面、合理、明确的界定,无法落到实处。

我国以往的改革是"自下而上"、先易后难、从微观到宏观的改革模式,缺乏整体性设计,随着时间的推移暴露出许多问题。这种改革模式虽然能使市场经济体制建设逐步推进,但不可能从根本上改变整体性的结构和观念,其中

比较激进的改革则会引发越来越严重的政策冲突和社会矛盾。从当前的改革效果及面临的社会经济矛盾来看,需要进一步推进收入分配改革、垄断性国有企业改革、行政管理体制改革、经济发展方式变革等,这些改革都触及公共部门和公共经济体制等上层建筑领域,而且公共部门内部还存在大量的非正式规则对正式规则扭曲性的修正,因此社会发展对公共领域提出了前所未有的要求。也就是说,把视角聚焦于跟市场经济体制相关的改革已经远远不够,局部微小的调整很难改变系统性的无效均衡,没有更高的理念和制度体系约束,极易导致两极分化和社会分裂。因此急需通过顶层设计,进行全方位的谋划和协调,打破上层建筑领域及既得利益集团的掣肘,形成长远性和治本性的改革方案,如此才有望从根本上走出市场化的窘境。公共经济体制顶层设计缺欠,主要原因在于我们对现代公共经济运行的基本规律还缺乏深入的认识和研究。

公共经济存在和发展的历史虽然久远,但作为一门独立学科体系的公共经济学,产生和发展的时间还比较短暂,被我国认识和了解的时间更短。计划经济时期政府主导所有的经济活动,随着市场经济的建立和完善,政府的行为模式应与市场规律相适应,相应地要正确处理公共经济和民间经济的关系,这要求政府职能向公共化转变,政府职能向公共化转变又要求公共部门体系和运行机制做出调整,这些都需要一套新的、系统的理论框架来指导,在这种背景下公共经济学逐步发展起来。公共经济学相关理论对我国的转型发展非常重要,但其本身及在我国的传播还存在一定问题。

首先,公共经济学研究本身还处于发展中,还没有完成学科的独立化,在许多问题上还未达成共识。公共经济学从财政学发展而来,从现有的公共经济理论研究看,仍未能脱离财政学获得独立的地位,研究的理论基础仍有争议,研究内容仍需进一步拓展,研究方法也需要多样化。

其次,我国的公共经济理论还主要是对西方公共经济理论的引进和介绍。西方公共经济理论有普遍性的原理,其基本理论和基本方法可以借鉴引用,但其研究的框架体系是从成熟的市场经济体制出发,与中国的国情有较大差异,因此应从我国实际出发丰富现有的公共经济理论,尤其在研究内容和研究结论上,要充分反映我国的历史、文化、经济、社会发展状况。从现实来看,我国的公共经济理论研究大都直接以西方的理论框架为基础,结合我国经济、政治、社会情况的研究成果不多。

再次,我国对公共经济理论的认识和研究深度不够。"公共经济"术语已出现在我国大量的文献资料中,但普遍来看对其认识还存在一定程度上的模糊,常将其与宏观经济、政府经济、财政学等混淆。整体上公共经济理论的基本原理还未被准确掌握,从已有研究的深度上看,还处于起步阶段,大都围绕公共物品理论对公共收入或公共支出的数量、效率进行分析,缺乏对公共经济再生产全过程的系统性阐述,未能充分揭示公共经济运行的内在联系和规律,尤其缺乏对公共经济体制、运行机制、绩效管理等方面的精深分析。对我国现实公共经济问题缺乏透彻的诠释力,自然也不可能具备深远的预测力和很强的破解力,严重制约公共经济理论对国家治理实践指导功能的发挥①。此外,我国的经济学仍处于发展之中,分析工具和知识储备还存在不足,再加上政府行为缺乏透明度、统计数据不健全,实证研究所需数据难以得到,也制约了公共经济理论的发展。

(三)政府事责、事权和财权划分缺少法律层面的制度规范

如果对政府的责、权、利缺乏有效的管理和约束,必然会出现责任得不到有效履行、权力异化、财力随意使用等问题。在集权的情况下,会出现上级向下级转移责任、上收权力和财力等倾向,并导致上级政府控制乏力,如近些年地方政府有令不行、有禁不止的现象普遍,上级垂直管理部门往往无可奈何;横向上行政权力可能会侵蚀立法权和司法权,因此各级政府、各部门的责、权、利必须由法律进行限制。从世界上来看,大多国家政府的责、权、利都建立在宪法或相关法律的基础上,政府责、权、利关系的调整也依法进行。我国宪法和有关法律中也有对各级政府及同级政府所属部门责、权、利划分及相互关系

---

① 参见齐守印:《构建服务于国家治理现代化的公共经济理论体系》,《财贸经济》2015年第11期。

的规定,但由于这些规定过于原则,甚至各种法规之间也存在矛盾,因此在实践中难以操作、难以发挥作用。

1.政府事责、事权缺乏明确的法律规定

政府事责包括各级政府、各政府部门分别承担的提供各类公共物品的责任,也包括对提供公共物品责任执行不力而进行的追责。法治是对政府进行约束的最关键的力量,依法明确公共物品的提供责任是公共物品得到有效提供的前提和保障,也会为事后的责任追究提供必要的法律依据和制度基础。我国的法治传统相对薄弱,虽然政府一直在强调法治建设,但实践中对政府行为进行规定的法律太少,政府公共经济责任的履行还主要靠自我约束。

我国的《宪法》规定了相当多的国家责任,但约束的是整个国家,虽然政府责任与之密切相关,却不必然形成对政府的约束,其它宪法性法律中也缺乏对政府责任的规定。《宪法》《国务院组织法》《地方各级人民代表大会和地方各级人民政府组织法》的个别条款对政府责任也有所涉及,但都是原则性的,地方政府负责的事项几乎是中央政府的翻版,缺乏明确具体的规定。如我国《宪法》第3条第3款规定"中央和地方的国家机构职权的划分,遵循在中央的统一领导下,充分发挥地方的主动性、积极性的原则。"规定非常模糊,给实践带来很多难题。而且现有法律多是从授权角度提出中央和地方各级政府承担的任务,不是责任性的规定,虽然从权力可以推知责任,但责任如果缺乏坚实的法规制度支撑,权力的特性使然现实中很难做到权责统一;也就是说,我国现在还没有以各级政府及各政府部门提供公共物品责任为规范对象的基本法律。

我国的行政法多是对政府行政行为违法责任的规定,对政府有效行使职权实现权责一致不作要求,只要形式上没有越权或滥用职权,就不负法律责任;对各级政府及各政府部门应承担的公共物品提供责任规定模糊,存在许多政府部门协同负责的事项,而且也多是从授权性的角度提出。低层次的法制规范、责任主体的不明确性,很容易导致各级政府、各政府部门之间互相推卸责任,责任追究因涉及主体太多也很难实行。在缺乏法制约束力的情况下,各级政府及各政府部门必然责任意识淡薄,并出现"人治"代替"法治"、法律难以贯彻实施的问题,责任的惩罚和威慑功能很难实现。现实中除非出现严重事故且形成公共舆论,责任才会得以追究,大量的一般后果责任得不到有效的惩处,可以说失去制度依托的政府责任形同虚设。

公务人员是事责、事权的实际执行者,是政府责任得到有效履行的关键,因此对领导人员、一般公务人员及领导与一般公务人员的关系也要进行规范,在这些方面我国也缺乏相关的法律规定,《公务员法》中对公务员应受惩戒的事由进行了规定,但相对比较宽泛,强制力不够。政府各部门领导对下属拥有几乎不受法律控制的指挥权和提拔权,对不称职行为是否进行惩罚,行政首长也有很大的自由裁量权,因此实践中难以做到任人唯贤、照章办事,政府责任难以有效履行。

2.公共支出责任、转移支付制度法律缺失

各级政府及各部门的事责、事权是安排公共支出责任和转移支付的依据,事责、事权的划分缺乏法律的明确规定,公共支出责任和转移支付则不能得到清晰地划分,如在《中华人民共和国教育法》《中华人民共和国义务教育法》《突发公共卫生事件应急条例》《中华人民共和国环境保护法》等法律规章中,只有教育责任划分的法律规定相对具体,环境保护、医疗卫生、社会保障等方面责任划分的法律规定都比较笼统、宽泛。这使得中央政府与地方政府关系的调整带有较大的随意性,中央政府与地方政府互相掣肘、互相侵权现象较为普遍。现实中则出现各级政府及各政府部门之间在公共支出责任和转移支付上的讨价、还价,上级政府常常借助行政命令将公共支出责任下移,导致地方公共支出压力过大。公共支出方面专门的法律更加缺乏,公共支出法治化水平明显不足,严重影响公共支出功能的正常发挥。

我国现有关于转移支付的依据有《过渡期转移支付办法》《关于完善省以下分税制财政管理体制意见的通知》及《所得税收入分享改革方案》等,这些都不是专门关于转移支付的法律,且缺乏权威性,稳定性较差。由于相关法律法规缺失,财政转移支付的主体不明确,程序不规范,转移支付的决策、审批存在很大的随意性,各种专项资金多头管理、功能互相冲突,这些都使得转移支

付不能形成合力,政策目标难以实现。

3.公共收入划分法律不完善,地方财权体系缺乏法律保障

我国的《预算法》(1994年通过,2014年修订)对中央与地方的公共收入划分作了规定,但原则性较强,缺乏精细化。税收、收费和举债是政府公共收入的主要来源,税收又是公共收入的主体。根据《预算法》规定,我国地方政府没有开征新税种的立法权,包括地方税在内大部分税收的立法权都集中在中央,地方政府仅能制定一些具体的实施细则、补充规定等,税权的高度集中不利于调动地方政府收税的积极性,不利于税收的公平和效率的实现,也使得地方公共物品的提供缺乏有力的保障,地方政府的公共经济责任难以有效履行。根据原有预算法,地方政府没有自主发债的权力,2014年预算法的修订,赋予了地方政府自主举债的权力,但地方发债仍然受到诸多限制条件制约,如自主发债只限于省级政府、发债数额要经国务院批准等。

在税收和转移支付不能满足地方政府的公共支出需要时,各种收费大行其道,乱收费、乱摊派、乱罚款屡禁不止;尽管按原有预算法规定地方政府不得发行债券,但各地方政府事实上以各种名义举借了大量债务,由于债务门类繁多,很多资金的来源和数量无从知晓,债务数量难以统计,加大了财政风险。

(四)公共经济集权与分权存在失调

法国政治家托克维尔在《论美国的民主》中指出,政府集权与行政集权是两种性质不同的集权,政府集权指的是全国各地都有利害关系的事情上的领导权的集中,行政集权指的是国内某一地区所特有的事情上领导权的集中。无论单一制国家还是联邦制国家,在行政体制上都存在集权与分权的矛盾,我国主要体现为行政的集权和政府权力的分散。

新中国成立之初,为稳定社会秩序我国以职能分工为标准构建了集权型的行政管理体制,通过共产党领导的人民民主专政和民主集中制,行政权力集中到党委及少数领导手中;在上、下级政府之间,上级政府通过下达任务和考核指标、人事任命等方式对下级政府进行直接领导和干预,因此出现了"对上

负责"和"地方政绩"等问题;虽历经多次改革,集权型的行政管理体制都未被打破。政府权力分散主要指在资源配置上,计划经济时期,政府特别是中央政府几乎成了唯一的资源配置主体,承担几乎所有公共物品的提供责任;为了克服权力过分集中带来的弊端,改革开放以后中央政府将资源配置职能下放,但未明确界定各级政府及同级政府各部门在资源配置上的职责划分,因此产生了"部门利益"和"地方保护主义"等问题。

(五)公共经济体制管理上缺少合理的定期评估机制

根据马克思主义理论,经济基础决定上层建筑,上层建筑要与经济基础相适应。公共经济体制作为上层建筑的一部分,也应当与经济社会发展情况相适应,否则就会阻碍经济社会发展,为此需要适时地对公共经济体制进行评估,考量其在某一阶段的适用性和效率,存在不足则及时进行调整。

公共经济体制解决的是公共经济责权范围的界定、公共经济责权在各级政府和同级政府所属各部门划分、公共收支和公共资源的分配等问题,公共经济体制管理就是对公共经济体制的设置与调整的管理。科学、合理的评估机制是公共经济体制设置和调整的前提,评估就是根据一定的标准和程序对公共经济体制进行定性和定量的评价并对其优劣作出结果性的判断,在此基础上对公共经济体制的设置进行调整和优化,评估机制就是对公共经济体制评估工作的方式、方法的安排。探索建立合理有效的公共经济体制定期评估机制,对公共经济体制的设置和职能履行情况进行考评,有利于优化公共经济责权范围、责权划分、政府机构编制以及财政资金分配,提高公共经济运行效率,保证公共物品的有效供给。

从我国当前有关公共经济体制的评估机制来看,主要有政府绩效评估以及专门的机构编制评估,但总体上仍在不断探索之中,还未形成比较成熟的评估体系,尤其机构编制评估2008年开始试点,还属于新生事物,在理论和制度等方面存在许多不足之处。

我国政府绩效评估起步较晚,与西方国家的绩效管理模式存在相当大的差距。在"以经济建设为中心"的理念下,各级政府及各政府部门往往重视经济发展,忽略政府的绩效管理,还没有形成完整的评估范围、目标、衡量标准体系。现有的评估多是在政府内部进行的定性评估,缺乏社会的监督和定量管理,许多流于形式,评估结果失真,起不到真正的作用。在理论和实践上,现有的绩效评估都注重经济指标和经济奖励,使各级政府、各政府部门倾向于利益的博弈,在利益驱动下各政府机构分封割据,导致公共经济责任在各级政府及同级政府各部门间调整的困难以及政府机构改革的困难。

机构编制评估是机构编制管理层面的评估,是按照一定的评估标准和程序,对政府机构的编制执行情况进行系统的评价,根据评估结果对机构编制进行优化。由于还属新生事物,机构编制评估还未深入人心,机构编制评估的执行力还不够,许多政府机构为了维护自身利益,不能有效配合机构编制部门的工作,不能保证评估结果的准确性;部分机构编制评估指标难以量化、互相关联,也增加了评估的难度。

(六)行政区划、行政层级设置欠合理

行政区划与行政层级是中央政府为了职能需要,根据有关法律和经济、社会、地理等多种因素,将国家在地理上划分成若干层级的行政区域,并相应建立各级政府机构,从而形成分层管理的空间格局。行政区划是横向空间上的划分,行政层级是纵向上的制度设计,两者密不可分。行政区划和行政层级是国家治理的重要组成部分,实质上是中央和地方以及各级地方政府的责权在空间上的划分,相应也是公共经济责任和公共经济权力在空间上的划分。在单一制国家,各级政府机构逐级承担上级政府分配的公共经济责任,因此行政区划的大小和行政层级的多少会影响公共经济责任的大小和公共经济责任的有效履行,影响公共物品的有效提供,因此应根据经济社会发展需要对行政区划和行政层级进行科学、合理的设计。

在行政区划上,省一级政府数量少、所辖区域面积大、辖区面积大小悬殊,是当前我国行政区划中的主要问题。从跟国外的对比看,美国领土面积937万多平方千米,人口2.7亿,省一级行政区51个;俄罗斯领土面积1707万多平方千米,人口近1.5亿,省一级行政区89个;日本领土面积37.7万多平方

千米,人口 1.2 亿多,设 47 个省一级行政区①。我国领土面积约 960 万平方千米,人口过 13 亿,一级行政区划为 34 个,除香港、澳门、台湾之外,平均人口约 4190 万,平均面积 31 万平方千米,分别是 48 个大国省一级行政区平均规模的 15.4 倍和 4.1 倍,相当于一个中等国家的规模①。而且各省级行政区的规模大小悬殊,发展差距大。省一级政府规模过大,容易导致地方保护和地方割据,中央政府调控乏力,不利于公共物品的提供,奥尔森(Olson)也指出,"集团越大,它提供的集体物品的数量就会越低于最优数量。"②由于我国省级区划大,各省所辖县级行政区较多,省级政府直接管理县难度大,因此增加了地一级行政区,这又使得行政层级设置过多,在委托—代理机制下,指挥链过长,中央政府控制乏力,行政成本过高,政府整体效率较低。

在行政层级上,历史上我国大部分时间是三级制或四级制,20 世纪 80 年代以后增加了地级市作为一个行政层级,地级市本意是带动县乡发展、减少人员设置,结果却相反,出现了市对县乡资源的侵占和截留以及行政人员膨胀等问题,造成了城乡差距的进一步拉大和行政效率的进一步下降。从世界历史发展来看,政府层级 1—6 级的情况都存在,进入 20 世纪后许多国家对政府层级进行了调整,目前世界上大多数国家实行的是二级制或三级制。新中国成立后我国的政府机构也在不断进行改革,但改革重心基本放在同级政府各部门间的横向设置和上级政府向下级政府放权上,纵向政府层级设置上不仅没有扁平化,反而演化成了五级架构,一些深层次矛盾不仅没有缓解,反而有加剧趋势。

如果说原有的行政区划和行政层级的设置是基于社会经济背景的考虑,在经济快速发展、城市化加速推进、交通通信日益发达、社会整体稳定的新形势下,从提高行政效率、管理科学化角度对其进行适当调整,是可行和必要的。

---

① 蒲善新:《中国行政区划改革研究》,商务印书馆 2006 年版,第 130 页。

② [美]曼瑟尔·奥尔森:《集体行动的逻辑》,陈郁等译,上海人民出版社 1995 年版,第 29 页。

第六章 公共经济责任体系与机制的国际经验借鉴

从世界范围看,各国政府的公共物品提供责任都由不同级次的政府和同级政府的不同部门共同完成,各国都在不断探索建立效率更高的公共物品提供体系和机制,因此可分析借鉴其他国家公共经济责任划分和机制建设的有益经验,促进我国公共经济责任体系和机制建设的完善。

一、国外公共经济责任体系设置情况

(一)公共经济责任的范围及规模

西方国家一般都坚持凡是私人能够提供的物品,全部通过市场机制由私人部门提供,由于市场失灵和市场缺陷私人部门不能有效提供的物品,才允许公共部门介入。但随着市场经济的发展和社会矛盾的积累,需要政府介入的领域越来越多,公共部门在日益膨胀,相应政府公共经济责任的范围也在不断扩大。当前西方国家政府公共经济责任的范围大体上包括五个领域。一是国防、外交、法律法规、各种政策和制度的制定等传统的政府职能;二是对公共资源进行配置,提供市场不能有效提供的公共基础设施、教育、医疗等公共物品;三是进行宏观调控,促进经济的稳定和发展,如保障就业、实现国际收支平衡等;四是健全市场活动规则,克服垄断、维护公平竞争;五是调节收入分配,促进区域经济协调发展。

由于经济发展水平不同,各国政府掌控的财力规模存在很大差异,财力差异直接影响公共经济和民间经济分工下政府承担的职能、公共支出投入的重点以及中央和地方政府财力划分的模式。公共支出主要用于为公众提供公共物品、对收入进行再分配,因此公共总支出数量的多少直接决定公共物品提供数量的大小和再分配的效果,另外公共支出的数量也反映公共部门规模的大小,公共支出数额越高说明公共部门规模越大,公共支出一定程度上也能反映政府的政治决策和宏观经济政策的重点。表 6-1 和图 6-1 给出了部分国家 2007、2009、2013、2014 年公共支出占 GDP 比重的情况,其中包括联邦制国家、单一制国家,发达国家、发展中国家,通过比较可以发现一些较宽泛的共性。

通过表 6-1 和图 6-1 可以看出,实行单一制的芬兰、丹麦、瑞典、意大利、德国、挪威、日本、西班牙、韩国、波兰等国,比实行联邦制的比利时、德国、加拿大、美国、俄罗斯、澳大利亚、瑞士、巴西、印度等国,公共支出占 GDP 比重相对较高。说明单一制国家政府更倾向于集中较多的公共资源,从事公共经济活动;也可以看出无论实行单一制还是联邦制,发达国家公共支出占 GDP 比重比发展中国家、新型经济体国家都相对较高。

表 6-1　部分国家公共支出占 GDP 比重　　　　　　　　（%）

国家\年份	比利时	德国	加拿大	美国	俄罗斯	澳大利亚	瑞士	巴西	印度	芬兰	丹麦	法国	瑞典	意大利	英国	日本	西班牙	波兰	韩国
2007	47.6	42.7	38.6	36.9	35.3	34.6	31.0	37.7	26.4	46.8	49.6	52.2	49.7	46.8	42.9	35.8	38.9	43.1	29.7
2009	53.2	47.4	43.7	42.9	41.6	38.2	33.1	37.2	28.3	54.8	56.8	56.8	53.1	51.1	49.7	41.9	45.8	45.2	34.9
2013	54.5	44.3	40.7	38.7	38.7	36.6	33.5	38.6	27.0	57.8	57.1	57.1	53.3	50.9	45.5	42.3	44.3	42.2	31.8
2014	54.4	43.9	39.4	—	—	—	40.2	26.5	58.7	57.2	57.3	53.0	51.1	44.5	—	43.6	41.9	32.0

数据来源:OECD National Accounts Statistics(database).Data for the other major economies of Brazil,India are from the IMF Economic Outlook(April 2015)。

从不同年份来看,2007 到 2009 年间各国公共支出占比都明显提高,反映出当时为应对国际金融危机,各国纷纷增加了公共支出的规模。2009 年到 2013 年,总体趋势发生了变化,公共支出占 GDP 的比重普遍出现了下降,说明 2009 年以后许多国家都在试图削减开支。2013 年在这些国家中,公共支

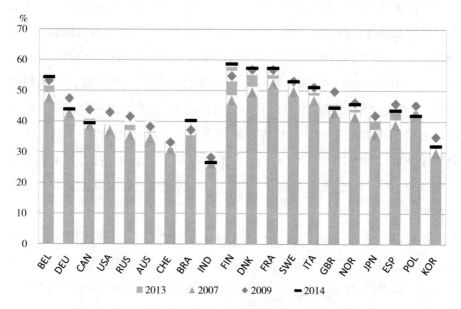

图 6-1 部分国家公共支出占 GDP 的比重(2007、2009、2013、2014)

出占 GDP 比重最高的是芬兰(57.8%)、丹麦(57.1%)、法国(57.1%),占比最低的是韩国(31.8%)、印度(27.0%),2014 的数据跟 2013 年相比变化不大。

(二)各国公共经济责任配置的决定因素

公共经济责任的配置主要由各国的政治制度和公共物品的性质决定,并受国土面积、人口多少、历史文化传统等因素的影响。在政治制度上,又可从国家组织体制和国家结构两方面分析,国家组织体制主要解决中央内部矛盾问题,中央内部矛盾进而决定公共经济责任的横向配置;国家结构主要解决中央和地方的矛盾,中央和地方的矛盾进而决定公共经济责任的纵向配置。从国家的组织体制方面看,包括君主制和共和制两类,从国家结构方面看,包括单一制和联邦制两类。君主制又分为专制君主制、二元君主制、议会君主制等形式,共和制又分为议会内阁制、总统制和委员会制等形式。从公共物品的性质来看,公共经济责任的配置主要从公共物品的外部性、受益范围、信息复杂程度等方面考虑。

君主制政体是指国家的最高权力实际上或名义上由君主一人掌握的政体,不同的君主制政体形式对君主的权力约束大小不同,专制君主制的君主权力不受约束,议会君主制的君主权力所受约束较大。共和制政体是由选举产生并有一定任期的国家机关掌握国家权力的政体。在共和制政体的内阁制中,行政、立法合一,无明显的三权分立,以议会(国会)为权力核心;国家元首与行政首长分别由两人担任,国家元首名义上代表国家,内阁总揽国家行政权力并对议会负责,接受议会监督;内阁首相(或总理)通常由在议会中占多数席位的政党或政党联盟的领袖担任,首相(或总理)从政见基本相同的议员中挑选阁员人选。总统制指由选民分别选举行政和立法机关,立法、司法、行政三权分立并互相制衡;总统同时担任国家元首和行政首脑,行政机关从属于总统而非议会,总统只向选民负责,不对议会负责;也有些国家设总统,但总统不兼任政府首脑,内阁由议会产生,属于半总统制。委员会制实行集体领导,由各组成委员共同行使国家最高权力。

单一制下国家在政治上完全统一,有全国统一的政权体系和单一的宪法,地方政府的公共经济责任由中央自上而下授予或由宪法统一规定,中央对地方有较严密的控制权,同时地方有一定的自主权。联邦制下,联邦和州的公共经济责任依据宪法划分,联邦和州各司其职、互不干扰,各州都可以自主行使立法、行政、司法等职能。

公共物品的性质主要从外部性、信息复杂程度等方面考虑。有跨境外部性、信息复杂程度低且属全局性的公共物品由中央政府负责,外部性在地方范围内、信息复杂程度较高的公共物品由地方政府负责;还有中央和地方共同提供的公共物品。

(三)政府间纵向公共经济责任配置

各国公共经济责任在不同层级政府的配置有很大差别,并随着社会发展在不断演变,这里综合考虑政体类型、发达程度、体制转轨等因素,选择美国、法国、英国、俄罗斯,分析这些国家纵向公共经济责任划分的共同规律,为我国的公共经济责任划分提供借鉴。

1.美国政府公共经济责任配置

美国是典型的联邦制国家,政府级次包括联邦、州和地方政府三级,联邦与州是一种合作关系,联邦的地位高于州,州政府对联邦政府保持一定的独立性。美国宪法对各级政府的公共物品提供责任作了明确的划分,其分级财政体制以政府的公共物品提供责任划分为基础,各级财政有自己的财税法律、实行独立的预算管理制度,因此是一种彻底的分税制财政体制。

美国有50个州和华盛顿特区,地方政府约9万个,包括县、市镇、学区和特别区等。由政治体制和政府分工的明确性决定,美国联邦政府、州政府、地方政府几乎没有"对口"的机构设置,上级政府不能对下级政府发号施令,但下一级政府的法规不能与上一级政府相违背;联邦各部门在各地设立大量的分支机构来承担其具体工作,在同一地区常常存在着联邦与地区性政府两套行政机构,分别履行各自的职责。州和地方政府机构的设置则由本级议会和行政领导决定,没有统一的模式。

美国联邦政府的公共物品提供范围由其立法权限限定,与州政府的公共物品提供责任划分十分明确,并随经济、社会矛盾的复杂化不断扩展。各州的宪法或法规对地方政府的公共物品提供责任进行了详细的说明,绝大多数州政府保留了对地方政府的干预和管制力。

总体上美国按照公共物品受益范围的大小和程度不同确定各级政府的责任,联邦政府的职责主要包括国防、外交和国际事务、保持经济稳定和经济增长、促进社会稳定和发展;各级地方政府的职责范围相对较广,包括资源配置、解决外部性和市场失灵等相关问题。公共支出责任与公共物品提供范围相对应,为平衡地区间的差异,美国政府建立了比较全面的转移支付制度,其中有条件拨款是联邦政府转移支付的主要形式,约三分之二拨给了州政府,无条件拨款按一定的标准和国会规定的公式在各州和地方政府分配。各级政府具体公共物品提供和支出责任划分情况如表6-2所示。

表6-2 美国各级政府公共物品提供和支出责任划分

级次	各级政府公共物品提供责任	支出责任
联邦	联邦级行政、国防、外交、征税、借款和货币发行;对州、地方政府的补助,规定对内对外贸易政策;管理全国邮政,统一版权与专利;社会保障;对能源、环境、农业、住宅、交通等项目的资助等	全国性公共物品和使全体公民受益的服务开支,包括国防、国防事务、空间科学技术、大型公共工程、农业补贴、社会保障、联邦行政管理费用等,其中,重点是军事、退伍军人福利、社会保险和医疗保险、收入保险等开支,社会保险和国防几乎全部是由联邦政府承担
州	收入再分配,提供基础设施和社会服务	公路建设、基础设施、公共福利项目、医疗保健开支、收入保险、警察、消防、煤气及水电供应、州政府债务还本付息等
地方	由州宪法和相关法律规定,因此受制于州政府	地方行政管理、治安、消防、交通管理、公用事业、地方教育和地方基础设施投资建设与管理等

资料来源:课题组:《建立事权与支出责任相适应财税制度操作层面研究》,《经济研究参考》2015年第43期。

2. 法国政府公共经济责任配置

法国是典型的单一制国家,政府级次包括中央、大区、省和市镇四级。法国20世纪80年代在中央地方关系上进行了改革,试图既保持中央对地方的有效控制,实现政局稳定,又使地方拥有较大的自主权,保证地方经济的发展活力,实现公民的民主权力。改革后原来作为中央政府下级机关的"行政体"政府继续保留,由中央负责人事任免;地方议会成为"自治体"地方政府,一些过去由中央政府负责的事务逐步移交给地方"自治体"政府管理,中央政府及其在地方的代表对这些事务只进行事后行政监督。"行政体"与"自治体"地方政府是分工而不是隶属关系,"行政体"地方政府主要负责地方治安、组织议会选举、中央法令在地方的执行、对地方自治进行监督等,"自治体"政府主要提供与公众密切相关的公共物品和服务。

在中央和地方事务的整体划分上,根据法国1983年《关于市镇、省、大区和国家权限划分法》以及2003年《关于共和国地方分权组织法》的规定,中央政府主要负责宏观经济管理与战略规划,大区政府主要负责地方经济发展和地区布局调整,省级政府主要负责地方社会福利和社会保障政策的落实,市镇政府主要负责提供基本的公共物品和服务。在公共物品提供责任划分的基础上,各级政府的公共支出责任得以明确,中央政府主要负责国防、外交、行政管理、重大建设投资、国家对社会经济干预的支出,以及国债还本付息、对地方的补助金等;大区政府主要负责经济发展和职业培训等方面的支出,省和市镇的支出项目主要包括行政经费、文教卫生事业费、地方房屋建筑费、道路、社会福利支出和地方债务还本付息等。法国的政府转移支付包括一般性补助和专项性补助两种,一般性补助主要按照人口、税收收入多少等因素确定,用于平衡地方预算;专项补助主要用于修建学校、铁路等地方投资。法国政府具体的公共物品提供和公共支出责任划分情况见表6-3。

表6-3　法国各级政府公共物品提供和支出责任划分

级次	各级政府公共物品提供责任	支出责任
中央	制定国家发展计划、方针实施、评估、监管,确定国家政策目标并筹措资金,政府服务的整体管理和人员编制的管理	国防、养老、医疗、全国教师工资、高等教育、经济干预,对地方政府转移支付
大区	制定本地区发展五年计划,文化政策,环境,城市、郊区的协调,国家资金信贷规划等级,国家和地区行政的合同化协作、领土规划和管理,高中建设维护,运河码头,通航道路及铁路交通	负责大区发展战略、国土整治、高中教育、职业教育、铁路建设和经济发展等
省	地方税协收,城镇规划,管理省内的公路、港口和运输,建设和装备初中教育设施,主持各种社会救济、社会医疗和社会保险,火灾及救援服务	社会福利、失业低收入补贴、老人残疾人补贴、初中教育,道路、港口、渔业、消防等
市镇	经济发展、空间规划、城市建设规划,小学及以下、居住、城市政策、交通,市镇道路管理养护,清洁、用水、环境文体设施建设	户籍管理、选民登记、城市规划、道路修缮、幼儿园、小学、垃圾处理、婚姻登记、墓地、环境、文化体育等

资料来源:课题组:《建立事权与支出责任相适应财税制度操作层面研究》,《经济研究参考》2015年第43期。

3.英国政府公共经济责任配置

英国是单一制国家,政府级次分为中央政府、郡(郡级市,大伦敦地区)、郡属区（城市区政府）及教区或社区议会四级。英国中央与各地方政府公共经济责任的划分散见于《大宪章》、各种单行的法律规范及不断修改的郡议会法和市自治法等一系列法律文件中，地方政府的责任主要由地方议会授予。由于没有统一的成文宪法，英国中央和地方政府的责任划分比较复杂，中央政府拥有国家最高权力，向地方政府分配责任和权力，并通过立法、行政、司法以及财政等手段实现对地方政府的监督与控制，由于广泛的地方自治，地方政府也具有充分的独立性，并对中央政府的决策产生影响，中央和地方政府之间常出现讨价还价现象。

英国中央政府主要负责提供全国范围的公共物品，如治安、外交、司法、初等教育等，协助提供地方性的公共物品，如地区道路整治等，在议会通过有关施政法案后，监督各地方政府的贯彻实施，并对地方政府的工作进行仲裁与平衡。地方政府主要负责执行中央政府所要求的事务，提供地区性公共物品，如教育、住房、交通、消防、医疗保健、娱乐与文化设施、环境保护等，中央政府对地方政府如何履行职责给予建议和指导。

跟政治体制相适应，英国的财政管理体制是高度集中的分税制财政管理体制，各级政府的财政收入根据承担的公共经济责任，完全按税种划分，分别由与收入归属一致的税收机关征收。从中央政府与郡政府的预算支出来看，中央预算支出主要负担国防、外交、高等教育、社会保障、国民健康和医疗、中央政府债务还本付息以及对地方的补助；郡政府预算支出主要用于中小学教育、地方治安、消防、公路维修、住房建筑、预防灾害、地区规划、对个人的社会服务和少量的投资。

为了实现各级政府的财政均衡，使各地公共物品提供能力基本一致，在考虑地方政府公共支出需要及公共收入能力的基础上，英国中央政府设置了公式化拨款、特定公式拨款以及专项拨款等转移支付形式。公式化拨款是主要的转移支付形式，地方政府可根据需要灵活安排，特定拨款是公式化拨款的补充，解决公式化拨款无法兼顾的公共物品提供项目，专项拨款用于环境保护、公共设施等中央政府指定的用途方面。

4.俄罗斯政府公共经济责任配置

俄罗斯是一个联邦制国家,由共和国、州、边疆区、直辖市、自治州和自治专区等80多个联邦主体构成,虽然组织各异,但在同联邦的关系中都具有平等地位。俄罗斯政府纵向上由联邦、联邦主体(地区)、地方(市镇)三级政府组成,还包括许多具体形式的国家政府机构和地方自治机构;联邦是最高一级政府,由联邦总统、联邦议会(联邦委员会和国家杜马)、联邦政府、联邦法院构成。

俄罗斯实行总统制,总统是国家的象征,不属于任何一个部门体系,位于俄罗斯立法、执行和司法三大机构之上。俄罗斯宪法明确规定了总统与总理的宪法地位与职责范围,总统的职责范围包括组成国家机构、确定内外政策、保障国家安全与社会稳定、法律创设活动以及形成总统与总理共同领导政府的协作体制等;俄罗斯政府总理领导俄罗斯政府,根据法律法规确定政府活动的基本方针、组织政府的工作;总理主要向总统负责,向总统具体汇报政府工作,总统有权罢免政府总理的职务,有权解散政府。在中央和地方的关系上,地方行政长官由原来的选举制改为了总统任命制,并且规定总统可解散地方议会,形成了"强中央、弱地方"的垂直管理体系,形成了强有力的总统制。

根据俄罗斯联邦宪法,俄罗斯设立法、行政和司法三大类机关,各机关之间相互独立。联邦议会是俄罗斯联邦的代议机关和立法机关,负责制定联邦宪法和法律,联邦成员也有自己的宪法和法律,联邦宪法具有最高法律效力,指导和约束所有其他立法行为。在行政上,俄罗斯联邦政府和联邦成员政府之间是分治的,根据管辖范围不同又分为四种情况,联邦的管辖范围、联邦和联邦成员共同的管辖范围、联邦成员得到认可的管辖范围、联邦和联邦成员可以转让行使的管辖范围。在司法上,俄罗斯联邦法院系统包括联邦法院和地方联邦主体法院两部分,其中联邦法院又由俄罗斯联邦宪法法院、联邦最高法院、联邦最高仲裁法院等构成,联邦宪法法院指导地方的法律活动,根据宪法为保障充分和独立的审判,法院的经费只能来自联邦;俄罗斯检察院分为联邦总检察院、地方联邦主体检察院和区检察院三级,下级检察官要服从上级检察官,联邦成员检察长由联邦总检察长任命。

苏联解体后,俄罗斯由计划经济向市场经济转变,政府职能也由"全能型政府"向"有限型政府"转变,更加侧重执行、管理、服务等方面的职能。俄罗斯各级政府的公共物品提供范围由 1993 年的宪法、1995 年的《俄联邦地方自治政府组织总则法》、1998 年的《俄罗斯联邦预算法典》及对其补充修订的内容框定,随着新法规的出台各级政府公共物品的提供范围不断调整。俄罗斯各级政府公共物品提供责任的划分,充分考虑了溢出效应、规模经济、区域经济发展差异及政治因素等方面的影响。联邦政府负责影响国家整体利益、溢出效应强和具有显著规模经济特征的全国性公共物品,包括外交、国防、基础研究和促进科技进步、铁路和航空及海洋运输、处理非常情况和联邦范围的自然灾害等;俄罗斯各联邦主体负责与区域关系密切的基础设施、社会服务等,如执行地区专项纲要、保障俄罗斯联邦主体大众信息媒体活动,对地方的财政援助等;地区政府负责仅影响一个社区居民的服务如环境、教育、卫生、文化、体育运动、市政住宅公用事业、市政道路建设和养护地方公路等;俄罗斯还把一部分关系全国的基础性建设列为共同支出,如国家支持的工业(原子动力学除外)、建筑工业、农业、汽车与运河交通以及通讯和公路行业等。

5. 不同级次政府的公共支出比例

世界各国的公共支出责任几乎均由不同级次政府共同承担,从支出效率和质量角度出发,一般都认为地方政府应扮演重要角色。表 6-4、图 6-2、6-3 是部分国家 2007、2013 和 2014 年公共总支出在各级政府分配的比例情况,社会保障基金单独列出。

表 6-4　各级政府公共支出情况(2007、2013、2014)　　　　(%)

国家	2007 中央	2007 州	2007 地方	2007 社会保障	2013 中央	2013 州	2013 地方	2013 社会保障	2014 中央	2014 州	2014 地方	2014 社会保障
比利时	24.3	24.1	13.4	38.1	22.5	24.5	13.0	40.0	22.2	24.6	12.9	40.3
德国	18.7	22.5	15.7	43.1	18.2	22.7	16.3	42.8	17.5	22.5	16.7	43.4
加拿大	27.8	45.7	20.5	6.0	25.3	47.7	20.5	6.4	24.2	48.4	20.8	6.6
美国	49.9	50.1	0.0	0.0	51.9	48.1	0.0	0.0	—	—	—	—

国家	2007 中央	2007 州	2007 地方	2007 社会保障	2013 中央	2013 州	2013 地方	2013 社会保障	2014 中央	2014 州	2014 地方	2014 社会保障
澳大利亚	60.3	39.7	0.0	0.0	60.6	39.4	0.0	0.0	—	—	—	—
瑞士	15.4	36.0	19.5	29.1	15.7	37.7	19.4	27.2	—	—	—	—
芬兰	30.2	0.0	39.5	30.2	27.5	0.0	40.6	31.9	27.2	0.0	40.4	32.4
法国	35.5	0.0	20.4	44.0	33.9	0.0	20.5	45.5	34.0	0.0	20.1	45.8
丹麦	33.5	0.0	62.2	4.3	33.9	0.0	62.0	4.1	33.9	0.0	62.3	3.8
瑞典	42.2	0.0	46.3	11.5	38.4	0.0	47.0	14.6	37.8	0.0	47.8	14.4
意大利	34.1	0.0	30.5	35.3	32.2	0.0	28.6	39.1	33.0	0.0	28.0	39.1
英国	71.8	0.0	28.2	0.0	74.9	0.0	25.1	0.0	75.4	0.0	24.6	0.0
挪威	68.8	0.0	31.2	0.0	66.4	0.0	33.6	0.0	66.8	0.0	33.2	0.0
日本	32.1	0.0	32.1	35.8	34.2	0.0	29.4	36.4	—	—	—	—
西班牙	22.3	36.0	13.9	27.9	23.6	31.5	10.8	34.1	23.3	31.6	10.9	34.2
韩国	50.3	0.0	36.7	13.0	50.5	0.0	34.4	15.0	50.0	0.0	34.3	15.7
波兰	38.2	0.0	30.5	31.3	35.4	0.0	30.7	33.9	34.3	0.0	31.4	34.3

数据来源:OECD National Accounts Statistics(database)。

可以看出,各国中央与地方政府公共支出的分担比例有很大差异。相对来说,单一制国家的中央政府承担更多的支出责任,如英国 2013、2014 年中央政府分别承担了 74.9%、75.4%;相反实行联邦制的比利时、加拿大、德国、瑞士等国,州和地方政府则承担了更多的公共支出责任。从不同支出项目上看,中央政府在社会保障、一般公共服务、国防、公债等方面承担的公共支出责任比州和地方政府大。

(四)同级政府所属部门横向公共经济责任配置

1. 同级政府所属部门横向公共经济责任划分状况

在同级政府所属部门横向公共经济责任配置上,无论实行何种政治体制,都是按三权分立原则在立法、行政、司法机关之间进行配置,只是总统制下的立法与行政之间的独立性和相互制约程度比议会内阁制强一些;公共经济责

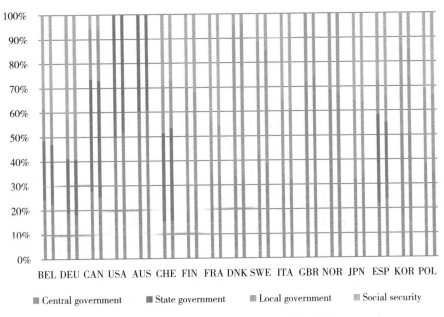

图 6-2 2007、2013 年各级政府公共支出比例

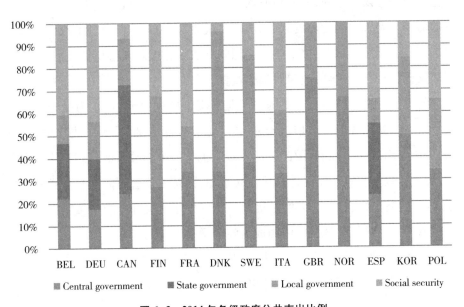

图 6-3 2014 年各级政府公共支出比例

任在立法、行政、司法间分散配置,并形成互相制约的关系,立法机关负责审议、批准和监督各类公共事项的进行,行政机关负责创议和各类公共事项的具体执行,司法机关负责审判。这里根据政治体制的不同,选择美国、法国、英国为例。

美国实行总统制政体,根据美国联邦宪法规定,国会负责立法,总统负责行政事务,最高法院和国会设立的各级法院负责司法工作,立法、行政、司法之间严格分立。美国总统拥有对国会通过法案的批准权和否决权,如果被总统否决的法案不能以2/3的多数在国会的众议院和参议院两院通过,法案就不能生效,同时国会也通过弹劾、审议批准等多种方式对总统的行为进行制约;在司法上,最高法院的法官由总统任命,但要经参议院同意,参议院可对法官和首席法官进行弹劾,而司法机关有对立法机关的立法监督权,并且通过九名最高法院的法官终生任职的办法牵制行政机关的权力。美国各州都有自己的宪法,同联邦政府一样也分为立法、司法、行政三大机构。

法国实行半总统制政体。法国总统是国家元首,不同时是政府首脑,但有权主持内阁会议和任命内阁总理,法国总理具体领导行政机关的活动,并在总统的命令上副署。因此总的来看,法国总统制定大政方针,总理的权限仅次于总统,负责方针政策的具体实施。法国的立法由总理和议会议员提出创议,政府和议会负有连带责任,政府对议会负责。

英国实行议会君主制。英国国王是名义上的国家元首,权力受到宪法和议会限制。英国各地方政府实行一定程度上的自治,但受到中央在财政、立法、司法方面的严格控制,因此各地方政府也类似中央政府的代理机构。在英国,最高行政长官首相不是由选民直接选出,而是由议会下院的多数党领袖担任,内阁阁员也来自这个多数党,因此英国的立法机关和行政机关紧密联系在一起,立法权和行政权融合,内阁成为整个国家系统的核心。

从世界各国整体情况看,立法、行政、司法三大机构分别由具体的政府部门组成,负责相应类别公共物品的提供,并对相关预算的编制提供建议。在政府部门设置上,市场经济发达国家普遍实行大部门体制,部分转轨国家如俄罗斯、乌克兰等,发展中国家如阿根廷、秘鲁等,也实行了大部门体制。各国政府进行大部门制改革有先有后、机构设置各异,但作为一项复杂的系统工程大都坚持循序渐进、不断调整的思路,先在同领域对职能相近的部门进行整合,然后向跨领域扩展。

表6-5是当前世界部分主要国家中央政府机构设置的概况。通过观察可以看出,这些国家的内阁级组成部门在13—24个之间,比较有限,大体上都是宽职能的大部制,这样的机构设置状况可以避免多头管理、政出多门等问题;也可以看出大多数国家中央政府都承担国防、外交、财政、卫生、司法、教育等职能,一定程度上说明这些职能的全部或一部分是中央政府必须承担的。另外,许多国家还设置了大量的独立机构,其中英国、美国比较突出,各国的独立机构有不同的名称、组织形式和职能,直属于总统(或首相、总理、各部部长)领导,分担特定的行政事务。独立机构大体上可分为两类,一类以美国为代表,直接向总统或总理负责,不受行政部门的控制,可以雇佣大量专业技术人员,负责特定领域的工作,职能单一、专业性强;一类以英国为代表,是有独立法人资格的执行机构,管理方式接近企业,有明确的管理目标和责任机制,这类独立机构设置的主要目的是实现政府决策和执行的分开。

2. 按功能分类的公共支出结构

按功能进行分类的各项公共支出的数量及其变化,反映了政府公共经济活动的重点,表6-6是2013年部分国家按功能分类的公共支出结构情况。

普遍来看,各国尤其是发达国家公共支出中社会保障支出份额最大,各国的平均数值约为37%,可见平均超过三分之一的公共支出用于了社会保障,其中北欧国家比较突出,丹麦、瑞典最高,法国、德国、日本和意大利的份额也都超过了40%。整体上各国在教育、一般公共服务、卫生等方面也有较高比例的投入,每项平均都在10%以上。用于经济事务的支出也比较显著,不同国家差异较大,其中最高的希腊占到25.5%,丹麦、英国较低,低于7%。用于国防、公共秩序和安全、住房和社区福利设施、娱乐、文化、宗教等方面的支出份额则相对较低,不同国家也有一些差异,如国防支出比例最高的美国接近10%,而比例最低的比利时为1.7%。

表6-5 世界主要国家中央政府机构设置的概况

国别	内阁级部门	独立机构数量
美国	15个,包括农业部、商务部、国防部、教育部、能源部、卫生及公共服务部、国土安全部、住房与城市发展部、内政部、劳工部、国务院、运输部、财政部、退伍军人事务部、司法部	67个,其中包括57个独立机构,10个总统办事机构
法国	20个,包括外交部,国民教育部,司法部,经济和财政部,社会事务和卫生部,地方和谐和住房部,内政部,外贸部,生产振兴部,生态、可持续发展和能源部,劳工、就业、职业培训和劳动关系对话部,国防部,文化和通信部,高等教育和研究部,妇女权利部,农业、农产品和林业部,政府改革、地方分权和公职部,海外事务部,手工业、贸易和旅游部,体育、青年、终身教育与社团生活部	11个,其中总理府直属机构9个,首脑办事机构2个
英国	24个,包括总检察长办公室,内阁办公室,商业、创新和技能部,社区和地方行政部,文化、传媒和体育部,教育部,环境、食品和农业事务部,国际发展部,交通部,就业和退休保障部,能源和气候变化部,卫生部,外交和联邦事务部,财政部,内政部,国防部,司法部,北爱尔兰事务部,苏格兰总检察长办公室,下议院领导办公室,上议院领导办公室,苏格兰事务部,英国出口融资部,威尔士事务部	360个,其中公共机构和其他公共团体338个,非内阁部门20个,首脑办事机构2个
日本	16个,包括内阁官房,内阁法制局,人事院,内阁府,复兴厅,总务省,法务省,外务省,财务省,文部科学省,厚生劳动省,农林水产省,经济产业省,国土交通省,环境省,防卫省	独立机构1个,为会计检察院
德国	14个,包括经济及科技部,外交部,内政部,司法部,财政部,劳动和社会事务部,食品、农业和消费者保护部,国防部,家庭、老年人、妇女和青年部,卫生部,交通、建设和城市事务部,环境、自然保护和核安全部,教育和研究部,经济合作和发展部	4个,其中直属及间接行政机构3个,总理办事机构1个
俄罗斯	13个,包括5个联邦部、8个联邦局。总统管理的联邦部具体是:内政部(下设移民署),民防和紧急情况救援部,外交部,国防部(下设军事技术合作服务局,军备采购、军事和特种设备以及后勤资源局),司法部(下设监狱服务局、法警服务局)。总统管理的联邦局具体是:国家快递服务局,保卫局,对外情报局,总统专项计划总局,总统事务管理局,安全局,禁毒局(控制毒品流通局),金融监测局	29个,其中总理管理部门28个,首脑办事机构1个

续表

国别	内阁级部门	独立机构数量
韩国	15 个,包括企划财政部,教育科学技术部,外交通商部,统一部,法务部,国防部,行政安全部,文化体育观光部,农林水产食品部,知识经济部,保健福利家庭部,环境部,劳动部,女性部,国土海洋部	9 个,其中总统管理机构 3 个、总理管理机构 6 个
巴西	22 个,包括科学技术部,交通和通讯部,文化部,国防部,农业发展部,工商发展部,社会发展与反饥饿部,教育部,体育部,财政部,全国一体化部,环境部,司法部,矿业和能源部,渔业和水产养殖部,规划、预算和管理董事会,外交部,社会保障部,卫生部,劳动和就业部,交通运输部,旅游部	10 个首脑办事机构

资料来源:中国机构编制网,30 个国家相地区中央政府机构设置情况,2013—03—08,http://www.scopsr.gov.cn/zlzx/bzoo/201303/t20130308_210063.html。

表 6-6　按功能分类部分国家一般公共支出结构(2013)　　　(%)

国家＼类别	一般公共服务	国防	公共秩序和安全	经济事务	环境保护	住房和社区福利设施	卫生	娱乐、文化、宗教	教育	社会保障
比利时	15.5	1.7	3.4	12.2	1.8	0.6	14.6	2.4	11.8	36.1
德国	14.3	2.4	3.5	7.5	1.3	0.9	15.8	1.9	9.7	42.6
美国	14.3	9.8	5.6	9.2	0.0	1.5	22.3	0.7	16.0	20.7
澳大利亚	12.9	3.9	4.7	11.1	2.9	1.7	18.8	2.0	14.4	27.7
瑞士	11.7	3.0	4.9	12.3	2.2	0.6	6.5	2.5	17.8	38.6
希腊	16.3	3.6	3.1	25.5	1.4	0.5	8.6	1.1	7.6	32.4
芬兰	14.4	2.6	2.4	8.2	0.4	0.7	14.5	2.5	11.2	43.1
丹麦	13.6	2.3	1.8	6.3	0.7	0.5	15.3	3.2	12.3	43.9
法国	11.9	3.1	2.9	8.7	1.8	2.4	14.2	2.6	9.6	42.9
瑞典	14.6	2.8	2.6	8.1	0.6	1.4	13.1	2.0	12.4	42.3
意大利	17.5	2.3	3.8	8.2	1.8	1.4	14.1	1.4	8.0	41.3
英国	12.5	5.0	4.8	6.8	1.8	1.5	16.7	1.7	12.0	37.2
挪威	9.7	3.1	2.3	10.6	1.9	1.6	17.0	3.1	11.1	39.7
日本	10.6	2.1	3.1	10.3	2.8	1.8	17.5	0.9	8.5	42.4
西班牙	15.5	2.1	4.5	10.0	1.9	1.0	13.6	2.6	9.1	39.7
波兰	13.5	3.9	5.3	9.6	1.8	1.7	10.9	2.5	12.5	38.3
韩国	17.1	7.8	4.0	16.8	2.4	3.0	12.1	2.2	16.3	18.4

数据来源:OECD National Accounts Statistics(database);Eurostat Government finance statistics(database).Data for Australia are based on Government finance statistics provided by the Australian Bureau of Statistics。

（五）财政转移支付制度与纵向公共经济责任划分的配合

财政转移支付制度是西方国家公共经济责任体制的重要组成部分,是完善政府间纵向公共经济责任划分和公共支出分配的重要内容。西方国家财权、财力相对集中于中央,公共物品的提供和公共支出责任相对分散于地方,财力集中保证了中央政府实现经济均衡发展所需要的经济基础,中央政府通过转移支付均衡调控各级政府在支出需求与收入来源之间的差异,实现不同区域的均衡发展和社会公平。

德国为实现区域经济协调发展,保障不同地区公共物品提供水平基本一致,专门制定了《财政平衡法》,规定了纵向平衡和横向平衡两种调节方法。纵向财政平衡是在上下级政府之间实行财政转移支付,包括联邦对州和州对地方两个层次的转移;横向财政平衡是在各州之间实行财政转移支付,财力强的州向财力弱的州转移部分财政收入,保证各州财政收支的大体平衡。

日本有三种类型的转移支付,包括税收收入分享、特别拨款和地方转让税。税收收入分享拨款不限具体用途,对地方交付税按均等化原则返还一定比例给不同地区,使各地区的财力基本相同;特别拨款帮助地方政府提供某些特殊的公共物品;地方转让税是把汽车吨位税、燃油税等特定税种的收入转移给地方政府,地方政府将其用于特定领域。

从转移支付的规模来看,各国总体上呈现不断膨胀的趋势,在经合组织国家,转移支出占 GDP 的比重由 1965 年的平均 6.5% 上升到 2000 年的 12.8%,其中欧盟国家由 1965 年的 10.9% 上升到 2000 年的 16.7%,美国 2000 年的联邦政府补贴支出高达 3296 亿美元,占联邦总支出的 18% 左右,这一规模相当于州与地方政府当年总支出的 30% 以上。

二、国外公共经济责任机制设计状况

西方发达国家公共物品提供过程中的机制设计相对比较成熟,不同国家间虽存在较大差异,但也有一些共性的经验值得借鉴。

（一）决策机制

整体上看,西方发达国家公共物品提供的决策机制已实现了从个人决策到组织决策、从非程序决策到程序决策的过渡,中枢机构、咨询机构等建设不断完善,决策的科学化、民主化程度不断提升。

尤其 20 世纪 50 年代以来,以电子、信息技术等为代表的新技术革命促使经济结构、社会结构发生了深刻的变化,政府职能范围不断拓展,20 世纪 80 年代以来西方发达国家纷纷探索后工业社会和信息化时代的"企业化政府"建设,形成了市场化政府模式、参与性政府模式、灵活政府和非管制政府模式等不同类型的行政模式,公共物品提供的决策机制也随着这些模式的建立不断改革和完善。

在许多发达国家政府决策层在决策过程中仍处于主导地位,政府负责提供决策需求、进行方案论证、做出最后裁断,但政府决策层不再是决策方案的唯一制定者。适应生产力发展和社会进步对决策科学化要求不断提高的需要,许多决策任务往往先交由政府所属的研究机构或社会咨询机构,由相关机构提出多种决策方案,政府决策层最后进行裁定,从中选出较优方案,这种做法提高了公共物品提供的专业化水平和决策方案的合理性,一定程度上使得专家群体和各类智囊机构成为决策的主体。

在决策程序上,为了保证决策的科学化、避免人为因素的干扰,许多国家制定和颁布了规范决策程序的法律法规,尤其是将重大行政决策中最重要、最必要的程序,通过行政程序法及相关法律,或政府首脑的有关政令,以法律规范的形式确定下来。西方主要发达国家公共物品提供的决策按先后顺序一般经历四个阶段,即决策规划、咨询审议、法定监控组织审查和决策执行。

在决策的监督方面,西方国家也有一些较好的做法。一是监控组织设计比较完善,横向上有立法机构、司法机构、政党、非政府组织、公众的监督,纵向上有上下级政府的监控,这些监控组织负责监督检查决策者是否有法定的职权,决策行为与决策程序是否合法,决策方案是否合理等。二是建立了明确的绩效标准,对决策的效果进行衡量,如新加坡建立了"结果预算"制度,对预算的产出进行成本估计,促进决策者提高决策的质量和效率,并把决策约束工作落到实处。三是加强民主建设,许多国家推动了决策的民主化,通过各种立法等在制度上疏通渠道,建立公众的参与和表达机制,对公众的需求进行回应,合理利用政府、公众的各种利益博弈来促进决策的合理性。

(二)执行机制

对公共物品提供决策的执行组织可以是政府部门、法定机构,也可以是非政府组织与私人部门。在西方国家,社会各方面的规范程度不断增强,政府的许多执行性、服务性工作也不断走向程序化和制度化。并且公共物品提供的决策和执行出现一定程度的分离,专业化程度不断提高,许多执行任务由下级政府部门或政府以外的专门化社会组织来承担,政府不再无所不包,如奥斯本和盖布勒所指出的,"开始转向一种政策制定(掌舵)同服务提供(划桨)分开的机制。"[①]

20 世纪 80 年代后的新公共管理运动,使西方发达国家的政府组织结构重组和流程再造取得了瞩目的成就,其中执行机构和执行机制的建设是一个十分重要的方面。英国的改革最为突出,被称为"执行局化改革",政府机构仅保留了少数核心部门做好政策和服务的提供。执行局实行部长负责制,通过社会公开招聘录取,执行局有类似于企业的法人资格,实行契约性的合同管理,一旦出现问题独立承担全部责任。新西兰的改革比较全面、彻底,执行上实现了与决策的分开,在首相、公务员委员会和财政委员三大国家机构之外,设立政策部与执行部两大类机构,把决策制定、提供服务交给不同的主体实施,并在执行中通过引入竞争机制打破部门垄断,通过签订合同形成法定关系,扭转执行中的随意性。新加坡是亚洲国家新公共管理运动改革的先锋,在公共物品提供的市场化改革上取得了很大的成绩,一方面通过社会招标方式引入社会力量,把某些公共物品提供责任外包给中标的民营部门,与民营部门签订合同,实行合同管理;另一方面对公共服务机构进行民营化改造,使公共

---

① 〔美〕戴维·奥斯本等:《改革政府》,周敦仁等译,上海译文出版社 1996 年版,第 11 页。

服务机构优质高效的提供责权范围内的公共物品;另外新加坡政府重组了具有地方特色的半官方公共部门,让其和私营部门一同竞争公共服务合同,同时政府给予一定的帮助和引导。

（三）整体协调机制

新公共管理运动在引入企业管理竞争机制的同时,忽视了部门间的协作,出现了公共物品提供碎片化的困境,产生了公共物品提供项目的冲突、不同部门政策目标的不一致、执行中互相拆台、较少考虑政府整体性利益等问题,对公共物品提供的质量和效率造成了不利影响。为了应对这些问题,西方国家开始在政府改革中强调政策的协调和部门间的协作,强调整体性政府的理念,比较典型的如英国的"协同政府"改革、澳大利亚的"整体性政府"改革、加拿大的"同业协作政府"改革等。通常的做法包括建立促进部门间协调的组织体系,如强化政府首脑办公室的地位,统一财政管理、强化责任机制等;建立针对不同任务的部际商机构,如建立针对特定任务的"任务小组"、为完成某项职能的联合团队等;通过预算拨款、财务管理等财政手段促进部门间的合作;培养部门间合作的组织文化和公务人员的合作精神等。

（四）履责激励机制

西方国家政府公共经济责任履行过程中的激励机制包括对公务人员个人的激励和对政府机构整体的激励。对公务人员的激励包括晋升激励、薪酬激励、培训激励等。在晋升激励方面,基本上按任职年限定期升级,也有功绩晋升制等强调公务人员工作实绩的晋升办法,如美国在职务晋升方面建立起了考试晋升制、功绩晋升制、年资晋升制和越级晋升制四种晋升方式;在薪酬激励方面,西方国家的薪酬大都由基本工资和奖金、津贴两部分构成,在薪酬标准的制定上跟职务、责任、功绩、受教育程度等挂钩,如波兰对作出突出贡献的公务人员,可经批准提高基本工资和职务补贴,日本对作出突出贡献的人员可以提前晋升工资或越级增加工资;在培训激励方面,西方许多国家的公务员法规定,不参加培训就不能晋升职务,通过制定配套的法规和政策,对培训的目标、原则、内容、方式等做出具体规定,并采取措施鼓励公务人员自己选择参加培训,如美国所有在职培训经过批准都由所在单位出资。在政府机构整体的激励方面,如英国地方政府的全面绩效评价机制,对地方政府在资源利用、服务等方面进行考核,通过考核激励地方政府提升运行效率和产出效果,提升地方政府的管理水平和服务质量。

(五)失职监督、问责机制

西方国家对公共经济责任履行的监督、问责机制等进行了广泛而深入的理论和实践探索,相对比较成熟。首先,完善的法律、法规体系是保证监督、问责得以实施的有力依据。缺少规范而严密的法律程序,再好的制度安排也难以落实,许多国家为了将公共物品提供中的政府责任、官员责任、问责制度以法律的形式明确,制定了《政府责任法》、《公务员行为准则》等。其次,西方国家的监督、问责程序透明、科学,在出现需要问责的情况时,各种机制能自动运转,使得责任追究公开、公正,并能真正落到实处。再次,西方国家的问责方式多样化,如质询、调查、信任表决等,可根据不同的情况选择恰当的方式对公共物品提供的后果责任进行追究。另外,西方国家建立了完备的问责体系,包括议会问责、司法问责、政府内部问责、选民问责等,各问责主体在问责过程中有充分的自由。其中议会问责是代议民主制下,通过议会进行质询、调查、弹劾等;司法问责主要通过法院公开审判追究违法责任;政府内部问责,如在英国有部长监督和行政裁判所监督等政府内部监督问责方式;选民问责,如在美国通过全体选民投票决定特定官员是否应当免职。

三、国外公共经济责任体系与机制的启示

各国不同的公共经济责任体系安排和机制设计,都有其优缺点,可为我国政府公共经济责任体系的完善和机制设计提供一定的经验。

第一,公共经济责任的范围主要集中在市场失灵领域。虽然各国的政治经济体制、经济发展水平、历史文化传统等客观上存在差异,但西方发达国家

公共经济责任配置的实践表明,政府的公共经济责任基本上都集中在市场失灵领域,主要提供市场不能有效提供的公共物品。我国正处于体制转轨过程中,市场体系还不健全,机制设计还不完善,政府的职能范围还未摆脱计划经济的路径依赖,政府的越位与缺位同时并存,引发了许多矛盾和问题。因此今后的改革需要切实尊重市场规律,按市场优先的原则,对公共经济责任范围进行调整。

第二,推进中央主导与地方自治相结合。从当今世界绝大多数国家的普遍做法来看,财权、财力相对集中于联邦或中央政府,公共物品提供和公共支出责任相对分散于地方;从各级地方政府来看,往往州一级政府主导和控制着大部分财政资源。为了有效消除这种高层级政府主导带来的弊端,许多国家通过地方自治减少高层级政府借助财力进行干预和控制,调动地方的积极性,如允许地方政府立法,对公共物品提供进行决策,加强地方税体系建设等。温格斯特提出,正是通过上级财政主导与地方自治两者之间的相互制衡关系,西方国家实现了国家的政体稳定和可持续发展。

第三,以法律的形式确定政府公共物品提供和公共支出责任的范围。各国都普遍根据国情及公共物品属性,运用宪法或相关法律对政府的公共经济责任进行了划分,明确而详细地规定了各级政府的公共经济责任义务、权利等,为公共支出责任划分、税收收入安排以及转移支付提供了依据。一般单一制国家由中央进行立法,联邦制国家则有宪法和各地方政府的法规。我国的分级分税财政体制改革取得了显著的成绩,但整体框架设计还需要完善,需要科学而详细的政府公共物品提供责任及公共支出责任划分的安排,并使其成为强制性的法律规范。

第四,中央政府承担主要的支出责任,直接支出比例较高。从发达国家的经验看,尽管不同国家中央和地方公共支出比例存在差异,但中央政府公共支出在全国支出中占比都普遍较高。从发达国家和发展中国家的比较来看,发达国家经济发展水平较高,政府掌控的财力相对充裕,中央政府的调控能力较强,因此发达国家中央政府承担的公共支出比例更高,承担公共物品的主要支出责任;而发展中国家由于财力有限,中央政府可能倾向于利用行政权威将支出责任压给地方政府。我国是典型的发展中国家,公共支出在中央和地方政府的划分上也有发展中国家的特征,地方政府公共支出所占比例较高,随着经济发展水平的不断提高,这种支出责任划分状况应适当调整,尤其像教育、医疗、社会保障等公共物品的支出责任更应该由中央政府负责。

第五,根据公共经济责任需要设置政府机构。各国政府机构设置随着政治、经济和社会发展要求的变化,经历了不同的发展阶段,也都有各自的特点,但一些规律性的做法可供我们参考,尤其西方发达国家都处在较成熟的市场经济环境和民主监督之下,在机构设置上存在的一些共性,可供处于市场经济体制建设中的国家进行借鉴。为满足履行职能的需要,大多国家的政府机构设置做到了在一定时期内保持相对稳定,并适时进行调整。市场化程度较高的国家普遍对政府部门进行综合设置,联邦或中央政府内阁机构设置较为精炼,呈现大部制特点,在内阁机构之外和之下,设置各类机构进行监管、管理、服务、咨询等。有些国家重视推进决策与执行分开,设置了大量的执行机构专门履行执行职责;有的国家在地方设置直属分支机构,负责联邦或中央法律法规及政策的执行。另外,西方国家的政府机构设置和调整大都遵循法治原则,依据宪法、组织法等法律、法规对机构设置进行规范。

第六,完善的公共经济责任运行机制。在公共经济责任运行机制建设上,西方的决策、执行、监督与问责已纳入了法治化轨道,激励和协调机制也相对科学,我国也要实现运行机制的科学性和合理性,为公共经济责任的有效履行创造条件。在决策机制上,当前西方国家的决策范围逐步收缩,聚焦于核心职能和重大事项的决策,强化治理,弱化和下放管理;为实现决策的科学化、民主化,许多国家建立起了比较规范的决策研究、咨询机制,如建立专门的机构协助政府首脑科学决策,建立规范的重大行政决策公开咨询机制,运用电子化咨询手段,引入听证制度等。在执行机制上,西方国家出现了决策与执行分开的趋势,执行效率得到提升。在监督和问责机制上,西方国家已建立起了比较科学合理的责任追究程序,监督机制健全,问责方式多样化,使监督问责制取得了良好的成效。在激励和协调机制上,西方国家通过人员激励和政府整体激励建立了较完善、合理的激励机制体系,达到了相应的激励效果;各国普遍加强综合协调中心建设,并赋予其足够的财权,使相关职能部门自觉接受协调中心的决策。我国由于公共经济责任范围界定及政府公共经济责任划分不清,公共经济运行机制建设的科学化、合理化缺乏针对性,因此,一方面要积极借鉴成功经验不断完善我国现有机制建设,提升政府决策、执行、监督问责等方面的能力,充分发挥激励和协调机制的作用,另一方面要进一步明确公共经济责任的主体和范围,为机制的运行提供基本前提条件。

第七章　完善我国公共经济责任体系与机制的基本思路与对策建议

面对日益复杂的社会经济矛盾,伴随公众对公共物品需求数量和结构的变化,政府的角色、工作重点及工作机制也要及时作出调整。当前要切实把以人为本、市场导向和绩效导向等作为治理理念,以科学性、清晰性、民主性、法治性为原则,通过制度变革和机制创新,努力建设理想的责任型政府,促进公共物品的及时、高效和优质提供,促进经济、社会的和谐运转。

一、完善公共经济责任体系与机制的原则

(一)科学性原则

现代政府治理需要对各级政府及同级政府所属部门的公共经济责任进行合理的划分,使各级政府及同级政府所属部门的公共经济责任设置更加科学,因此科学性原则首先即是要求公共经济责任的划分要合理。首先,合理的公共经济责任划分,可以使各级政府和各政府部门实现激励相容,充分发挥各自的优势;其次,合理的公共经济责任划分,使财政分权效率提高,可以保障各类公共物品得到公平而有效的提供;再次,合理的公共经济责任划分,是财政关系建设的起点和核心,是财权、财力划分的前提和基础。

要实现公共经济责任的科学划分必须充分考虑公共物品的边界、层次性、信息获取、受益范围等因素,并遵循公共管理的基本原理,实现依职分责和责任划分的合理化。科学划分公共经济责任的目标是要实现各级政府及各政府

部门间公共经济责任的均衡,均衡状态可借鉴微观经济学厂商均衡条件的粗略说明,根据厂商均衡理论,市场经济条件下厂商生产的均衡点在边际收益等于边际成本,据此某级政府或某政府部门公共经济责任的均衡是其边际收益等于边际成本,而各级政府和同级政府各部门间公共经济责任的均衡则是各级政府和同级政府各部门的边际收益与边际成本都相等,这是公共经济责任划分科学的理想状态。

科学划分公共经济责任还要兼顾制约性和协调性。制约性是在进行公共经济责任划分时要考虑责任的相互制约,同级政府所属部门间公共经济责任进行配置时,要实现立法、行政、司法部门之间的相互制约,同时设计良好的运行机制实现部门内部的制约;纵向上各级政府之间,要实现上级政府对下级政府及下级政府对上级政府的制约;另外要通过外部参与,加强社会公众和舆论媒体的制约;各级政府及各政府部门的公共经济责任还要最终通过法律明确下来,形成对各方的法律约束。协调性主要是基于公共物品提供过程的复杂性,单一的政府部门常常不能有效承担某类公共物品的全部提供责任,而是需要多个政府部门及多级政府协调合作;随着我国公共事务的日益复杂化,原来的小部门分散式、要素化的专业管理已不能适应经济社会发展的需要,需要根据协调性原则对各部门的事务进行必要的整合。

（二）清晰性原则

实现各级政府及同级政府所属部门间公共经济责任划分的清晰化,也就是要使各级政府及同级政府所属部门的公共经济责任明确而具体。公共经济责任划分清晰可使各级政府及同级政府各部门准确把握自身肩负的责任,增强责任意识,促进责任的落实,并为责任追究提供依据;公共经济责任划分清晰,也是明晰各级政府及同级政府所属部门支出责任的依据,可有效减少支出责任交叉、重叠和错位的问题。

由于我国政府层级设置、同级政府所属部门设置较多,再加上宪法和有关法律法规对各级政府及同级政府所属部门的公共经济责任划分只作了原则性规定,使得各级政府及同级政府所属部门的公共经济责任及相应的公共支出责任交叉重叠严重。纵向上各级政府在农业、教育、社会保障、公共卫生、文化等事业发展方面的责任划分不具体、不明确,横向上立法、行政、司法部门之间的职责边界不清,行政部门内部业务主管部门、要素管理部门、环节管理部门之间存在职责重叠,这些都成为许多深层次矛盾产生的根源。因此公共经济责任体系建设必须坚持清晰性原则,建立起明确的公共经济责任划分制度性框架。

(三)民主性原则

在把为民负责作为价值观的情况下,需要构建以公共利益为导向的公共经济责任体系和机制,政府的一切行为都应符合公民的意愿和利益。一方面,公众参与可以为政府政策的制定提供更多可供参考的建议,促进决策的科学性和有效性,促进政策履行效率的提升;另一方面,公众参与可以对政府履行责任形成一定的压力,防范寻租、低效等问题发生。

长期以来,我们比较重视政府作为统治工具的角色,与公众的关系缺乏平等性。政府是政策制定的主体,也是政策执行的主体,公众没有更多的机会和渠道参与到政府的公共管理活动中来,对与自身关系密切的公共物品的需求不能得到有效、及时的回应。因此在今后的责任型政府建设中,政府的公共经济责任体系和机制设计都要充分反映各阶层群众的利益要求,要把反映民意作为政府政策制定的出发点,并提供公众广泛参与的渠道,在政策执行中也要接受公众的监督。

(四)法治性原则

各级政府及同级政府所属部门公共经济责任和运行机制,应选择有充分的强制性和权威性的载体,使其贯彻和执行能得到充分的保证。鉴于公共经济责任履行的重要性及政府作为责任主体的特殊性,应将法律作为规范和约束政府行为的载体,通过立法形式明确不同级次政府及同级政府所属部门之间的公共经济责任划分和运行机制。实现政府公共经济责任的法治化就是要充分发挥人大的立法职能,使政府的公共经济责任配置、运行机制建立在法制的基础上,具体来讲就是要实现各级政府及同级政府各部门公共物品提供范围的法制化、财力形成机制的法制化、公共支出责任的法制化、公共经济责任履行过程机制(决策、监督、评价、监督、问责)的法制化等。

我国现有的宪法和法律对政府公共经济责任划分的规定比较笼统,在实践中难以操作;各级政府及各政府部门出台的相关法规和规章虽数量众多,但由于缺乏强制性和权威性,难以起到规范和约束作用,并且在其制定中由于缺乏充分的论证,科学性不足。在公共经济责任机制方面,尽管有各种的规定和实施办法,但由于未上升到法律层面,不能得到有效实施。因此尽管我国出台了数量众多的关于公共经济责任划分和运行机制的规章制度,但实施效果较差,难以在整体上形成合力。

二、科学划分公共经济责任的总体思路

(一)进一步理清政府与市场的边界

要合理而明确地划分政府的公共经济责任,首先需要明确政府的公共经济责任范围。政府如果在微观领域直接配置资源过多,容易导致部门利益化倾向,各部门很难做到公平、公正,不利于正常市场秩序的建立,影响经济的有效运行。我国在向市场经济的转变过程中,政府的职责范围在不断调整,经济建设职能逐步转向市场,但是这种转移还很不到位。

前文的分析表明,政府公共经济责任的调整对社会经济指标的优化做出了巨大贡献,经济高速增长,教育、医疗等公共物品的提供水平不断提升,居民的健康、教育状况极大改善。然而,新常态下由体制转型推动的高速经济增长开始放缓,投资驱动等因素导致的通货膨胀频繁发生,收入分配、社会稳定、环境等指标均存在不良变化趋势,这些都说明政府的公共经济责任应进一步调整。公共经济责任的范围则应更多地集中在核心活动上,以减少政府不必要的活动带来的不利影响,核心活动以外的事务可更多地交由民间经济部门完成,政府只在其中承担必要的规制职责。

服务型政府理念下,政府的核心职能是提供公共物品,虽然公共物品呈现出多元化供给趋势,但政府在公共物品供给中的主导地位不会变,政府仍负有最终责任。政府要对公共物品的提供进行整体的规划,科学设计公共物品提供的种类、规模和结构;对于市场不能有效提供的公共物品,尤其基本公共服务,政府要担负起托底责任;对于市场及多种经营方式能够提供的公共物品,政府要进行有效的监督,不符合标准的及时清退。

当然,公共物品和私人物品的范围会发生调整,因此市场活动中公共经济部门与民间经济部门活动的界限也会随之变化,在技术和能力允许的情况下,市场运转越好,公共经济部门负责的事务就可以越少;相反,公共经济部门越有效率,交由公共经济部门处理的事务就可以越多。决定谁履行什么样的职能,需要由专业的分析机构在全方位考虑的基础上,在充分听取公众意见的基础上,通过科学的顶层设计做出,这种专业机构应是独立的、中立的,且其组成人员应具有较高的专业素养。形成公共经济部门活动改革方案后,首先要公布、宣传,对其做出解释和说明,给予利益相关者一定时间的缓冲期后再具体实施。

今后的改革要坚持遵循市场经济发展的规律,充分发挥市场在资源配置中的决定性作用,进一步减少政府对市场资源的直接配置,剥离政府的经济建设职能,着力推动经济建设型政府向服务型政府转变。具体来讲,政府要从一般竞争性领域退出,从自然垄断行业适当退出,尤其是县一级政府,要彻底从经济建设领域退出;对某些准公共品可采取多样化的运营模式,充分利用民间经济的力量,从制度上减少政府对资源配置进行干预的激励。减少政府对市场的干预,并不意味着完全退出,政府应注意培育和引导各类市场建设,并且进一步加强政府的市场监管职能,为市场创造公平的环境。

(二)推进同级政府所属各部门横向公共经济责任划分合理化

同级政府所属各部门横向公共经济责任划分主要包括两方面的内容:一是立法、行政、司法三大部门之间的责任划分;二是同一层级政府各行政部门之间的责任划分。

1. 立法、行政、司法部门之间公共经济责任的划分

我国立法、行政、司法三大部门的责任划分,不同于西方国家典型的三权分立。人民代表大会作为立法机关,负责对公共经济重大事项进行决策,并对行政、司法机关进行监督和人事任免;行政机关负责执行人大的决定、决议,也有公共事务的自由裁量权;法院和检察院作为司法机关负责审判和检察。这种责任配置格局已得到众多专家的肯定,但仍然需要对其中存在的不足进行修正,更好地为公共经济高效运转服务。而且在我国单一制政体下,立法、行政、司法部门上下对口,如果三者的关系处理不好,势必也会影响上下级政府之间的责任划分;因为同级政府所属各部门横向公共经济责任划分,尤其中央一级的横向公共经济责任划分是纵向责任划分的基础和前提。

总体改革思路上,由人民民主选举产生的人大作为立法机关,主要负责国家规则的制定,即负责立法工作,今后的改革应通过各种机制的完善强化人民代表大会及其常委会的立法责任,保障其立法工作的高效,减少立法缺位、立法不及时等现象的发生,并保证凡属国家重大事项的立法只能由人大负责,其他机关不能"越俎代庖";在行政和司法机关履行法治的过程中,人大要对其进行监督,关键是要通过一定的规则将人大的监督责任落到实处,但人大的监督也要保持在一定范围之内,不能对行政和司法机关的活动进行直接干预。行政机关主要负责执行国家各项法律规范,对行政职能的扩张要进行限制,在制度上规定行政机关不能僭越立法机关,减小行政法规、行政规章和行政规范性文件的作用空间,真正实现立法机关对行政机关的制约,推进依法行政;另外要减小行政机关对司法机关活动的干预,保持司法独立。司法机关主要负责对其他国家机关的活动进行审查和监督,对违法行为进行追究;同时司法活动要受到立法的制约,司法活动应在立法的基础上依法进行。

党委与立法、行政、司法机关之间的关系也要理顺。我国是由共产党领导、执政的国家,立法、行政、司法工作都要接受党的领导和监督。党委要发挥总揽全局的核心作用,主要职责是制定党的基本路线、方针和政策,并通过对国家政权的政治、思想、组织领导保证其实现。

2. 同级政府各行政部门间公共经济责任的划分

随着政府职能的转变和社会矛盾的复杂化,我国公共经济责任的范围和重点不断变化,据此政府行政部门设置和责任安排也在不断调整。但整体上看政府行政部门设置仍未摆脱管制型政府的结构安排,并呈现一定的"碎片化"特征,而且各部门之间仍存在施政盲区、存在对部门利益的维护,随着社会矛盾的尖锐化,急需对其进一步进行调整。

首先,要对政府职责进行综合分析,确定当前发展阶段政府职责的重点和范围,明确政府应担负哪些责任。根据职责范围在原有架构的基础上对政府机构进行适当调整,并确定各个具体部门应承担的责任,使各部门之间的职责有清晰的界限。同时尽量精简部门设置并减少不同部门间职责的交叉,对确实需要多个部门共同承担的责任,明确各部门各自承担责任的范围。其次,建立部门间的协调机制。由于公共事务庞杂,各部门自身缺乏应对环境变化的灵活性,因此需要建立起相关部门间的协作合作机制。协调机制建设应注意几个方面的问题,一是不同部门间的政策目标要保持一致,各部门在政策制定和执行过程中都要充分表达自己的意见,保证各部门认识和行动的一致性;二是为使协调行为常态化,应建立相应的制度规范,包括协调机制的启动和协调程序、协调的方式等;三是虽然要重视部门间的协调,但不能让协调取代部门作用的发挥,协调也应是有限度的。

(三)科学配置不同级次政府间的纵向公共经济责任

在立法层面上,各级人大及其常委会对本级人民政府、人民法院和人民检察院的工作承担决策和监督职责,一般来说,凡事务的领导、管理或实施涉及全国或数省、自治区、直辖市者,由全国人大及其常委会参与决策和监督;凡事务的管理或实施仅涉及某一行政区域的,地方人大及其常委会参与决策和监督;属于地方性事务或与地方有关的事务,涉及垂直管理机构的,地方各级人大及常委会均可参与决策、督促和检查。

行政层面,可通过编制各级政府的责任清单及相应的权力清单的方式,规定各级政府应承担的公共经济责任。在总体责任划分上,从世界各国实践经验看,一般按受益范围和效率优化的原则进行划分,中央政府集中部分全国性的、跨区域的以及地方政府无法完成的公共物品责任,尤其是全国性公共物品及基本公共服务的供给责任,另外对于事关国家主权和经济安全、事关国家长远发展及整体利益的公共事务,也应由中央政府负责,如保持国民经济稳定运行、货币发行、基准利率的确定、重要税率的调整等。地方政府主要贯彻执行中央制定的政策法规,调节地区的经济活动和社会事务,提供受益范围在本辖区、边界清晰的公共物品,财力不足时,由中央或上级地方政府给予资助。对一些跨区域、外溢效应明显、边界模糊的公共物品,由相关政府联合提供,或者由上级政府乃至中央政府提供。对于多个级次政府都可承担的公共物品提供责任,可根据能力原则决定由哪一级政府提供;对于必须由不同级次政府共同承担的责任,要明确各级政府的责任,避免责任的交叉和重叠。对于中央和地方共同负责,问题比较突出的领域,尤其主要由中央政府制定政策,需要下级政府配合执行的责任,如环保、土地、市场准入等,可组建协调性或督办性的机构,保证地方政府责任的实施。

司法层面,要从国家整体利益和更好地提供司法服务角度出发,对各司法机关的职责权限以及相互关系进行必要的调整。按原则各司法机关必须保持中立,进行独立审判。上级法院可对下级法院进行监督,但上级法院无权干涉下级法院的工作,下级法院也无须向上级法院汇报工作。

在纵向责任划分上,无疑政府级次越多,其责任划分面临的问题越复杂,我国现在主要实行的是五级政权的划分模式,显然比世界上普遍采用的三级政权模式的国家,在政府责任划分上的难度要大,各级政府的责任容易模糊。而且层级越多,"委托—代理"管理链条越长,行政事务运转的时间也相应越长,运转成本越高,其中的信息传递和政策执行容易出现失真和扭曲,导致运转效率较低,如我国的财政转移支付,就由于政府层级较多,截留挪用等不良现象比较普遍。因此,结合行政区划改革,适当减少行政层级促进治理结构扁平化,应是服务型政府建设的重要配套政策。今后的改革,在行政区划上可根据地理位置适当增加省一级政府的数量,缩小省的管辖范围,省直接管理目前的市、县,区作为市的分支机构,乡作为县的派出机构。通过减少政府级次,可以缓解目前省和市之间以及市和县之间职责不清、县自主性弱、财力向上集中、责任层层下移等问题,彻底使城市从县域提取资源而得到优先发展以及城乡差距不断拉大的局面得到改观;减少政府级次,也可以增进政府与公众的直接沟通,减少上下级机构之间的指派等行政资源的内耗,提高政府总体的行政效率。各级政府内部的组织层次也要在一定程度上进行缩减,简化办事程序;同时缩减人员级别和领导职数,摆脱副职多、闲职多的现象,进一步提高运转效率。

在减少政府层级的同时,还可考虑政府机构纵向上的非对口化设置。在我国即使县级政府也有与中央政府对应的职能机构,而实际上不同层级的政府部门需要提供的公共物品种类、方式是有差别的,刻意的上下对口设置往往导致行政资源浪费、成本增加。而且上下对口设置容易导致下级政府向上级政府负责,消极执行上级政府的命令,而不是积极自主地为公众服务。在政府改革理论和实践比较成熟的西方国家,较低层级政府的机构多样化特征比较突出,我国也可根据实际情况,对各层级的政府组成部门进行合并或撤销,建立符合本级政府服务需要的职能部门,只在必要的情况下设置对应于上下级政府的相关部门。

(四)合理划分公共支出责任、设置转移支付制度

在明晰各级政府及同级政府所属部门公共物品提供责任的基础上,按照"财"随"政"走的原则与规律,要进一步明确各级政府及同级政府所属部门的公共支出责任。公共支出责任的划分总体上应与公共物品提供责任的配置格局一致,即哪一级政府及哪个政府部门拥有公共物品的提供责任,那么该级政府及该政府部门也就要相应地承担为这种公共物品的生产提供成本资金即公共支出的责任,并据此进一步划分财权和财力。

横向上同级政府所属部门间的公共支出责任划分,要考虑特定时期社会公共需要的轻重缓急程度,根据整体规划将有限的财政资金合理地配置于各个部门。在具体实施上从公众整体性需求和财政资金使用效率角度出发,恰当整合分散于各部门的资金,制定公共物品提供的国家标准,调整财政的预算

科目、各类公共物品的提供水平及支出比例。

纵向上要考虑公共物品的层次性、受益范围以及不同层级政府的财政收入能力,明确中央政府提供公共物品的支出责任范围,地方政府提供公共物品的支出责任范围,中央和地方政府按规定分担公共物品支出责任的范围。中央政府可通过安排转移支付的办法,将部分公共物品的提供责任转移给地方政府,对财力困难的地区可通过一般性转移支付给予补助。现实操作中,应将有利于统一市场形成的支出、环境保护支出、跨区域重大项目支出的责任划归中央政府;适当上收部分民生支出责任,如对义务教育可适当提高中央和省级政府的支出比例;建立医疗卫生、社会保障、科技和农林水利等事务的中央地方经费负担机制,合理确定中央地方分担比例等。

建立规范的转移支付制度,整合各类补助资金,实现转移支付的公式化和透明化,规范转移支付资金的使用和管理,提高转移支付的整体效能。要注重对财力薄弱的地方政府加大财政转移支付规模和力度,保证不同地方、不同部门都具有足够的底线公共物品的提供资金,确保财政能力与公共物品提供水平相匹配。

为了保证公共支出安排的科学、合理性,应建立起审慎的预算规则。预算过程应公开透明,预算方案制定和修改的政策目标要明确、具体,要形成公共支出安排的详细数据,再提交立法机关审议、批准,使立法机关能切实发挥对预算安排的约束和制衡作用。为保证预算的落实,使公共支出和转移支付按既定计划执行,还应通过强有力的法规制约和监督机构监督等对预算的执行进行严格的约束。

(五)完善保障公共经济责任有效运行的相关法律

任何组织体系、机制的有效运行,都需要一定的规则来制约,缺乏相应的规则,体系、机制都会形同虚设,因此在政府公共经济责任划分和机制设计明确后,也需要一定的规则保障其得到有效履行,这也就需要加强公共经济责任的法律体系建设。世界上绝大部分国家政府的公共经济责任划分和运行机制都有明确的法律依据,在一些具体事项的责任划分上,如教育、医疗卫生等基本公共服务还有专门的法律予以规定,形成其公共经济责任履行的有力保障。

我国进行社会主义现代化建设,需要加快政府法治化建设步伐,而政府间关系的法治化则是法治政府的重要特征。因此应尽快通过相关法律的制定,使我国政府间的公共经济责任划分也具有法律依据,消除目前责任划分的不规范性和随意性,保证公共经济责任的有效履行,同时对公共经济责任运行机制也要作出明确的法律规定。这首先需要如前所述在各级人大授权和批准的情况下,对各级政府的公共经济责任进行重新梳理和细化,明确市场经济条件下中央、省及其他各级地方政府的责任,对共同承担的责任,列明各级政府的责任范围和分担比例,对政府官员也要赋予职务责任,同时明确机构设置、人员编制、运作机制、领导方式等;然后将这些责任以宪法、预算法、组织法等法律形式固定下来。对一些具体公共经济责任如教育、医疗、养老、环境保护等,要完善其现有的法律法规,明确各级政府的职责和分工。同时对于现有法律、法规进行必要的整合,对存在矛盾的地方进行调整,使法律制度体系充分发挥合力。

有了法律作保障,可以使各级政府和各政府部门各负其责,有效减少相互之间的矛盾冲突,同时可以增强政府官员的责任意识,为责任追究提供依据,最终提高公共物品提供的有效性。当然公共经济责任划分和机制设计的相关法律也并非一成不变,要随着社会经济发展不断进行调整。

三、各类公共物品的公共经济责任划分框架

鉴于我国公共经济责任履行中存在的弊端,结合相关理论和我国国情,合理借鉴国外的有益经验,在总体思路的基础上可构建公共经济责任在各级政府及同级政府所属部门的划分框架。前提是政府的关注重点切实由经济总量导向转到公共物品的提供上来,在此基础上构建中央为主导、地方和各部门积极性都得到充分发挥的责任配置框架。

（一）公共经济责任在同级政府所属部门的配置

1. 公共经济责任在立法、行政、司法机构的配置

在总体划分思路的基础上，公共经济责任在立法、行政、司法三大机构的配置，关键在于对各机构内部的责任配置进行改进和调整。

立法机关的改进措施应当包括：①高质量完成提案责任。为保证提案的质量，应促使各级人民代表大会及其常委会的人员构成更加科学化，建议增加各领域专家、技术人员所占比例，尤其是对社会矛盾突出领域和国家亟需发展行业进行研究的专业人员，鼓励其就所在领域的问题提交提案，整体上提升提案的水平，实现专业研究与国家现实需要的紧密结合。同时兼顾人大代表的覆盖面，如降低党政领导干部代表比例和提高基层人大代表的比例，并建立相应的机制使人大代表与基层群众有良好的沟通。②切实发挥人民代表大会的决策职能。各行政部门应尽早制定公共物品的提供计划并编制部门预算草案上报人大常委会审查，人大可考虑建立各领域的专家智囊库对预算草案进行审议。③各级人大要对行政、司法部门的工作进行有效的监督，对公共物品提供职责履行不力、违规、违纪的人员，要进行责任追究。

行政机构要严格按照相关法律法规完成公共物品的提供计划，并承担对重大紧急事务临时决策和对日常事务自由裁定的责任。行政机构在执行公共物品提供任务过程中要加强民主化、科学化建设，对重点公共物品的生产详情及预算要公开，广泛征求社会公众的意见和建议，保障政府决策的正确性和公共物品提供的有效性。

司法机关要从效率角度出发，实现司法各种职责的相互配合，建立司法裁判与执行相分离的制度，使侦查、检察和审判充分发挥各自的作用，杜绝司法不公和司法腐败；为避免行政过渡干预，各司法机关经费可考虑由中央或省级预算统一安排，在人事任免上可由中央或省级政府提名，由上一级人大及其常委会批准任命。

2. 公共经济责任在同级行政部门的配置

行政部门直接担负大部分公共物品的提供责任，本书对我国公共经济责

任运行状况的分析表明,政府做了许多的事情,但常常并未采取最有效的方式,使社会和经济目标的实现打了折扣。根据理论分析和实践经验,公共物品和私人物品的界限不绝对,在许多领域政府仍应发挥不可替代的作用,也有一些领域在政府做好规制的前提下,可以通过私有化的方式交由私人部门提供,以摆脱不必要的事务。在此基础上,政府需要对自身进行改革,通过科学的责任配置更有效地专注于主要的社会、经济目标。

公共经济责任在同级行政部门之间的配置,要从公共物品有效提供的实际需要出发,使其能够保障公共经济责任体系运行通畅,避免责任交叉、多头管理;同时要通过责任的合理配置,提升政府决策、执行、监督的效能,并形成内在的制约机制,保证政府的廉洁。

对部门之间职责交叉、政出多门的情况,根据我国的大部制改革,将职能相近、业务相同的部门进行整合,建立大门类、综合性的业务主管部门。对业务主管部门与要素管理部门、环节管理部门分设形成的多头、分散管理问题,可考虑将行政机构中环节管理部门的责任分配到综合性的业务主管部门,以减少多头管理。

综合性的业务主管部门通过分工分别负责某种公共物品的生产提供职能,主要任务是高质、高效完成本部门公共物品的提供计划,也要参与本部门公共物品的提供计划和预算的制定,负责本部门共物品具体供给措施的决策、制定和监督任务,因此需要提高决策能力和完善决策机制,将执行与决策相对分离,并形成专业化的执行监控机构。

要素管理部门主要负责统筹协调工作,与综合性业务主管部门存在一定的职责交叉,可考虑将其作为管理手段的一部分职责转移到综合性业务主管部门,如发展改革部门,主要职责应是研究和制定国家和行业发展规划,其现有的项目审批职责应移交给予项目相对应的综合性业务主管部门。综合性业务主管部门的工作也要与要素管理部门的规划保持一致,即与发展改革部门和财政部门的整体协调计划保持一致。要素管理部门之间,如发展改革部门与财政部门的关系也要处理好,可考虑将两者的某些业务合并,减少矛盾冲突,提高整体宏观调控能力。另外就财政部门而言,可考虑将财政部门与税务部门、海关部门(征税职能)、国有资产管理部门合并,并将分散在其他部门的财政功能集中起来。

同时进一步明确国务院直属机构、部委管理的国家局、直属事业单位、议事协调机构的责任,加强其专业性和独立性,理顺其与地方政府的管理关系,合并、取消、划转某些过时的行政职能。

3. 公共支出在同级政府所属部门之间的分配

公共物品提供责任配置于不同的政府部门后,要根据其履行责任需要配置财政资金,财政资金是其承担的责任得到有效履行的基础。要素管理部门中的整体规划部门及资金管理部门要与业务主管部门沟通协调,并充分听取专家学者、社会公众意见、建议,确定某个时期内公共物品提供的重点及各类公共物品提供的规模,并对各类公共物品的内部结构进行合理配置,然后交由一定数量由一流财政学者、经济学者、社会学者和人大代表、政协委员等组成的专家委员会进行评审论证,进而形成年度预算与中期财政规划草案,连同评审论证结果一起报同级人民代表大会审议批准。

财政部门作为要素分配的核心机构,应该强大而有力,要能够从整体利益和资金使用效益角度出发,对公共资源的有效配置进行全面把控。即财政部门要能够对业务主管部门实施财政约束,避免业务主管部门从自身利益角度出发盲目行事,造成财政资金的浪费和社会效益损失。为此财政部门应建立高效的预算编定机构和资金管理机构,使每单位的公共支出都有科学而明确的用途,并接受严密的监督。此外还要充分发挥审计部门的作用,审计部门不仅要关注公共支出是否符合既定的计划安排,更要关注公共支出的使用是否产生了最优效果。

从当前我国的实际情况来看,随着政府职能的转变,公共支出的重点也应进行转变。政府进行公共支出的主要目的是纠正市场失灵,弥补私人部门经济活动的不足,因此应退出竞争性行业和领域,转向主要为社会提供公共物品和服务上。在具体公共支出项目上,根据本书对公共经济责任运行有效性的分析,为提高政府公共支出的整体效益,要控制和压缩行政管理支出,增加医疗、社会保障等公益性事业支出;其中尤其应注重社会保障支出规模的增加,根据国际经验,其占公共总支出的比重达到30%以上可以作为长期目标来实现;同时要重视各项公共支出资金的使用效益,优化其使用方向和管理办法,使有限的资金能够发挥最大的效用。

　　教育,尤其是基础教育,有很强的正外部效应,因此政府应承担起提供教育的重要职责。我国亦将教育视为政府的重要活动,教育支出在财政总支出中的比重整体呈现上升趋势,居民的受教育水平得到大幅度提升。但我国的财政教育支出规模在国际上仍处于偏低的水平,仍有一定提升空间;教育支出结构上,则过多重视高等教育,今后的调整需要增加对学前教育、义务教育、职业教育的支持力度;教育资金在使用质量上仍需要提升,资金的使用应从实际需要出发,减少盲目建校投资等;长期来看为提高财政教育资金使用效率,可探索使用教育券制度。

　　科技支撑是未来经济发展和结构转型的关键,根据前文数据近些年来我国科技支出在财政总支出中所占比重无明显变化;虽然我国的R&D经费年均增长率多年来位居世界前列,但其中政府资金占比较低。财政科技资金在实际使用中,结构上公共物品属性最强的基础研究经费占比较低,配置上由多个部门掌握和管理,缺乏统一规划和整体协调。今后的改革可适当加大政府对基础科研的资金支持力度;加强对科技领域工作的统筹和协调,明确科技工作的重点后再分工落实;财政支持科技活动的方式亦可灵活多样,可通过财政补贴、税收优惠等政策起到四两拨千斤的作用。

　　医疗卫生有较复杂的产品和产业属性,是人民健康的重要保障,历来都是各国政府财政预算中的重要支出项目。随着经济发展水平的不断提升,我国财政用于医疗卫生的支出也不断增长,但其占我国财政支出及GDP的比重仍然偏低,与其他国家有较大差距。在医疗卫生资金的使用上,存在整体规划水平不高,结构布局不合理,制度建设不完善等问题。今后的改革应注重医疗卫生支出安排的顶层设计,从大健康理念出发,搭建多层次、宽领域的合作平台,建立多元化的筹资、投入机制,形成专业化、多层次的医疗卫生服务体系,并通过一系列制度建设进一步提升政府医疗卫生支出效率。

　　社会保障是解决贫困和不平等问题的重要工具,在社会经济稳定中发挥着重要作用,各国政府在社会保障提供中均承担着重要责任。近些年来我国的社会保障制度体系不断完善,但社会保障支出占财政支出的比重无明显变化,与其他国家相比还有较大差距,社会保障的项目结构、地区结构也均存在失衡。今后的改革应以保障人民基本生活为目标,尽快提高社会保障支出在财政总支出中的比例,重点提升对弱势群体和落后地区的保障力度,长期来看高收入群体的保障可考虑逐步推向市场。

一般公共服务支出在我国财政支出中的比重近些年来不断下降,促进了财政支出结构的优化,但在资金使用上还需要通过成本管理、完善预算会计、创新管理流程和管理方式、优化调整人员和机构设置等办法,促进资金使用效率的进一步提升。

近些年来我国加大了对农村发展的支持力度,支农支出规模不断提升,一定程度上促进了农村经济的发展和农民生活的改善。在资金使用上,从实证分析结果看支农资金的使用效率高于公共支出中的其他领域,今后可继续适当加大财政对农业的投入力度;另外支农资金在使用中也存在项目繁杂、支出结构不合理、管理体制不完善等问题,应加快支农资金的整合,明确财政支农支出的重点,健全财政农业资金的投入机制,促进财政支农资金使用效率的进一步提升。

(二)公共经济责任在各级政府间的配置

依据前述公共物品的分类方法及公共经济责任划分的整体思路,可构建今后一个时期我国各类公共经济责任在各级政府间的配置格局,具体划分情况见表7-1。

1.法律、制度、政策类公共物品

法律、制度、政策类公共物品主要包括宪法、法律、行政法规、地方法规、行政规章,经济、政治、社会制度和政策等。由于这类公共物品直接决定国家的运转,对其提供必须慎重,作为单一制国家,中央国家机构对其负有最终责任。宪法、法律、行政法规、中央部门行政规章、全国性的制度、全国性的政策直接由中央的立法、行政、司法等部门通过一定的机制进行决策、管理和监督;中央国家机关也要对地方法规、行政规章、制度、政策的制定进行约束和监督,减少其随意性,并防止其与全国性的法规、制度、政策相抵触;地方政权机构主要负责执行全国性的法规、制度、政策,在不与全国性的法规、制度、政策冲突的情况下,地方政府也可根据当地情况依照一定的程序制定地方性的法规、制度和政策。

提供这类公共物品所需要的支出主要是国家机关日常公务费和公务设施修建费用,应由中央、省、市、县各级财政按照机构隶属关系分别负责。

2. 国防、外交等主权类公共物品

国家主权类公共物品包括国防、外交、国家安全、海关、货币发行及金融监控、对外贸易政策、外汇与国际收支管理、主权性外债借还与控制、国界及地方边界的勘定等。由于这类公共物品直接涉及国家主权,应由中央政府负责提供,各地方政府承担一定的辅助性、配合性的执行与管理责任。地方政府承担的责任有的是完全执行性的,如兵员征集、军事训练涉及地方的事宜、军需物品的供给等;有的责任地方政府拥有一定的主动权,如地方政府同外国地方政府的交流与合作,主权外债涉及地方项目的准备、管理和债款归还等。

在这类公共物品中,国防费用主要由中央政府承担支出责任,民兵训练费则由省一级财政承担,部队转业人员安置费用由转业安置地所在的省、市或县财政负担;外交支出主要由中央财政承担,各级地方政府的国际交流与合作由同级地方政府财政负担;国家安全、海关、货币发行及金融监控、对外贸易政策、外汇与国际收支管理、主权性外债借还与控制所需财政资金由中央财政承担,主权外债中涉及地方政府的外债管理费用由同级地方政府财政负担;国界勘定费用由中央财政负责,省界勘定费用由中央、省、自治区、直辖市分担。

3. 经济、社会、行政行为规制类公共物品

规制是具有法律地位的、相对独立的政府规制机构,依照一定的法规对被规制者所进行的某种行政性的规定和限制。根据规制机构和制约手段的不同,可将政府规制分为直接规制和间接规制两类,直接规制是狭义政府规制的范畴,指政府直接介入经济主体的决策,对由于自然垄断、信息不对称、外部不经济等可能引起的市场结果进行规制;间接规制是由司法部门通过司法程序依照反垄断法、商法、民法等法律对微观经济主体的垄断行为和不公平竞争现

象实施干预。

直接规制又可分为经济行为规制、社会行为规制和行政行为规制三类。经济行为规制指政府在通讯、交通、金融和公用事业等自然垄断和存在信息偏好的领域,对相关企业的进入、退出、价格、服务数量和质量、投资、财务会计等有关行为加以规制,包括市场准入规制、价格规制、数量与质量规制等。社会行为规制以保障劳动者和消费者的安全、健康、卫生、环境保护、防止灾害为目的,对提供物品和服务的活动及物品和服务的质量制定一定的标准,并对某些特定行为进行限制、禁止的规制,包括环境规制、产业安全规制、消费者保护规制、反歧视性规制等。行政行为规制是对作为规制者的相关政府机构的规制,主要是对经济和社会行为规制机构存在的效率不高、立法冲突、职责交叉、争权夺利、执法不力、滥用自由裁量权等行为的规制。

无论直接规制还是间接规制,其效益既有很大的区域性特征,同时又有很强的地域外溢性特征,因此可通过制定一致性的规制标准,促进全国统一市场的形成,避免区域间的恶性竞争。中央规制机构直属于中央政府,代表社会整体利益和全局利益,目标是使社会福利最大化和国家利益最大化,能把中央和各级地方政府的需求联系在一起,能够平衡各种矛盾和冲突,因此这类公共物品的基本决策和监督责任应集中于中央政府机构。对中央政府直接管理的企业和事项,由中央相关机构对其执行规制责任;省级政府是中央规制的重要执行者,同时对中央的规制有一定裁度权,并可对涉及省级利益的各种规制进行决策;市县是中央和省级各种规制的执行者,并对涉及市县级利益的各种规制进行决策。

提供规制类公共物品所需要的支出也主要是国家机关日常公务费和公务设施修建费用,应由各级政府财政按照机构隶属关系分别负责。其中的司法活动从性质上看属于中央事项,无论哪级政府设立的法院都属于国家的法院,而司法经费独立又是实现司法独立不可缺少的条件,因此各级法院的司法经费应当考虑由中央财政预算统一保障或由省级财政承担。

4. 公共设施、生态环境、资源配置类公共物品

这里指的公共设施只涉及基础建设类的设施,包括公共交通设施、邮电通

讯设施、电视广播和空间资源、公共体育设施、公共文化设施、公共绿化设施等，如公路、铁路、机场、港口、邮政、电讯、广播电视、水电煤气、图书馆、博物馆、公园等。根据公共设施的作用范围，可分为全国性或跨区域性以及区域性基础设施。

全国性或跨区域性的基础设施包括航空网、铁路网、高速公路网、普通公路网、水路航运网、邮政网、电讯网、广播电视网等，这类公共物品建成后可通过运营回收成本并适当盈利，因此可采取公共提供、市场提供、混合提供等多种不同的提供方式。但是由于这些基础设施具有自然垄断的性质，为提高服务质量、维护公众利益，需要适当引入竞争机制并由政府对其价格和服务质量进行规制；由于这些基础设施属网络性基础设施，存在最佳布局的问题，因此需要由政府进行统一规划；对难以回收成本、实现盈利，不能吸引社会投资的项目，从实现区域均衡发展、满足公众基本需要的角度出发应由政府承担提供责任。中央政府负责全国性的干线规划与组织、跨省区国家级大公司规制与拆分的责任；省级政府负责省内干线规划与组织、跨市级公司规制与拆分的责任；市级政府负责市内支线规划与组织、公司规制的责任；县级政府负责县内分线规划与组织的责任；空间资源管理从国家安全角度出发，完全由中央政府负责。

区域性基础设施如市政设施、消防、公园、城市绿化、交通指挥等，应由所属市（县）政府按属地原则分工负责，从效率角度出发，可采取多种不同的提供方式，对能采取承包、特许经营等方式由民间机构承办的，尽量采取政府组织和资助、民间承办的方式实施。

生态环境类公共物品包括环境监测、污染防治、能源节约利用、环保产业发展、自然保护区管理等方面，中央政府主要负责中长期环境、能源利用规划及重大区域和流域环境保护规划，负责空气、水、土壤及节能减排的监察和监测，负责国家级自然保护区、跨省域的污染防治以及外溢性较强的环境基础设施建设；各级地方政府执行中央的计划和规划；省级政府负责省域范围内的污染防治的规划、管理和监督，对省域内环保产业发展进行支持；省以下各级地方政府负责执行中央及省级政府的规划，地方自然保护区由所属级次地方政府负责管理。

资源配置是对劳动力、生产资料、技术、信息等要素的使用作出的安排,市场经济条件下,市场是资源配置的主体,政府在市场资源配置中参与的主要是监督和外部性控制,并通过制定相关政策和规则引导资源配置的流向和结构。资源开发政策由中央政府负责,管理与监督责任主要配置于各级地方政府;战略性资源由中央政府负责,跨区域资源由区域范围内较高层级的政府负责。

在公共支出责任划分上,其中公共设施的支出责任,应按受益范围及不同层级政府的财政能力,在决策级政府和受益级政府间进行合理配置;生态环境支出中,属于中央负责的项目由中央财政负担,省、市、县地方财政负责执行性管理支出和一般绿化、经常性防污治污支出。资源配置中战略性决策、监督的成本支出由中央、省、市、县分别按隶属关系负担。

5.社会公益事业类公共物品

教育、基础科研、医疗卫生、社会保障、文化体育等社会公益事业类公共物品具有多层次性,但由于涉及所有社会成员,应由中央政府负责整体政策的制定并对执行情况进行监督,在此基础上根据细类的不同情况恰当划分各级政府应承担的责任。

教育可分为不同的种类,包括普通教育、职业教育、成人教育、广播电视教育、留学教育、特殊教育、进修及培训教育等,不同类型的教育具有不同的外溢性,不同类型教育的信息处理复杂化程度也不相同,因此各类型的教育在各级政府间的责任划分也不同。普通教育中的义务教育由中央制定指令性标准,各级地方政府负责布局规划和监督指导,市区、农村乡政府负责具体建设和管理;中央负责制定高中和一般高等教育的指导性标准和本科以上高等教育的布局、结构规划,省级政府负责本科以上高等教育布局、结构规划的实施、设施建设和日常管理,并负责大专、高中教育的布局、结构规划,市级政府负责大专及高中教育的布局、结构规划的实施、大专学校设施建设与日常管理,县级(市区)政府负责高中教育设施建设与日常管理。国防、安全、外交等特殊专业的高等教育,由中央政府负责规划和实施。职业教育和学前教育,由中央负责制定指导性标准,省级政府负责职业教育规划指导,市县级政府负责职业教育规划管理和企业办学的监督,城市社区和乡村负责学前教育设施建设和管理监督。成人教育、广播电视教育、特殊教育、进修及培训,外部性基本在辖区之内,由所在各级地方政府分别进行规划和实施。留学教育外部性较强,由中央政府负责布局规划并实施。

从效益外溢性出发,基础科研外溢范围为全国或跨省的,由中央政府负责;外溢范围在省、市、县内的,如地方志、民俗、文化艺术研究、区域发展规划研究等,分别由省、市、县负责。

公共卫生方面,涉及传染性疾病防治的,根据传播速度与范围的不同,由各级政府分工负责;其中传播速度快、跨省区的,由中央、省、市、县共同负责,传播速度较快、跨市的,由省、市、县共同负责,传播速度较慢、范围较小的,由市、县共同负责。区域卫生规划由省级政府组织,市、县、乡级政府负责本辖区部分的实施;公益性医疗机构建设由省级政府制定起点标准,省、市、县、乡级政府按照隶属关系分工负责实施;饮水卫生、医师资格、医疗药品等的标准和规则由中央制定,省级政府负责饮水卫生、医疗药品监督和高级医师资格认定,市级政府负责市区饮水卫生标准实施和中级医师资格认定,县级政府负责辖区城镇和农村饮水卫生标准的组织实施和初级医师资格认定。

社会保障本身有多层次性、地区差异性等特征,加之我国幅员辽阔、地区差异大,明确划分各级政府的社会保障提供责任比较困难。实践中在对各级政府的社会保障提供责任进行划分时,应从成本最低、全局利益优化、行政管理层级恰当等标准出发,进行恰当的划分。中央政府主要负责全国社会保障体系的总体规划,重大社会保障改革方案和政策的研究和制订,全国社会保障制度特别是中央直接管理的社会保障项目的法律、法规、政策的制订、颁布、实施和监督,社会保障基金监管、投资运营体系建设及相关法律、法规的制定、颁布和实施,合理分配不同级次政府在各社会保险项目提供中的责任,提高社会保险基金的社会统筹层次等。养老保险作为最重要社会保险项目,应由中央政府全面进行管理,地方政府负责执行有关政策并承办相关业务。医疗、失业、工伤、生育保险,由中央政府负责政策法规的制定和基金的监督管理;地方政府负责基金的征缴、发放等,其中的医疗保险和失业保险由省级政府负责,工伤和生育保险由市、县级政府负责。社会救济与社区服务有着天然的联系,由市、县政府负责。

文化体育方面中央政府负责全国文化体育事业发展方针的制定,负责确认国家级文物保护单位,直接管理少数国家级重点文物、文化单位;省级政府负责国家文化体育发展方针的贯彻,负责省级重点文物保护单位的确认,监督省内国家级文物保护单位,直接管理省级图书馆、博物馆、科技馆、省级文艺团体及体育代表队等;市县级政府负责贯彻国家文化体育发展方针,对国家及省级重点文物进行管理、保护,直接负责辖区内文化团体、图书馆、博物馆、科技馆的建设与管理。

在社会公益事业类公共物品的公共支出责任划分方面,一般管理费用性支出、基础科研支出、一般公共文化体育事业方面的修建性支出,由其所属层级政府分别负担;教育、公共卫生、社会保障等方面的修建性支出首先由举办或负责直接管理的层级政府负担,如果超出本级财政的承担能力,由中央财政对义务教育、本科以上高等教育、乡村公共卫生给予资助,由省级政府对高中阶段教育、大专教育、县级公益性卫生设施给予资助,社会保障由中央、省或市级政府共同资助。

表7-1　政府间纵向公共经济责任划分框架

公共物品种类	政府层级	各级政府责任范围划分	公共支出责任划分
法律、制度、政策类公共物品	中央	负责宪法、法律、行政法规、中央部门行政规章、全国性社会制度(体制)、全国性政策的决策、管理和监督;制定地方法规、行政规章、制度(体制)、政策规定的基本规则,并进行监督	包含于中央权力机关、行政机关、公检法司机关、党派团体经费支出之中
	省级	负责中央制定的宪法、法律、行政法规、部门规章、制度(体制)、政策和中央规定的地方立法、建制、定策基本原则的执行任务,因地制宜制定与修订地方性法规、规章、制度(体制)、政策	包含于省级权力机关、行政机关、公检法司机关、党派团体经费支出之中
	市、县级	执行中央、省制定的法规、政策,被批准为较大的市、民族自治州和民族自治县负责地方法规和民族自治性立法的创议	包含市、县级权力机关、行政机关、公检法司机关、党派团体经费支出之中

续表

公共物品种类	政府层级	各级政府责任范围划分	公共支出责任划分
国防、外交等主权类公共物品	中央	全面负责国防、外交、国家安全、海关、货币发行及金融监控、对外贸易政策、外汇与国际收支管理、主权性外债借还与控制、军事工业和科技、国界及地方边界的勘定等	国防设施、装备、正规军及武装警察部队日常支出、征兵及转业安置费用、军事工业与科技支出;国家外交支出;国家安全、海关机构、货币发行及金融监控、外汇与国际收支管理、主权性外债管理与控制的国家级机构支出;国界勘定费用
国防、外交等主权类公共物品	省级	承担对中央政府一定的辅助性、配合性执行与管理责任;负责地方同外国地方级政府交流与合作、主权外债涉及地方项目的准备、管理和债款归还等	民兵训练费用、部分部队人员专业安置费用;省级国家交流与合作费用;中央转贷地方的外债管理费用;省界勘定费用
国防、外交等主权类公共物品	市、县级	承担对中央政府一定的辅助性、配合性执行与管理责任;负责地方同外国地方级政府交流与合作、主权外债涉及地方项目的准备、管理和债款归还等	部分部队人员专业安置费用;市县级国家交流与合作费用;中央转贷地方的外债管理费用;市县界勘定费用
经济、社会、行政行为规制类公共物品	中央	负责各类规制的基本决策和监督责任,对中央政府直接管理的企业和事项,由中央相关机构负责规制的执行	包含于中央权力机关、行政机关、公检法司机关、党派团体经费支出之中
经济、社会、行政行为规制类公共物品	省级	省级政府是中央规制的重要执行者,并根据地方情况有相当的裁度权,对涉及省级利益的各种规制进行决策	包含于省级权力机关、行政机关、公检法司机关、党派团体经费支出之中
经济、社会、行政行为规制类公共物品	市、县级	市县是中央和省级各种规制的执行者,并对涉及市县级利益的各种规制进行决策	包含于市、县级权力机关、行政机关、公检法司机关、党派团体经费支出之中
公共设施、生态环境类公共物品	中央	组织参与全国性的干线规划、跨省区国家级大公司规制与拆分;对全国空间资源进行管理	全国性大型交通、通讯、能源等基础设施建设支出
公共设施、生态环境类公共物品	省级	负责省内干线规划与组织、跨市级公司规制与拆分的责任	全省性交通、通讯、能源等基础设施建设支出
公共设施、生态环境类公共物品	市、县级	提供本区域内支线规划与组织;提供本区域性基础设施如市政设施、消防、公园、城市绿化、交通指挥等	市县交通、邮电、通讯、能源及市县基础设施支出

续表

公共物品种类	政府层级	各级政府责任范围划分	公共支出责任划分
社会公益事业类公共物品	中央	负责全国性教育、公共卫生、社会保障的计划、管理,法律法规制定,实施、监督等	全国性教育、卫生、社会保障支出,对地方不足部分适当给予补助
	省级	执行中央的计划、法律法规,负责全省性教育、公共卫生、社会保障的实施	全省性教育、卫生、社会保障支出,对省以下政府不足部分适当进行补助
	市、县级	执行中央的计划、法律法规,负责市县范围内的教育、公共卫生、社会保障的实施	市县教育、卫生、社会保障支出

四、完善公共经济责任机制的具体措施

(一)完善公共经济责任决策机制

决策是公共经济责任运行的首要环节,决策水平决定执行水平,高质量的决策容易落实而且效果显著,决策失误则会导致公共经济责任运行的无效,并造成难以弥补的损失。决策责任的追究又是最难的,或决策者已不在原位,或出现以集体决策为由造成责任难以追究,或在内部监督占主导的情况下责任不予追究。政府职能的变化、公民权利的扩张及经济、科技的发展,对政府决策机制也提出了新的、更高的要求。因此,在责任政府建设过程中,改革和完善公共经济责任决策机制是一项十分重要的任务,具体可从以下几个方面着手。

一是进一步建立、健全专家咨询和提议制度。专业、独立的专家咨询和提议队伍无疑是完善的决策机制的重要组成部分,也是实现科学决策的必要条件,因此必须改变我国专家队伍作用发挥有限的现实。在专家人员的选聘上,一方面尽量挖掘各级政府政策研究部门、社科系统和高等院校等研究机构的潜力;另一方面广开渠道,吸纳体制外研究人员、有丰富实践经验的人员及退休高级人员参与;可考虑建立全国性的各公共领域的专家咨询、提议库。在专

家人员作用的发挥上,应尽量排除来自行政的压力,使专家可根据自身研究和实践经验,对既定项目发表独立的见解,提出有价值的建议,形成多种方案供决策参考。为了激发专家人员的积极性,对有价值又不涉及保密的合理化建议及时进行公布,并根据贡献大小适当给予奖励。

二是建立议事规则,规范决策程序。在韦伯看来,实现官僚责任的重要一点就是完备的规则和程序。良好的议事规则和运行程序,有利于最佳方案的产生和采用,否则再好的成果和建议,都很难转化为决策的议题和政策。我国当前还没有明确的议事规则,许多地方和部门一把手独揽大权,甚至对重大项目的决策也缺乏可行性分析,缺乏技术评估和民意调查。议事规则应包括听取公众和专家的意见,并由专家论证、提出备选方案,对重大项目还应在可选方案的基础上,分别由技术专家进行评估、进行成本效益核算,领导集体对全过程进行关注并经讨论选出最优方案。为了使议事规则得到贯彻使用,应使其制度化、法律化。

三是完善民意表达机制,做到决策活动公开、透明。公共经济活动的目的是为了满足公众的需要,因此公共经济决策也应是民意的反映。我国的人民代表大会制度和民主协商制度,即是从人民当家作主出发的制度安排,根据宪法规定人民拥有议案的提议权、决策方案的审议权及决策过程的监督权。但现实中人大、政协发挥作用有限,决策权主要在各行政部门手中,因此要切实创造条件发挥人大和政协的作用,尤其是一些重大项目方案,人大和政协不能通过,则不能实施。另外应进一步完善政府信息公开制度、社会听证制度,重大公共项目的决策必须召开各方人士参加的听证会,尤其是认真听取直接利益关系人的意见和建议,增强政策认同性。

(二)完善公共经济责任执行机制

公共经济政策执行是将公共经济决策落到实处的关键,有了正确的决策,没有很好地贯彻执行,决策就会失去意义。公共经济政策执行过程错综复杂、运转环境瞬息万变,因此公共经济政策执行面临着巨大的挑战。完善的政府执行机制,则是执行能力得到提高的重要载体,是政策得到有效执行的重要保障。建立科学规范的执行机制,具体可从以下几个方面着手。

一是明确执行主体和执行责任。目前我国的政策执行中存在执行不到位、拒绝执行、选择性执行等不良情况,一方面可通过激励机制和讲解、沟通等方式,使执行主体的观念得到改变;另一方面可通过建立岗位责任制,明确执行主体,并将责任量化到具体部门、领导和办事人员,使执行者清楚地了解执行任务和操作步骤,并充分发挥执行主体的主观能动性,提升执行效率。

二是优化政府政策执行流程。科学规范的执行流程可以避免习俗、观念、人情等因素的干扰,避免执行行为的失范,也可以减少执行过程中的冗余步骤,提高执行效率。一般来讲,执行流程都包括制定计划、项目公示、组织实施、评估反馈等几个步骤,应按时间进度做到环环相扣,并注意尽量减少不必要的环节。优化政府决策执行流程,可根据公共物品提供种类的不同,在理清责任关系的基础上设计不同的执行程序和执行手段,并允许其有一定的灵活性。

三是完善信息沟通和协调机制。政策执行往往需要多个单位的共同参与,良好的信息沟通是各单位协调运转、政策有效实施的关键;而且许多任务都是上级制定政策,下级政府执行,良好的信息沟通协调机制可以保证政策在下达和上传过程中不走样,减少执行偏差和人为偏差。目前在我国政府组织结构链条过长、同级政府所属部门设置过细的情况下,要充分利用现代化的手段,挖掘通过现代通讯设备和网络技术沟通的潜力,打破信息传递的时空、层级和部门限制,增强信息传递的及时性和有效性,减少信息传递过程的损耗和失真。另外,完善公众参与机制,通过政府信息公开制度、公民听证制度等保证普通民众的知情权和参与权;同时切实重视和加快电子政府建设,并通过各种渠道向社会公众宣传,使之形成政府和公众进行信息交流的桥梁,政府及时将公共政策制定和实施的情况向公众公开,接受公众监督,公众也可以留言提出意见和建议,供政府参考;也要完善市长热线、市长信箱、社区信息宣传等沟通途径。

四是合理选择执行工具,改革执行方式。各级政府部门要对执行流程及时进行总结,找出执行中存在的问题,选择恰当的执行工具,创新执行的方式,提升执行的效率。当前的重点是进一步改革行政审批制度,减少审批事项、审批环节,缩短审批时间。

(三)完善公共经济责任协调机制

协调机制方面,一是梳理现有的协调机构,规范其职能和权限,大力精简作用有限甚至不利于协调的机构,补充有现实需要的协调机构;二是整合现有职能相近的政府职能部门,通过减少机构数量,降低各部门协调难度,避免政出多门、多头管理;三是制定清晰统一的协调目标,不同部门的总体政策目标要保持一致,政策目标从制定到实施的每一个环节都要让相关部门充分表达意见,保证各部门行为的协调一致;四是强化常态的协商机制,充分发挥综合性机构和有独立业务体系的专业部门的协调职能;五是注重信息的沟通和共享,建立高效的信息收集、管理系统及专门的信息共享平台,便利各部门的沟通协调。

(四)完善公共经济履责激励机制

激励机制方面,要充分考虑代理人的需要,在政府资源允许的范围内,建立起创新型的激励机制。首先,通过设计有效的激励相容机制,做到各政府部门及官员的目标与社会福利目标一致,将政府目标转化为可测量的部门任务和公务人员的个人职责,同时加强公众满意度考核,使公务人员的工作职责与政府目标、公众需求一致;其次,尽快理顺公务人员工资制度,更加注重公平正义,完善职务与职级并行的薪酬制度,提高基本工资在总工资中所占比重,提高基层工作人员的工资水平,缩小不同地区公务人员的工资差距,增加工资的透明度;再次,完善公务人员职业发展管理制度,为公务人员设计合理的职业发展计划、提供更多的专业化培训,减少晋升制度的负面影响,激励公务人员积极作为、勇于承担责任;第四,加强精神激励,从世界范围看,公务人员不可能有很高的薪酬和福利,因此必须加强精神激励,满足其归属需要、成就需要和权力需要;第五,完善官员晋升的监督手段,充分发挥人大、审计、党组织、社会公众的监督作用,利用信息技术等现代化手段,保证官员晋升的公平、公正。

（五）完善公共经济履职监督问责机制

1.完善公共经济履职绩效考评机制

建立公共经济责任履行的评估机制，及时取得公共经济决策和执行进程和效果方面的信息，是对公共经济责任履行进行监督、问责的客观依据。

一是确定责任评估标准。公共经济责任评估应当从经济、社会、环境和人的全面发展等角度出发进行全方位的衡量，在此基础上设置具体的评估指标，常用的评价指标包括公平、效率、效益等。公平用来评价决策或执行结果是否做到了社会公正，接受公共物品的单位及个人是否得到了平等对待；效率用来衡量公共资源是否得到了充分利用，投入产出比是否得到了尽可能的优化；效益指公共经济决策和执行产生的实际效果和利益。为了保证评价结果的精准性，应尽可能实现考核标准的度量化，难以量化的考评也要做到具有操作性和可比性。

二是确定评估主体。我国当前公共经济责任履行的评估主要是政府主导的、自上而下的内部评估，缺乏社会公众和专业机构的参与，人大和政协发挥的作用有限，再加上下级官员的上级任命制，评估结果很难反映客观实际情况。相关专业评估人员利用专门知识可使评估结果更独立、更科学；社会公众是公共物品的直接体验者，公众的评估可直接反映公众对公共物品的需求是否得到了满足。因此，评估主体应实现多元化，应逐步加强专业评估和社会公众评估，并且要充分发挥人大和政协的作用。

三是实现评估的透明化和法制化。公开、透明的公共经济责任评估，可以得到来自各方面的监督，能够防止评估流于形式。法制化更是评估得到保障的有效手段，发达国家在这方面的工作已有很大进展，我国相关的法律、法规还比较有限，成为制约责任评估的瓶颈，因此应加快相关立法的进程，为建设高效、优质政府打下基础。

2.完善公共经济责任履职监督机制

要使政府的公共经济责任得到有效履行，行政权力不被滥用，必须对其进行强有力的监督。我国已形成了比较系统的监督网络,但许多监督机制处于虚置状态,公共物品提供中的失职、渎职普遍发生,亟需对监督机制进一步进行完善。

一是实现监督机构的相对独立性。监督缺乏独立性,其有效性就很难得到保障。我国有一套行政监督系统,但上下级、部门内部的监督,受各种关系的掣肘不能有效发挥作用;人大、司法、监察机关虽然纵向上自成体系,但在人事和财政等关键性问题上都受制于同级行政机关,执行监督任务过程中顾虑较多,监督作用不能得到有效发挥。要想实现公正、有效的监督必须使监督机构独立化,可考虑实行监督机构的单一垂直管理,人事上由上级监督机构任命,财力上由中央财政单列,不再依附于同级行政机关。

二是增强监督机制的法制性和公开性。修订和完善已有的行政监督法律、法规,明确规定监督的主体、客体、内容、方式,制定详细的监督程序和操作流程,为监督提供保障与支持。增强监督的公开性就是将监督的过程以多种形式公开,让公众了解,使监督过程也受到监督。

三是进一步完善公共部门内部监督的机制。根据宪法和法律,人民代表大会具有最高监督权,必须充分发挥其监督责任,这需要进一步明确监督的具体形式、监督程序、监督手段等,将监督工作落到实处,如对政府决策进行细目审定、行使否决权等。行政部门自身自上而下的监督有直接、及时的特点,应通过完善细节等得到进一步加强。专业监督机构也要切实履行监督责任,对行政机关及其职员履行公共经济责任的情况进行有效监督。另外,各民主党派成员具有高层次的科学文化结构,要充分听取他们对国家公共经济管理的意见,接受他们的监督。

四是重点完善公共部门外部的监督。上级对下级的监督具有强制力,但由于空间上的差异及地方自主性的存在,上级不能及时了解下级的全部情况,而且上级对下级进行监督也主要源自公众的压力,因此应积极开拓社会渠道,充分发挥公众和新闻舆论等对政府责任履行情况的监督作用。公众和新闻舆论等外部监督能更加强化政府在公共物品提供中的责任感和回应性,而且会避免政府部门内部监督中的"官官相护"。外部监督更客观、更真实,因此尤其重要。但从实践来看,我国的公共部门外部监督还很不足。今后的改革,可从以下几方面着手:一是制定和完善政府信息公开的法律、法规,搭建外部监督的平台,借助现代化的媒体如政府网站、广播、电视、报刊等大力推行信息公开,保证人民群众对公共物品提供的知情权,并规范行政公开的内容与形式,如公开行政决策、行政法规、行政标准、行政程序、行政执行及行政结果、责任主体等,将政府公共经济责任运行切实置于人民群众的监督之下;二是通过广泛的宣传及有效的激励,提高社会公众的监督意识和监督热情;三是加强立法,明确外部监督的主体,监督的方式、步骤等,使外部监督有具体可循的法制路径。

3. 完善公共经济责任履职问责机制

一是建立和完善公共经济责任问责的法律法规体系。我国当前关于问责的法规还比较混乱,缺乏整体性和可操作性,应当加快相关的立法,构建问责的法律法规体系。首先制定一部专门关于问责的、具备可操作性的法律,阐明问责的意义、原则,规范问责的主体,明确问责的客体,规定问责的事由,明确问责的程序和执行方式等。除了统一的问责法以外,还应根据公共经济责任评估、公共经济责任决策、公共经济责任执行等问责内容的不同,制定单独的法律规章,进一步增强问责的可操作性;还可以制定一些配套性的法规,如社会公众问责、人大问责等方面的专门法规。

二是明确问责的主体和对象。问责主体不全、问责客体不清,问责就无法进行或达不到应有的效果。对于问责主体虽尚需在法律法规中予以明确,但已经基本达成共识,是包括内部问责和外部问责的多元问责。要继续完善政府、人大、司法、监察等为主体的内部问责,建立下级对上级的问责;当前外部问责发挥的作用非常有限,而外部问责又是更有效、更符合民主要求的问责方式,因此应重点加强外部问责,实现社会公众的终极问责主体的权利,并使舆论媒体有较强影响力的优势得到充分发挥。问责的对象是履行公共经济责任的各政府部门工作人员,应根据其承担公共经济责任大小的不同,设置不同的后果责任。

三是明确问责范围和责任内容。对公共经济运行的各环节,都要列出过错责任的种类,以及过错责任追究和过错责任承担的法律依据;细化、分解政府工作人员在公共经济运行各环节的责任,主要考虑机关法人、机关首长、直接责任人等,建立首长责任制、目标责任制、岗位责任制,做到责任到人、责任主体明确。过错责任可包括慢作为、不作为、作为不当等,结合其造成的不良影响依法给予相应的处分,包括警告、要求承担政治责任和法律责任等;同时允许被问责公务人员进行申诉、申请行政复议。

四是切实保障问责的执行和问责的效力。东汉末年哲学家徐干在《中治》中提出"赏罚者不必在于重,而在于必行。必行,则虽不重而民肃。不行,则虽重而民怠"。为了保障问责能够得到执行,除了进行法制建设外,问责的结果要进行公开,要接受监督、检查,以此促使相关单位认真落实问责结果;对问责结果也要进行归档备查,作为后续发展完善的依据;另外可考虑对问责官员的职务资格进行永久限制,通过形成这种长效约束机制,进一步促使公务人员更加慎重地使用手中的权力,更好地履行肩负的责任。

参考文献

[1][美]阿图·埃克斯坦:《公共财政学》,张愚山译,中国财政经济出版社1983年版。

[2][美]安瓦·沙:《公共服务提供》,孟华译,清华大学出版社2009年版。

[3][美]奥斯特罗姆等:《公共服务的制度建构》,宋全喜等译,上海三联书店2000年版。

[4][美]奥斯特罗姆:《公共事物的治理之道》,余逊达等译,上海三联书店2000年版。

[5]白景明:《公共经济》,人民出版社1994年版。

[6][美]布坎南:《民主财政论》,穆怀朋译,商务印书馆1999年版。

[7][美]布坎南:《自由、市场与国家》,平新乔译,上海三联书店1989年版。

[8][美]布坎南:《公共物品的需求与供给》,马珺译,上海人民出版社2009年版。

[9][美]布坎南:《公共财政》,赵锡军等译,中国财政经济出版社1991年版。

[10][美]布伦南、布坎南:《宪政经济学》,冯克利等译,中国社会科学出版社2012年版。

[11][美]布罗姆利:《经济利益与经济制度——公共政策的理论基础》,陈郁等译,格致出版社2012年版。

[12][美]道格拉斯·C.诺思:《经济史中的结构与变迁》,陈郁等译,上海

三联书店、上海人民出版社 1994 年版。

[13]董辅礽等:《集权与分权——中央与地方关系的构建》,经济科学出版社 1996 年版。

[14][美]曼瑟尔·奥尔森著:《集体行动的逻辑》,陈郁等译,上海三联书店、上海人民出版社 1995 年版。

[15]傅勇:《中国式分权与地方政府行为:探索转变发展模式的制度性框架》,复旦大学出版社 2010 年版。

[16]郭庆旺等:《公共经济学大辞典》,经济科学出版社 1999 年版。

[17]何显明:《市场化进程中的地方政府行为逻辑》,人民出版社 2008 年版。

[18]胡代光:《西方经济学说的演变及其影响》,北京大学出版社 1998 年版。

[19]华民:《公共经济学教程》,复旦大学出版社 1996 年版。

[20]黄新华:《公共经济学》,清华大学出版社 2014 年版。

[21][比]吉恩·希瑞克斯、[英]加雷斯·D.迈尔斯:《公共经济学》,张晏等译,格致出版社、上海三联书店、上海人民出版社 2011 年版。

[22]李齐云:《建立健全与事权相匹配的财税体制研究》,中国财政经济出版社 2013 年版。

[23]李燕等:《政府公共服务提供机制构建研究》,中国财政经济出版社 2008 年版。

[24]刘承礼:《以政府间分权看待政府间关系:理论阐释与中国实践》,中央编译出版社 2016 年版。

[25][英]刘易斯:《经济增长理论》,梁小民译,上海人民出版社 1998 年版。

[26]刘云龙:《民主机制与民主财政——政府财政分工及分工方式》,中国城市出版社 2001 年版。

[27]楼继伟:《中国政府间财政关系再思考》,中国财政经济出版社 2013 年版。

[28]卢洪友:《政府职能与财政体制研究》,中国财政经济出版社 1999 年版。

[29][美]罗伊·鲍尔:《城镇化与中国财政改革》,吴卓瑾、乔宝云、刘乐峥译,中国财政经济出版社 2014 年版。

[30]齐守印:《中国公共经济体制改革与公共经济学论纲》,人民出版社 2002 年版。

[31]钱颖一:《现代经济学与中国经济改革》,中国人民大学出版社 2003 年版。

[32]邵学峰、张在茂:《中国经济发展中的财政分权体制改革研究》,社会科学文献出版社 2013 年版。

[33]沈荣华:《政府间公共服务职责分工》,国家行政学院出版社 2007 年版。

[34][美]斯蒂芬·贝利:《公共部门经济学:理论、政策和实践》,白景明译,中国税务出版社 2005 年版。

[35]孙德超:《财政体制的政治分析》,社会科学文献出版社 2012 年版。

[36]孙开:《财政体制改革问题研究》,经济科学出版社 2004 年版。

[37]王传纶、高培勇:《当代西方财政经济理论》,商务印书馆 1995 年版。

[38]王宏新、张敏、蔡梦晗:《公共经济学》,清华大学出版社 2013 年版。

[39]王千华、王军:《公共服务提供机构的改革(中国的任务和英国的经验)》,北京大学出版社 2010 年版。

[40]王绍光:《分权的底限》,中国计划出版社 1997 年版。

[41]王雍君、张志华:《政府间财政关系经济学》,中国经济出版社 1998 年版。

[42][美]维托·坦齐、[德]卢德格尔·舒克内希特:《20 世纪的公共支出》,胡家勇译,商务印书馆 2005 年版。

[43]吴伟:《公共物品有效提供的经济学分析》,经济科学出版社 2008 年版。

[44]谢庆奎:《政府学概论》,中国社会科学出版社 2005 年版。

[45][英]亚当·斯密:《国民财富的性质和原因的研究》,郭大力、王亚南译,商务印书馆1972年版。

[46][匈]雅诺什·科尔奈:《社会主义体制:共产主义政治经济学》,张安译,中央编译出版社2007年版。

[47]杨之刚等:《财政分权理论与基层公共财政改革》,经济科学出版社2006年版。

[48]杨志勇:《现代财政制度探索:国家治理视角下的中国财税改革》,广东经济出版社2016年版。

[49]杨志勇、张馨:《公共经济学》,清华大学出版社2013年版。

[50]杨淑萍:《行政分权视野下地方责任政府的构建》,人民出版社2008年版。

[51]杨冠琼:《中国政府规模、结构与行为优化研究》,经济管理出版社2015年版。

[52]赵永建:《把脉政府结构变革研究》,西南交通大学出版社2014年版。

[53]郑永年:《中国的"行为联邦制":中央—地方关系的变革与动力》,邱道隆译,东方出版社2013年版。

[54]郑万军:《公共经济学》,北京大学出版社2015年版。

[55]朱光磊:《当代中国政府过程》,天津人民出版社2008年版。

[56]卓越:《比较政府与政治》,中国人民大学出版社2010年版。

[57]白景明等:《建立事权与支出责任相适应财税制度操作层面研究》,《经济研究参考》2015年第43期。

[58]财政部财政科学研究所课题组:《政府间基本公共服务事权配置的国际比较研究》,《经济研究参考》2010年第16期。

[59]蔡立辉:《西方国家政府绩效评估的理念及其启示》,《清华大学学报(哲学社会科学版)》2003年第1期。

[60]蔡立辉:《明晰职能:理顺权力纵横关系的关键》,《学术研究》2008年第2期。

［61］蔡放波：《论政府责任体系的构建》，《学术研究》2004 年第 4 期。

［62］财政部预算司：《俄罗斯政府间事权划分概况》，《预算管理与会计》2014 年第 11 期。

［63］陈冬红：《国家治理体系下的财政分权治理结构》，《南京社会科学》2015 年第 1 期。

［64］陈国权、谷志军：《决策、执行与监督三分的内在逻辑》，《浙江社会科学》2012 年第 4 期。

［65］陈诗一、张军：《中国地方政府财政支出效率研究：1978—2005》，《中国社会科学》2008 年第 4 期。

［66］代娟、甘金龙：《基于 DEA 的财政支出效率研究》，《财政研究》2013 年第 8 期。

［67］丁元竹、江汛清：《全面深化改革的综合决策和执行机制研究》，《中共浙江省委党校学报》2014 年第 3 期。

［68］樊鹏：《发达国家和地区大部门体制组织结构与运行机制比较》，《经济社会体制比较》2011 年第 1 期。

［69］冯涛、李湛：《建国以来中国政府效率变迁的数量分析——基于 Malmquist 生产率指数的研究》，《西安交通大学学报（社会科学版）》2009 年第 96 期。

［70］冯兴元、李晓佳：《政府公共服务事权划分混乱的成因与对策》，《国家行政学院学报》2005 年第 3 期。

［71］傅勇、张晏：《中国式分权与财政支出结构偏向：为增长而竞争的代价》，《管理世界》2007 年第 3 期。

［72］高轩：《西方发达国家政府部门间关系的几种模式及启示》，《理论视野》2014 年第 3 期。

［73］龚锋、卢洪友：《财政分权与地方公共服务配置效率——基于义务教育和医疗卫生服务的实证研究》，《经济评论》2013 年第 1 期。

［74］郭其友、李宝良：《机制设计理论：资源最优配置机制性质的解释与应用——2007 年度诺贝尔经济学奖得主的主要经济学理论贡献述评》，《外国

经济与管理》2007 年第 11 期。

［75］郭庆旺、贾俊雪:《财政分权、政府组织结构与地方政府支出规模》,《经济研究》2010 年第 11 期。

［76］宏观经济研究院课题组:《公共服务供给中各级政府事权、财权划分问题研究》,《宏观经济研究》2005 年第 5 期。

［77］贾俊雪:《政府间财政收支责任安排与地方公共服务均等化:实证研究》,《中国软科学》2011 年第 12 期。

［78］金成晓、朱培金:《财政分权、政府行为与经济增长》,《数量经济研究》2011 年第 2 期。

［79］蓝志勇、陈国权:《当代西方公共管理前沿理论述评》,《公共管理学报》2007 年第 7 期。

［80］蓝志勇、魏明:《现代国家治理体系:顶层设计、实践经验与复杂性》,《公共管理学报》2014 年第 1 期。

［81］李丹、唐善永:《财政分权、政治体制与地方政府财政支出结构偏向》,《地方财政研究》2014 年第 9 期。

［82］李红霞:《基本公共服务供给不足的原因分析与强化政府财政责任的对策》,《财政研究》2014 年第 2 期。

［83］李晓:《经济发展与政府质量》,《吉林大学社会科学学报》1996 年第 1 期。

［84］黄新华:《政府的有效管理是最重要的公共物品——新政治经济学视野中的公共物品理论》,《吉林工商学院学报》2008 年第 5 期。

［85］李景治:《党内权力结构和运行机制的调适》,《学术界》2010 年第 1 期。

［86］李俊生、乔宝云、刘乐峥:《明晰政府间事权划分构建现代化政府治理体系》,《中央财经大学学报》2014 年第 3 期。

［87］李猛:《财政分权与环境污染——对环境库兹涅茨假说的修正》,《经济评论》2009 年第 5 期。

［88］李习彬:《全面的运行机制设计:大幅度改进政府管理的有效途径》,

《中国行政管理》2007 年第 10 期。

[89]李永友:《公共服务型政府建设与财政支出结构效率》,《经济社会体制比较》2011 年第 1 期。

[90]李志、胡静:《企业员工的非物质激励研究》,《重庆大学学报(社会科学)》2007 年第 1 期。

[91]林治芬、魏雨晨:《中央和地方社会保障支出责任划分中外比较》,《中国行政管理》2015 年第 1 期。

[92]刘长生、郭小东、简玉峰:《财政分权与公共服务提供效率研究——基于中国不同省份义务教育的面板数据分析》,《上海财经大学学报》2008 年第 4 期。

[93]刘华:《公共服务分工体制视角下的中央与地方关系》,《江苏社会科学》2013 年第 6 期。

[94]刘明慧、安然:《政府间财政职能划分:理论适应性与改革思路》,《财政研究》2015 年第 2 期。

[95]刘尚希:《财政与国家治理:基于三个维度的认识》,《经济研究参考》2015 年第 38 期。

[96]刘叔申、吕凯波:《财政分权度、经济发展水平对财政支出结构影响的实证分析》,《湖南财政经济学院学报》2012 年第 2 期。

[97]刘熙:《政府间公共权责配置的内在机理与路径优化》,《财经科学》2016 年第 5 期。

[98]娄峥嵘:《我国政府间公共服务供给权责失衡分析》,《徐州师范大学学报(哲学社会科学版)》2009 年第 6 期。

[99]娄峥嵘、徐元善:《我国公共服务支出优化:理论模型与实证分析》,《中国行政管理》2011 年第 7 期。

[100]楼继伟:《推进各级政府事权规范化法律化》,《预算管理与会计》2015 年第 1 期。

[101]卢洪友:《中国政府间财政关系实证分析——兼析基层公共治理的财政困境及路径》,《华中师范大学学报(人文社会科学版)》2006 年第 1 期。

［102］马海涛、李升:《我国分税制财政体制改革的再认识》,《经济与管理评论》2013 年第 4 期。

［103］倪红日、张亮:《基本公共服务均等化与财政管理体制改革研究》,《管理世界》2012 年第 9 期。

［104］宁国良:《论公共政策执行机制问题》,《求索》2004 年第 6 期。

［105］庞洪铸:《"三权制约协调"机制与西方"三权分立"的区别》,《领导科学》2010 年第 22 期。

［106］皮建才:《转型时期地方政府公共物品供给机制分析》,《财贸经济》2010 年第 9 期。

［107］皮建才:《中国式分权下的地方官员治理研究》,《经济研究》2012 年第 10 期。

［108］齐守印:《公共经济责权在各级国家机构之间的纵向配置》,《财政研究》2002 年第 4 期。

［109］齐守印:《构建服务于国家治理现代化的公共经济理论体系》,《财贸经济》2015 年第 11 期。

［110］齐守印:《努力推进公共经济责权横向配置的合理化》,《理论前沿》2002 年第 7 期。

［111］齐心:《政府社会建设绩效评估指标体系研究》,《中共天津市委党校学报》2015 年第 2 期。

［112］齐志宏:《多级政府间事权划分与财政支出职能结构的国际比较分析》,《中央财经大学学报》2001 年第 11 期。

［113］乔宝云、刘乐峥、尹训东、过深:《地方政府激励制度的比较分析》,《经济研究》2014 年第 10 期。

［114］任建明:《建立决策权、执行权和监督权制约协调机制》,《理论视野》2009 年第 6 期。

［115］任剑涛:《现代化国家治理体系的建构:基于近期顶层设计的评述》,《中国人民大学学报》2015 年第 2 期。

［116］石佑启:《论法治视野下行政权力的合理配置》,《学术研究》2010

年第 7 期。

[117]宋丙涛、潘美薇:《政府职能的结构与演化——基于公共产品供给的视角》,《河北大学学报(哲学社会科学版)》2016 年第 11 期。

[118]宋新玲:《决策权、执行权、监督权的相互制约与协调——基于深圳市大部门制改革的思考》,《岭南学刊》2015 年第 6 期。

[119]孙开:《财政联邦制的理论与实践——发达国家各级政府间财政关系探析》,《财政研究》1994 年第 11 期。

[120]汪玉凯:《中国经济转型与治理变革》,《经济体制改革》2015 年第 1 期。

[121]王军、邹广平、石先进:《制度变迁对中国经济增长的影响——基于 VAR 模型的实证研究》,《中国工业经济》2013 年第 6 期。

[122]王世磊、张军:《中国地方官员为什么要改善基础设施? 一个关于官员激励机制的模型》,《经济学(季刊)》2008 年第 2 期。

[123]王守坤:《中国式财政分权的宏观经济绩效——基于限制型 VAR 模型的经验分析》,《浙江社会科学》2012 年第 9 期。

[124]王伟同:《中国公共服务效率评价及其影响机制研究》,《财经问题研究》2011 年第 5 期。

[125]王贤彬、周靖祥:《地方官员异质性与公共服务供给绩效》,《南方经济》2013 年第 11 期。

[126]魏治勋、李安国:《当代中国的政府治理转型及其进路》,《行政论坛》2015 年第 5 期。

[127]夏杰长:《财政政策目标重新定位及其改革思路》,《财贸经济》2003 年第 10 期。

[128]谢庆奎:《中国政府的府际关系研究》,《北京大学学报(哲学社会科学版)》2000 年第 1 期。

[129]谢庆奎、王懂棋:《中国府际财政关系研究——宪政分权的视角》,《新视野》2009 年第 2 期。

[130]辛方坤:《财政分权、财政能力与地方政府公共服务供给》,《宏观经

济研究》2014 年第 4 期。

[131]许安拓:《构建现代财政制度的路径选择》,《地方财政研究》2014 年第 6 期。

[132]许文立、田淑英:《我国财政支出结构的效率评价——基于 DEA 评价模型》,《财会研究》2012 年第 11 期。

[133]许闲:《德国政府间三级事权划分与财政支出》,《中国财政》2009 年第 17 期。

[134]续竞秦、杨永恒:《地方政府基本公共服务供给效率及其影响因素实证分析——基于修正的 DEA 两步法》,《财贸研究》2011 年第 6 期。

[135]薛刚凌:《中央政府权力结构的改革与转型》,《中国法律》2014 年第 1 期。

[136]闫威、胡亮:《我国社会保障公共服务效率评价研究——基于数据包络分析方法》,《华东经济管理》2009 年第 8 期。

[137]杨利敏:《关于联邦制分权结构的比较研究》,《北大法律评论》2002 年第 1 期。

[138]杨小云、邢翠微:《西方国家协调中央与地方关系的几种模式及启示》,《政治学研究》1999 年第 2 期。

[139]杨志勇:《分税制改革中的中央和地方事权划分研究》,《经济社会体制比较》2015 年第 2 期。

[140]叶麒麟:《试论当代中国政府结构的优化》,《陕西行政学院学报》2009 年第 1 期。

[141]叶托:《国务院议事协调机构的变迁及其逻辑》,《中国行政管理》2015 年第 12 期。

[142]于树一:《论国家治理框架下事权和支出责任相适应的政府财政关系》,《地方财政研究》2015 年第 5 期。

[143]袁思农、龚六堂:《财政支出分权与经济增长》,《湖北社会科学》2014 年第 9 期。

[144]詹正华:《我国公共财政框架下政府职能的界定与事权划分》,《江

南大学学报(人文社会科学版)》2002年第4期。

[145]张成福:《责任政府论》,《中国人民大学学报》2000年第2期。

[146]张成福、李丹婷、李昊城:《政府架构与运行机制研究:经验与启示》,《中国行政管理》2010年第2期。

[147]张成福、李昊城、李丹婷:《政府横向协调机制的国际经验与优化策略》,《中国机构改革与管理》2012年第5期。

[148]张弘、王有强:《政府治理能力与经济增长间关系的阶段性演变——基于不同收入阶段的跨国实证》,《经济社会体制比较》2013年第3期。

[149]张建波、马万里:《政府间事权划分论纲:一个总体框架——兼论事权有效履行的财力保障机制》,《理论学刊》2016年第7期。

[150]张晋武:《中国政府间收支权责配置原则的再认识》,《财贸经济》2010年第6期。

[151]张军、施少华:《中国经济全要素生产率变动:1952—1998》,《世界经济文汇》2003年第2期。

[152]张强:《政府责任模式的演变及其启示》,《华南师范大学学报(社会科学版)》2004年第5期。

[153]张馨:《"国家财政"还是"公共经济"?西方财政学根本思路问题探析》,《财经问题研究》1997年第5期。

[154]张仲芳:《财政分权、卫生改革与地方政府卫生支出效率——基于省际面板数据的测算与实证》,《财贸经济》2013年第9期。

[155]张旭:《论政府行为与通货膨胀的本质》,《经济体制改革》1996年第2期。

[156]周海沙、阮云洲:《财政分权与公共卫生政府责任分担的现实选择》,《卫生经济研究》2009年第3期。

[157]周黎安:《晋升博弈中政府官员的激励与合作——兼论我国地方保护主义和重复建设问题长期存在的原因》,《经济研究》2004年第6期。

[158]周黎安:《中国地方官员的晋升锦标赛模式研究》,《经济研究》2007年第7期。

[159]周雪光:《权威体制与有效治理:当代中国国家治理的制度逻辑》,《开放时代》2011 年第 10 期。

[160]周业安、冯兴元、赵坚毅:《地方政府竞争与市场秩序的重构》,《中国社会科学》2004 年第 1 期。

[161]周振超:《联邦制国家政府间纵向关系的主要模式分析》,《黑龙江社会科学》2008 年第 4 期。

[162]周志凯、徐子唯、林梦芸:《论城乡居民基本养老保险制度中的财政责任》,《财政研究》2015 年第 1 期。

[163]朱春奎、毛万磊:《议事协调机构、部际联席会议和部门协议:中国政府部门横向协调机制研究》,《行政论坛》2015 年第 6 期。

[164]贾玥:《公务员工资存三大问题　结构失衡亟待规范》,2014 年 9 月 11 日,参见 http://politics.people.com.cn/n/2014/0911/c1001-25637081.html。

[165]曹伟峰:《政府权力结构和运行机制研究启动》,《中国社会科学院院报》2008 年 4 月 24 日。

[166]齐守印:《革除横向财政体制弊端亟待提上改革日程》,《中国财经报》2015 年 3 月 31 日。

[167]蔡冬冬:《中国财政分权体制下地方公共物品供给研究》,辽宁大学 2007 年博士学位论文。

[168]常庆:《公共部门组织中的激励监督机制研究——基于对政府失灵现象的分析》,北京邮电大学 2007 年博士学位论文。

[169]车雷:《英国政府决策与执行体制研究》,中国政法大学 2011 年博士学位论文。

[170]陈巍:《绩效评估与政府责任机制创新研究》,湘潭大学 2013 年博士学位论文。

[171]傅勇:《中国式分权、地方财政模式与公共物品供给:理论与实证研究》,复旦大学 2007 年博士学位论文。

[172]高琳:《分税制、地方财政自主权与经济发展绩效研究》,复旦大学 2013 年博士学位论文。

［173］郭矜:《中国现行财政分权体制对初等、高等教育资源配置的影响研究》,辽宁大学 2014 年博士学位论文。

［174］冷永生:《中国政府间公共服务职责划分问题研究》,财政部财政科学研究所 2010 年博士学位论文。

［175］李淑霞:《俄罗斯财政分权问题研究》,吉林大学 2006 年博士学位论文。

［176］刘新萍:《政府横向部门间合作的逻辑研究》,复旦大学 2013 年博士学位论文。

［177］文政:《基于中央与地方政府间关系的财政支出事权划分模式研究》,重庆大学 2008 年博士学位论文。

［178］吴帅:《分权、制约与协调:我国纵向府际权力关系研究》,浙江大学 2011 年博士学位论文。

［179］许树华:《中国财政分权改革的经济学分析》,云南大学 2015 年博士学位论文。

［180］晏荣:《美国、瑞典基本公共服务制度比较研究》,中共中央党校 2012 年博士学位论文。

［181］姚贱苟:《公共服务中的责任机制》,中央民族大学 2014 年博士学位论文。

［182］张翔:《中国政府部门间协调机制研究》,南开大学 2013 年博士学位论文。

［183］赵佳佳:《财政分权与中国基本公共服务供给研究》,东北财经大学 2009 年博士学位论文。

［184］朱浩:《财政分权、政府治理与中国经济增长》,重庆大学 2014 年博士学位论文。

［185］杨瑞龙、章泉、周业安:《财政分权公众偏好和环境污染——来自中国省级面板数据的证据》,中国人民大学经济学院经济研究所 2007 年研究报告。

［186］Massey,A.K.Johnston,*The International Handbook of Public Adminis-*

tration and Governance, UK, USA: Edward Elgar Publishing Incorporated, 2015.

[187] Anthony Downs, *An Economic Theory of Democracy*, New York: St. Martin's Press, 1997.

[188] Arthur C. Pigou, *A Study in Public Finance*, London: Macmillna, 1947.

[189] C. F. Bastable, *Public Finance*, London: Macmillan and Company, 1922.

[190] Edoardo Ongaro, *Multi-Level Governance: The Missing Linkages*, Bingley: Emerald Group Publishing Limited, 2015.

[191] Ehtisham Ahmad, Giorgio Brosio, *Does Decentralization Enhance Service Delivery and Poverty Reduction*, UK, USA: Edward Elgar Publishing Incorporated, 2009.

[192] Ehtisham Ahmad, Giorgio Brosio, *Handbook of Multilevel Finance*, UK, USA: Edward Elgar Publishing Incorporated, 2015.

[193] Jay M. Shafritz, Albert C. Hyde, *Classics of Public Administration*, Chicago: The Dorsey Press, 1987.

[194] J. R. Green, J. J. Laffont, *Incentives in Public Decision-making*, Amsterdam: North-Holland, 1979.

[195] Kenneth J. Arrow, *The Economics of Agency*, Boston, Mass.: Harvard Business School Press, 1985.

[196] Mark Bovens, Robert E. Goodin, Thomas Schillemans, *The Oxford Handbook Public Accountability*, UK: Oxford University Press, 2014.

[197] Musgrave, *The Thoery of Public Finance*, New York: McGraw-Hill, 1959.

[198] Olsen, *The Logic of Collective Action*, Cambridge: Cambridge University Press, 1965.

[199] P. W. Ingraham, B. S. Romzek, *New Paradigm for Government: Issues for the Public Service*, San Francisco, CA: Jossey Bass, 1994.

[200] Robert Agranoff, *Intergovernmental Management: Human Services Problem Solving in Six Metropolitan Areas*, New York: Suny press, 1986.

[201] Romzek S. Barbara, *Where the Buck Stops: Account-ability in Reformed Public Organizations in Patricia*, San Francisco: Jossey-Buss, 1998.

[202] Torsten Persson, Guido Tabellini, *Political Economics: Explaining Economic Policy*, Cambridge: MIT Press, 2000.

[203] Wallace E. Oates, *Fiscal Federalism*, New York: Hareourt Braee Jovanovich, 1972.

[204] William F. Sharpe, *The Capital Asset Pricing Model: A ' Multi-Beta' Interpretation*, *Financial Decision Making Under Uncertainty*, New York: Academic Press, 1977.

[205] A. Kappelei, T. Valila, "Fiscal Federalism and the Composition of Public Investment in Europe", *European Journal of Political Economy*, Vol. 24, No. 3 (February 2008).

[206] Alan Williams, "The Optimal Provision of Public Goods in a System of Local Government", *Journal of Political Economy*, Vol. 74, No. 1 (January 1966).

[207] Andrews Rhys, George Boyne, "Structural Change and Public Service Performance: the Impact of the Reorganization Process in English Local Government", *Public Administration*, Vol. 90, No. 2 (June 2012).

[208] Barry R. Weingast, "The Economic Role of Political Institutions: Market Preserving Federalismand Economic Development", *Journal of Law, Economics and Organization*, Vol. 11, No. 1 (April 1995).

[209] Beatriz Cuadrado-Ballesteros, Isabel-María García-Sánchez, José-Manuel Prado-Lorenzo, "Effect of Modes of Public Services Delivery on the Efficiency of Local Governments: A Two-Stage Approach", *Utilities Policy*, Vol. 26, No. 5 (September 2013).

[210] Benny Geys, Friedrich Heinemann, Alexander Kalb, " Voter Involvement, Fiscal Autonomy and Public Sector Efficiency: Evidence from German Municipalities", *European Journal of Political Economy*, Vol. 26, No. 2 (June 2010).

[211] Borge Lars-Erik, Torberg Falch, Per Tovmo, "Public Sector efficiency: the Roles of Political and Budgetary Institutions, Fiscal Capacity, and Democratic Participation", *Public Choice*, Vol. 136, No. 3(September 2008).

[212] Charles M.Tiebout, "A Pure Theory of Local Expenditures", *Journal of Political Economy*, Vol. 64, No. 5(October 1956).

[213] Chunli Shen, Heng-fu Zou, "Fiscal Decentralization and Public Services Provision in China", *Annals of Economics And Fiance*, Vol. 15, No. 2(November 2014).

[214] Christine Wong, "Rebuilding Government for the 21st Century: Can China Incrementally Reform the Public Sector?", *The China Quarterly*, Vol. 200, No. 200(December 2009).

[215] Christopher B. Goodman, "Local Government Fragmentation & the Local Public Sector: A Panel Data Analysis", *Public Finance Review*, Vol. 43, No. 1 (January 2015).

[216] C. Knox, "Sharing Power and Fragmenting Public Services: Complex Government in Northern Ireland", *Public Money & Management*, Vol. 35, No. 1 (January 2015).

[217] Daniel M.Butler, Thad Kousser, "How Do Public Goods Providers Play Public Goods Games?", *Legislative Studies Quarterly*, Vol. 40, No. 2(May 2015).

[218] Dolores Jiménez-Rubio, "The Impact of Fiscal Decentralization on Infant Mortality Rates: Evidence From OECD Countries", *Social Science & Medicine*, Vol. 73, No. 9(November 2011).

[219] Eric Maskin, "Nash Equilibrium and Welfare Optimality", *Review of Economic Studies*, Vol. 66, No. 1(January 1999).

[220] E. S. Savas, "On Equity in Providing Public Services", *Management Science*, Vol. 24, No. 8(April 1978).

[221] Faguet Jean-Paul, "Decentralization and Governance", *World Development*, Vol. 53, No. 1(January 2014).

［222］Florenzano Monique,"Government and the Provision of Public Goods: From Equilibrium Models to Mechanism Design", *European Journal of the History Of Economic Thought*,Vol. 17,No. 4(November 2010).

［223］Gavin Fynn Lohry,Alice Yiu,"Bikeshare in China as a Public Service Comparing Government-Run and Public-Private Partnership Operation Models", *Natural Resources Forum*,Vol. 39,No. 1(March 2015).

［224］Gibbard Allan,"Manipulation of Voting Schemes:a General Result", *Econometrica*,Vol. 41,No. 4(July 1973).

［225］Golubova Eugenija,"The Impact of Greater Autonomy on Efficiency of Work and Quality of Services in Public Service Providers:a Case of Vocational Education Institutions", *Annals of Public and Cooperative Economics*, Vol. 82, No. 4 (December 2011).

［226］Grant Gerald,Shawn McKnight,Aareni Uruthirapathy,Allen Brown, "Designing Governance for Shared Services Organizations in the Public Service", *Government Information Quarterly*,Vol. 24,No. 3(July 2007).

［227］Graziano Maria Gabriella,"Economies with Public Projects Efficiency and Decentralization", *International Economic Review*, Vol. 48, No. 3 (February 2007).

［228］Hans Dubois," Ambiguously Divided Responsibilities Across Government Spheres:How They Impact the Policy Process and Result in Coordination Problems in Poland", *Central European Journal of Public Policy*,Vol. 8,No. 1 (July 2014).

［229］Henk J.Westhoek,Koen P.Overmars,Henk van Zeijts,"The Provision of Public Goods by Agriculture:Critical Questions for Effective and Efficient Policy Making", *Environmental Science & Policy*,Vol. 32,No. 3(October 2013).

［230］Jack William,"The Organization of Public Service Provision", *Journal of Public Economic Theory*,Vol. 6,No. 3(August 2004).

［231］Jeannette Taylor," Public Service Motivation, Relational Job Design, and Job Satisfaction in Local Government", *Public Administration*, Vol. 92, No. 4 (December 2014).

[232] John Creedy, Solmaz Moslehi, "The Optimal Composition of Government Expenditure Among Transfers, Education and Public Goods", *Hacienda Publica panola*, Vol. 194, No. 3 (January 2010).

[233] John Creedy, Solmaz Moslehi, "The Composition of Government Expenditure with Alternative Choice Mechanisms", *New Zealand Economic Papers*, Vol. 48, No. 1 (January 2014).

[234] Jonny Anomaly, "Public Goods and Government Action", *Politics Philosophy & Economics*, Vol. 14, No. 2 (May 2015).

[235] José M. Alonsoa, Judith Cliftona, Daniel Díaz-Fuentesa, "Did New Public Management Matter? An Empirical Analysis of the Outsourcing and Decentralization Effects on Public Sector Size", *Public Management Review*, Vol. 17, No. 5 (August 2015).

[236] Josef Falkinger, Ernst Fehr, Simon Gächter, Rudolf Winter-Ebmer, "A Simple Mechanism for the Efficient Provision of Public Goods: Experimental Evidence", *The American Economic Review*, Vol. 90, No. 1 (March 2000).

[237] Junxue Jia, Qingwang Guo, Jing Zhang, "Fiscal Decentralization and Local Expenditure Policy in China", *China Economic Review*, Vol. 28, No. 1 (March 2014).

[238] Kenneth J. Arrow, "Alternative Approaches to the Theory of Choice in Risk-Taking Situations", *Econometrica*, Vol. 19, No. 4 (October 1951).

[239] Kopczewska Katarzyna, "The Spatial Range of Local Governments: Does Geographical Distance Affect Governance and Public Service?", *Annals of Regional Science*, Vol. 51, No. 3 (December 2013).

[240] Kristof De Witte, Benny Geys, "Evaluating Efficient Public Good Provision: Theory and Evidence From a Generalized Conditional Efficiency Model for Public Libraries", *Journal of Urban Economics*, Vol. 69, No. 3 (May 2011).

[241] Laurie J. Bates, Rexford E. Santerre, "Does Regionalization of Local Public Health Services Influence Public Spending Levels and Allocative Efficiency?", *Regional Science And Urban Economics*, Vol. 43, No. 2(March 2013).

[242] Manuel A. Gómez, "Optimal Size of the Government: The Role of the Elasticity of Substitution", *Journal of Economics*, Vol. 111, No. 1(February 2014).

[243] Maria Jennifer Grisorio, Francesco Prota, "The Impact of Fiscal Decentralization on the Composition of Public Expenditure: Panel Data Evidence from Italy", *Regional Studies*, Vol. 49, No. 12(December 2015).

[244] Martinez Jorge, Baoyun Qian, Shuilin Wang, Li Zhang, Heng-Fu Zou, "An Essay on Public Finance in China", *Annals of Economics and Fiance*, Vol. 15, No. 1(May 2014).

[245] M. Keen, M. Marchand, "Fiscal Competition and the Pattern of Public Spending", *Journal of Public Economics*, Vol. 66, No. 1(October 1997).

[246] M. Halaskova, R. Halaskova, "Impacts of Decentralization on the Local Government Expenditures and Public Services in the EU Countries", *Lex Localis-Journal of Local Self-Government*, Vol. 12, No. 3(May 2014).

[247] Michael C. Jensen, William H. Meckling, "Theory of the Firm: Managerial Behavior, Agency Costs and Ownership Structure", *Journal of Financial Economics*, Vol. 3, No. 4(October 1976).

[248] Mitch Kunce, Jason F. Shogren, "Destructive Interjurisdictional Competition: Firm, Capital and Labor Mobility in a Model of Direct Emission Control", *Ecological Economics*, Vol. 60, No. 3(January 2007).

[249] Miyakoshi, Tatsuyoshi, Tatsuhito Kono, Kota Terasawa, "Optimal Adjustment of the Composition of Public Expenditure in Developing Countries", *Pacific Economic Review*, Vol. 15, No. 5(November 2010).

[250] M. S. Gok, B. Sezen, "Analyzing the Ambiguous Relationship Between Efficiency, Quality and Patient Satisfaction in Healthcare Services: The Case of Public Hospitals in Turkey", *Health Policy*, Vol. 111, No. 3(August 2013).

[251] M. Stone, "How Not to Measure the Efficiency of Public Services(and How One Might)", *Journal of the Royal Statistical Society*: *Series A*, Vol. 165, No. 3 (October 2002).

[252] Paul A. Samuelson, "The Pure Theory of Public Expenditure", *The Review of Economics and Statistics*, Vol. 36, No. 4 (November 1954).

[253] P. G. Fredriksson, D. L. Millimet, "Strategic Interaction and the Determination of Environmental Policy Across U.S. States", *Journal of Urban Economics*, Vol. 51, No. 1 (January 2002).

[254] Peter C. Smith, Andrew Street, "Measuring the Efficiency of Public Services: the Limits of Analysis", *Journal of the Royal Statistical Society*: *Series A*, Vol. 168, No. 2 (March 2005).

[255] Peter Wilkins, "Accountability and Joined-up Government", *Australian Journal of Public Administration*, Vol. 61, No. 1 (March 2001).

[256] Raymond Fisman, Roberta Gatti, "Decentralization and Corruption: Evidence Across Countries", *Journal of Public Economics*, Vol. 83, No. 3 (March 2002).

[257] Richard M. Walker, Ling Hin Li, "Institutional Reform in the Provision of Public Services in Hong Kong: an Efficiency Evaluation", *Environment and Planning C*: *Government and Policy*, Vol. 24, No. 4 (August 2006).

[258] R. Gonzalez, J. Llopis, J. Gasco, "Innovation in Public Services: The Case of Spanish Local Government", *Journal of Business Research*, Vol. 66, No. 10 (October 2013).

[259] Tom Christensen, Per Legreid, "The Whole-of-Government Approach to Public Sector Reform", *Public Administration Review*, Vol. 67, No. 6 (November 2007).

[260] Tribe Frank, "Efficiency in the Public Services", *Public Administration*, Vol. 27, No. 3 (September 1949).

[261] Wallace E. Oates, "Toward a Second-Generation Theory of Fiscal Fed-

eralism", *International Tax and Public Finance*, Vol. 12, No. 4 (August 2005).

[262] Yingyi Qian, Gérard Roland, "Federalism and the Soft Budget Constraint", *American Economic Review*, Vol. 88, No. 5 (December 1998).

[263] Yingyi Qian, B. R. Weingast, "Federalism as a Commitment to Preserving Market Incentives", *Journal of Economic Perspectives*, Vol. 11, No. 4 (February 1997).

[264] Erik Lindahl, "Just Taxation—a Positive Solution", in *Classics in the Theory of Public Finance*, R. A. Musgrave & A. T. Peacock, etal., London: Macmillan, 1958.

[265] J. J. Laffont, "Incentives and the Allocation of Public Goods", in *Handbook of Public Economics*, A. J. Auerbach & F. Martin, Amsterdam: North-Holland, 1987.

[266] Knut Wicksell, "A New Principle of Just Taxation", in *Classics in the Theory of Public Finance*, R. A. Musgrave & A. T. Peacock, etal., London: Macmillan, 1958.

[267] Leonid Hurwicz, "On Informationally Decentralized Systems", in *Decision and Organization*, Radner & McGuire, Amsterdam: North-Holland, 1972.

[268] Leonid Hurwicz, "Optimality and Informational Efficiency in Resource Allocation Processe", in *Mathematical Methods in the Social Sciences*, Arrow Karlin and Suppes (eds.), California: Stanford University Press, 1960.

[269] Shah Anwar, "Fostering Fiscally Responsive and Accountable Governance: Lessons from Decentralization", in *Evaluation and Development: The Institutional Dimension*, Robert Picciotto & Wiesner Eduardo eds, Washington, DC: World Bank, 1998.

[270] António Afonso, Ludger Schuknecht, Vito Tanzi, "Public Sector Efficiency: An International Comparison", *European Central Bank Working Paper*, 2003 (242).

[271] D. Kaufmann, A. Kraay, "Growth without Governance", *World Bank*

Policy Research Working Paper, 2002(2928).

[272] Ehtisham Ahmad, Giorgio Brosio, "Decentralization and Local Service Provision: What Do We Know?", *Asia Research Center Working Paper*, 2009(27).

[273] J. Ahmad, S. Devarajan, S. Khemani, "Decentralization and Service Delivery", *World Bank Policy Research Working Paper*, 2005(3603).

[274] K. Fredriksen, "Decentralization and Economic Growth-Part 3: Decentralization, Infrastructure Investment and Educational Performance", *OECD Working Paper*, 2013(16).

[275] Methad, "Urban Governance: Lessons From Best Practices in Asia", *UMP-Asia Occasional Paper*, 1998(40).

[276] Moussé Sow, Ivohasina F, Razafimahefa, "Fiscal Decentralization and the Efficiency of Public Service Delivery", *IMF working paper*, 2015(3).

[277] P. D. Cantarero, M. P. Sanchez, "Decentralization and Health Care Outcomes: An Empirical Analysis Within the European Union", *University of Cantabria, Spain Working Paper*, 2006(220).

[278] Simanti Bandyopadhyay, "Some New Thoughts on Performance Evaluation of Governments: An Application to Indian Cities", *International Center for Public Policy Working Paper*, 2014(14-30).

[279] Teresa Ter-Minassian, "Decentralization and Macroeconomic Management", *IMF Working Paper*, 1997(97-155).

后　记

　　本书是在我博士毕业论文的基础上修改完成的,也是我对公共经济学理论和我国公共经济体制运行学习和研究的一个阶段性总结。尽管自知才疏学浅、能力有限,但有恩师们的鼓励和指导,有同学们的帮助和配合,有家人的支持和关心,使得我不畏困难、潜心钻研,以致即将付梓出版。在此之际,特向帮助我成就此果的亲人们表示最衷心的感谢。

　　感谢我的博士导师齐守印先生。对公共经济体制和公共物品有效提供问题的研究兴趣,首先应归功于齐老师。齐老师以其渊博的理论学识和极为丰富的实践经验,在公共经济理论和公共经济体制改革领域形成的开拓性学术思想也是本书得以顺利完成的理论土壤。齐老师对我博士学位论文的研究写作倾注了大量的心血,不仅从选题、构架到行文表达方面进行了大量的具体、悉心指导,而且为我推荐了丰富的阅读和写作素材。可以说没有齐老师的厚爱、教导和严格要求,就不会有这一拙作的问世。导师的耳提面命、谆谆教诲,将成为我一生学术事业的宝贵财富。师恩如海,永世不忘!

　　感谢中国财政科学研究院为我传授知识的其他各位老师。攻读博士学位期间,财科院浓厚的学术氛围和科学的治学理念为我提供了成长进步的良好土壤。有幸聆听诸位专家教授的授课,使我受益匪浅。各位老师兢兢业业、严谨治学的精神和博学儒雅的风姿仍历历在目。在我的论文写作过程中,王朝才研究员、白景明研究员、赵全厚研究员、韩凤琴研究员、孟翠莲研究员、王志刚研究员等多位老师提出了许多中肯的建议,都曾给予大量无私的帮助。在此,我对诸位老师致以深深的敬意和由衷的感谢。

　　感谢我工作单位的领导和同事们对我学业的支持和帮助。真诚地感谢张晋武教授、古建芹教授、石丁教授、张献国教授、刘连环教授、王晓洁教授、温立洲教授等长期以来对我的关心和提携，使我常常感受到集体的温暖，收获良多。

感谢成长路上各阶段的师长、领导、同事、同学、朋友给予的无私帮助。感谢 2013 级博士班全体同学和师兄姐弟妹们对我的无私支持和帮助。尤其感谢家人的付出和包容，没有家人的理解、支持，我的博士阶段学习、博士论文研究写作和其后扩展成书都是难以想象的，感恩永远！感谢所有帮助、关心过我的人，并向未及列举者致以歉意。

感谢本书注释、参考文献中提到的论文、专著的作者，以及大量的文中未提到，但同样使我受到启发的文献作者。同时感谢为学术成果出版、学术文献检索、数据库建设、学术问题探讨平台建设做出努力和奉献的人们。人民出版社柴晨清博士为本书的出版做了大量细致的工作，特表谢忱。

此书只是本人学术研究的一个起点，研究中仍有许多未竟的问题值得探讨，完成本书的过程中也积累起多个相关课题，今后的学习工作中我将继续围绕本领域更多地进行理论分析和实践调研，以期取得更多的进步。未来的路很长，有着众多的不确定性，无论天资愚钝的我能否在学术研究上有所建树，但仍要努力以愚公移山的精神上下求索，以不枉心之所向，不负众望所归。对书中的不足乃至错误之处，恳请学术界专家学者与各位同仁不吝赐教。

习亚哲

2017 年 10 月于石家庄

责任编辑:柴晨清

图书在版编目(CIP)数据

我国公共经济责任体系与机制研究/习亚哲 著. —北京:人民出版社,2017.12
ISBN 978 - 7 - 01 - 018737 - 2

Ⅰ.①我… Ⅱ.①习… Ⅲ.①公共经济学-研究-中国 Ⅳ.①F062.6

中国版本图书馆 CIP 数据核字(2017)第 324262 号

我国公共经济责任体系与机制研究
WOGUO GONGGONG JINGJI ZEREN TIXI YU JIZHI YANJIU

习亚哲 著

人民出版社 出版发行
(100706 北京市东城区隆福寺街 99 号)

北京中科印刷有限公司印刷 新华书店经销

2017 年 12 月第 1 版 2017 年 12 月北京第 1 次印刷
开本:710 毫米×1000 毫米 1/16 印张:17.25
字数:286 千字

ISBN 978 - 7 - 01 - 018737 - 2 定价:49.00 元

邮购地址 100706 北京市东城区隆福寺街 99 号
人民东方图书销售中心 电话 (010)65250042 65289539